领导沉默问题研究

——以企业组织为例

黄　桂　著

本书受国家社科基金资助，项目批准号：13BGL075

科　学　出　版　社

北　京

内 容 简 介

领导沉默是不同于员工沉默或者组织沉默的一个新的、独立的研究概念，可以定义为领导者在与下级的正式接触中，故意没有向下级明确表达自己的意图，或表达时有所保留的行为现象。领导沉默具有亲社会型、考验型、防御型、威风型和权谋型领导沉默五个维度；受社会文化、领导个人特征、组织、下属四方面因素的影响，其影响结果分别表现在员工、领导和组织三个方面；主管信任在领导沉默和结果变量方面起中介或者调解作用。

本书适合从事人力资源管理和组织行为研究的学者阅读，对组织中的领导者和资深员工也不无裨益。

图书在版编目（CIP）数据

领导沉默问题研究——以企业组织为例 / 黄桂著. —北京：科学出版社，2019.9

ISBN 978-7-03-058817-3

Ⅰ. ①领…　Ⅱ. ①黄…　Ⅲ. ①企业管理－组织管理学－研究　Ⅳ. ①F272.9

中国版本图书馆 CIP 数据核字（2018）第 212555 号

责任编辑：郝　悦 / 责任校对：王晓茜
责任印制：张　伟 / 封面设计：正典设计

科 学 出 版 社 出版
北京东黄城根北街 16 号
邮政编码：100717
http://www.sciencep.com

北京虎彩文化传播有限公司印刷
科学出版社发行　各地新华书店经销

*

2019 年 9 月第 一 版　开本：720×1000　B5
2019 年 9 月第一次印刷　印张：15
字数：300 000

定价：120.00 元
（如有印装质量问题，我社负责调换）

作 者 简 介

　　黄桂博士，中山大学管理学院副教授，博士生导师，中山大学新华学院管理学院工商管理系学术主任。研究方向为员工满意度、员工绩效和领导风格等。

前　　言

关于组织沉默（organizational silence）和员工沉默（employee silence），学界已有较为丰富的研究成果，但却忽视了对组织中领导沉默（leader silence）的研究。一般而言，身为领导，不仅需要指导员工，也需要激励员工，所以，按照常理推断，一方面，身为领导者势必需要进行更多的沟通；另一方面，跻身领导行列之后，更需谨言慎行，职位越高讲话越需谨慎，表达也越具有概括性。在具体的管理实践中，笔者发现，企业领导在面对下属时，往往会选择保留、提炼和过滤自己的观点，有话不明说，而是采用"暗示""模糊表达""掩饰性表达"等多种方式表达自己观点。

鉴于领导在组织中的地位、角色与普通员工不同，因此，领导沉默的形成、原因及影响必定有别于普通员工。不管是从领导沉默与员工沉默的差异性方面看，还是从领导沉默的重要性方面看，都有必要将领导沉默作为一个独立的概念进行研究。

何为领导沉默？领导为什么会沉默？沉默会造成怎样的结果？循着这一思路，笔者在梳理相关研究文献的基础上，首先进行访谈编码，提取领导沉默的概念与维度，并在此基础上进行调查问卷设计，收集资料进行探索性因子分析（exploratory factor analysis，EFA）与验证性因子分析（confirmatory factor analysis，CFA），调查问卷结果显示，领导沉默是一个独立的构念，具有较好的信度与效度。

领导沉默的概念。数据显示，领导沉默可以定义为领导者在与下级的正式接触中，故意没有向下级明确表达自己的意图，或表达时有所保留的行为现象。定义中的"意图"是指领导者已经有了比较成熟的观点，不包括没有见解的、没有意识的沉默行为。同时定义中所说的"意图"是指可以表达的观点或想法，不包括不能告知员工的机密信息、隐私或者其他信息。定义中的"没有向下级明确表达"，既包括对信息的保留，也包括对信息的"提炼"和"过滤"。故领导沉默不仅包括语言上的沉默，也包括"暗示""模糊表达""掩饰性表达"等多种不表达或不明确表达其真实观点的方式。本书的研究边界是领导对其下级的沉默行为，排除了领导本人面对组织或者面对上级的沉默行为。

领导沉默的维度。访谈数据和问卷数据均显示，领导沉默共有 5 个维度，分别为亲社会型领导沉默、考验型领导沉默、防御型领导沉默、威风型领导沉默和权谋型领导沉默。

　　亲社会型领导沉默是领导为了培养锻炼下属和组织工作的有效推进而保留相关信息与观点的行为。考验型领导沉默是领导为了观察和测试下属的能力与态度而保留观点的行为。防御型领导沉默是领导担心轻言给自己带来不利的影响而不发表意见的一种有意识的自我保护行为。威风型领导沉默是领导基于居高临下的心态和权力距离感而产生的,领导认为下属必须具有揣摩其心思、把握其意图的能力。权谋型领导沉默是领导为了严控信息,树立个人权力与威严而采用的一种沉默行为。领导沉默的 5 个维度是以利己程度、领导权威意识和权谋意识为标准而进行的分类,亲社会型领导沉默的领导权威意识和利己程度最弱,权谋意识较弱或较隐蔽;考验型领导沉默的领导权威意识稍强,权谋意识稍强,利己程度较高;防御型领导沉默的领导权威意识较强,权谋意识较强,利己程度很高;威风型领导沉默的领导权威意识很强,权谋意识较强,比较表面化,利己程度很高;权谋型领导沉默的权谋意识最高,领导权威意识最高,利己程度最高。

　　领导沉默的影响因素。领导沉默在我国有着深厚的社会文化基础,领导的资质首要是深沉稳重,其次才是豪放磊落,最后方是聪明才辩。领导沉默的影响因素主要分四大类:一是社会文化因素,包括高语境文化、中庸思维、人情面子、权威取向和区域文化 5 个方面;二是领导个人特征因素,包括性格、权力距离导向、职位层级、个人经验 4 个方面;三是组织因素,包括上下级关系和组织氛围 2 个方面;四是下属因素,包括下属的能力、下属的态度、下属的性格 3 个方面。

　　其中,不同层级的领导在亲社会型、考验型、防御型、威风型和权谋型领导沉默维度上表现出了比较显著的差异,越到高层,沉默行为表现得越多。因为在组织中,高层领导往往掌握了绝对的话语权,说太多一方面可能被曲解、利用,另一方面领导也担心因此而失去神秘感,不利于维护自己的权威和威严。

　　鉴于领导沉默影响因素牵涉的变量较多,本书选取了在访谈中提及率比较高、在管理实践中领导比较关心的因素,即中庸思维、上下级关系及领导个人权力距离导向 3 个变量进行量化研究。结果发现,防御型领导沉默受中庸思维显著正向影响;亲社会型领导沉默受上下级关系及中庸思维显著正向影响;考验型领导沉默受领导个人权力距离导向及上下级关系显著正向影响;权谋型领导沉默受领导个人权力距离导向显著正向影响;威风型领导沉默受领导个人权力距离导向显著正向影响(图 0-1)。

　　领导沉默的结果变量。访谈数据显示,领导沉默的结果变量分为员工、领导和组织三大方面。员工方面包括员工情绪体验、员工成长、员工悟性、主管信任、员工建言、工作绩效、工作积极性 7 个变量;领导方面包括领导决策、领导威信 2 个变量;组织方面包括组织氛围、上下级关系 2 个变量。

　　本书侧重于选取访谈样本较为关注的员工成长、主管信任、员工悟性和员工建言 4 个变量进行量化研究,结果显示,领导沉默可以正向预测员工悟性和员工建言。

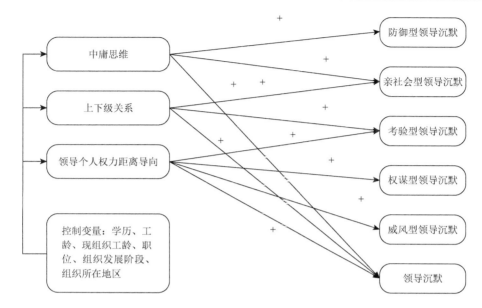

图 0-1　领导沉默的前因变量

亲社会型领导沉默、考验型领导沉默对主管信任具有显著的正向影响，防御型领导沉默、权谋型领导沉默对主管信任有显著的负向影响。

亲社会型领导沉默、考验型领导沉默对员工成长具有显著的正向影响，权谋型领导沉默对员工成长有显著的负向影响。

领导沉默各维度对员工悟性均具有显著的正向影响；亲社会型领导沉默、考验型领导沉默和威风型领导沉默对员工建言具有显著的正向影响。

主管信任在领导沉默和员工成长、员工悟性及员工建言间起中介作用。主管信任在亲社会型、考验型、权谋型领导沉默和员工成长间起完全中介作用；除威风型领导沉默和主管信任之间不存在显著相关性外，主管信任在防御型、亲社会型、考验型和权谋型领导沉默与员工悟性之间起部分中介作用；主管信任在亲社会型、考验型领导沉默和员工建言之间起部分中介作用。

领导沉默的影响结果如图 0-2 所示。

领导沉默的作用机制。在量化研究中，笔者发现领导个人权力距离导向、上下级关系、中庸思维对领导沉默呈显著正向影响；领导沉默对员工成长、主管信任、员工悟性和员工建言产生显著影响。领导沉默的前因、结果及作用机制如图 0-3 所示。

以上只是关于领导沉默的本期研究成果，希望未来在领导沉默影响因素、结果变量、作用机制方面进行更为详尽的研究。

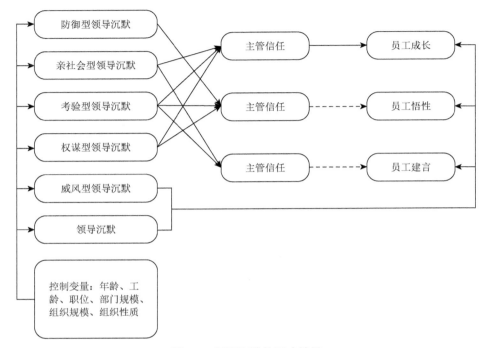

图 0-2　领导沉默的影响结果

实线表示完全中介，虚线表示部分中介

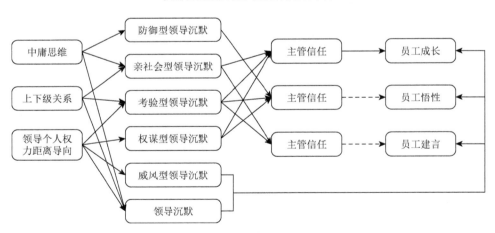

图 0-3　领导沉默的前因、结果及作用机制

实线表示完全中介，虚线表示部分中介

黄　桂

2018 年 12 月于康乐园

目　　录

第一章 绪 论

第一节 研 究 背 景

一、研究的理论背景

自从 Morrison 和 Milliken（2000）提出沉默行为概念之后，员工沉默和组织沉默便成为组织行为学领域研究的热点。员工沉默是指当员工对"组织潜在问题"有意见和想法时，却出于种种考虑选择保留个人的观点。组织沉默是指当组织中的大多数成员对组织事务都表现出这类沉默行为时形成的组织沉默氛围。

员工沉默和组织沉默的概念虽有差异，但都着眼于沉默中的员工"保留"自己的观点（郑晓涛等，2006）。不论是员工沉默还是组织沉默，都会给组织内部的信息沟通交流带来障碍，也不利于组织问题的改进，久而久之，组织会变成表面"和谐"的一潭死水。因此，沉默行为的研究为改善和解决此类问题提供了有效的路径与方法，故而组织中沉默问题的研究不仅必要而且非常迫切。

已有的研究成果几乎都集中于组织中员工沉默或者组织沉默氛围方面，注重组织中的"上行"沟通的沉默问题研究。其实，在具体的管理实践中，组织中的领导也存在着沉默行为，即在组织的"下行"沟通中同样存在信息不畅的问题。但是，关于这一问题学界尚未给予应有的重视，也没有相关的研究成果。

二、研究的实践背景

在具体的管理实践中，在我国企业组织中，领导在一定程度上存在着有话不说，或者不明说的情形。

有时候，领导不表态或者不明确表态是一种"故意的无知"，是为了更好地倾听员工的意见和看法，这样一方面有利于员工的历练和成长；另一方面领导也借此而建立威信，同时也有利于组织绩效的提升。

有时候，领导是故意不说，由此来考察下属的工作能力和工作态度，以降低用人失察之风险，维护自己的威信。

有时候，领导是隐忍不说，由于担心公开批评会影响下属情绪，为了保持"人际和谐"，避免与下属产生冲突，面对下属的错误和问题，领导选择知而不言。

有时候，领导是不愿说，面对下属的错误和问题，领导选择知而不言，不是害怕于己不利的冲突，而是要给下属留有余地，保护其工作积极性。

有时候，领导是不想说，领导不愿以"好为人师"的形象出现，而是调动下属的主观能动性，以树立良好的领导形象。

有时候，领导是不能说，一般而言，领导在组织中具有举足轻重的影响，其轻率发言可能会在组织中引起混乱或是被别有用心的人利用。因此，领导为了避免给自己、给组织造成不利的影响而慎言慎行。

有时候，领导是不去说，有"地位"的领导往往不需要多言，有时候甚至不需要语言，下属便能够"鉴貌辨色"，心领神会，以此来展示自己的威风，显示自己的权力。

有时候，领导是不能说，为避免明确表态而贻人口实，领导会采取暗示或者模糊表达的方式，以免担责，并维护自己的威信。

总之，企业领导的这些行为表现引起了笔者的研究兴趣，促使笔者对其进行系统的思考与研究。

第二节　研究的问题与意义

一、研究的问题

目前，关于组织中沉默行为的研究大多集中于员工沉默，忽视了组织中的领导沉默。然而在我国的企业实践中，领导普遍存在着沉默行为。也就是说领导本来对下属或工作方面的事宜已经有了明确的意见和建议，但却出于种种原因不告知或不明确告知下属，而是选择保留、提炼、过滤自己的观点，或采用"暗示""模糊表达""掩饰性表达"等多种不表达或不明确表达其真实观点的方式。

本书把与领导沉默相近的研究概念进行对比，发现没有与其相同的研究概念或者研究范围。领导沉默与以下研究概念均不相同。

领导在交谈中回避谈及管理者的伦理缄默（the moral muteness of managers）（Frederick and James，1989）；将员工视为"无能者"的威权领导（郑伯壎等，2000）；与下属分享权力及激励下属的授权型领导（empowering leadership）（Ahearne et al.，2005；Srivastava et al.，2006）；为满足个人利益而做出影响他人努力的组织政治行为（organizational political behavior）（王利平和金淑霞，2009；Kapoutsis and Thanos，2016）；基于被排斥者感知角度的职场排斥（workplace ostracism）（吴增隆等，2010），以及对下属的辱虐管理（abusive supervision）（Tepper，2000）。

领导沉默也不同于员工沉默，有以下 3 个主要原因：①沟通方向不同，领导沉默研究的是组织中"下行"沟通的问题，而员工沉默研究的是组织中"上行"

沟通的问题。②两者研究的主体和客体不同，领导沉默研究的客体是员工，主体是领导；员工沉默研究的客体是领导，主体是员工。③领导与员工在组织中的地位和角色不同，这种差异使得两者在概念定义、动机、目的等方面也不相同。虽然利己动机也是领导沉默的划分标准之一，但是，领导沉默的划分主要是依据领导的权威意识、权谋意识这两大分类标准。

虽然家长式领导（paternalistic leadership）的一些行为特征，如保持与下属的距离、喜怒不形于色、对下属不明确表现其真正意图（Silin，1976；Redding，1990；Westwood，1997）、独享信息、贬抑下属的贡献（郑伯壎，1995）等与领导沉默中"模糊表达"、保留信息等有类似之处。但是，家长式领导的研究重点并不在于领导的沉默行为，所以既不可能对其进行命名，也不可能对其进行系统的研究，更没有将其作为一个独立的概念进行研究。

基于此，笔者将领导沉默作为一个独立的概念进行研究，探讨其定义、形成、影响及作用机制。

二、研究的意义

（一）理论意义

虽然本土管理学研究渐渐引起学界的重视，但是，基于西方管理理论进行跨样本研究仍是学界比较惯常的做法。西方情境下的管理理论是以其特定的文化为支撑，而我国管理理论也同样受其所处的社会文化的影响。正如 Hofstede（1980）指出的，"任何领导方式都取决于文化传统"，中国社会文化与西方有着巨大的差异，在考虑领导行为时就应当从本土文化着手。华人学者也意识到一味地沿袭西方文化的框架和逻辑进行中国管理研究的弊端，认为"在华人社会中的研究不应该只是简单的移植"（杨中芳，2009）。

正因为如此，我国学者在运用西方管理理论进行跨样本研究时也发现了中国文化的元素，如李超平和时勘（2005）发现，在中国情境下的变革型领导（transformational leadership）还应该增加德行垂范的维度；姚艳虹和荆延杰（2008）指出，中国情境中的交易型领导（transactional leadership）还应该包含关系支持、典型示范、中庸之道和无为而治这 4 个本土维度。董临萍（2007）指出，在中国企业情境下，魅力型领导（charismatic leadership）风格还应包括品德高尚这一维度。在中国，人们比较重视魅力型领导的个人品行，上级要以身作则、平易近人（冯江平和罗国忠，2009）。

无独有偶，中国学者在研究员工沉默时也发现了诸多中国文化的元素，如中庸思维（何轩，2009）、圈子文化（张桂平和廖建桥，2009）、传统价值观、上下级关系（李锐等，2012）、面子文化和关系文化（周建涛，2013）。

在西方理论框架内增加中国文化的元素，这种探索非常有意义，但是，还远远不够。因为采取这种附加方式进行中国问题研究时，可能会迷失掉中国文化概念本身固有的含义。正如翟学伟（2004）所说，"采取这种附加方式进行中国问题研究时，已经迷失掉这些中国文化概念本身固有的意旨"。

这就要求我们必须扎根于本土文化，致力于中国文化背景的管理研究，以提出富有中国特色的管理理论。希望领导沉默的研究成果可以充实有关组织沉默和员工沉默的研究成果，对中国式领导风格的研究也有所助益。

（二）实践意义

组织成败的45%～65%变异量是由领导决定的（Bass，1990），领导的优劣不仅关系组织绩效，同时也与下属的表现与发展密切相关。从领导与员工所处的组织地位看，领导显然具有比一般员工更大的影响力，所以领导沉默及其程度对组织而言十分重要。

对领导沉默的构成、特点、形成的原因及其结果和作用机制的研究不仅对企业界人士具有普遍的借鉴意义，可以帮助企业界人士加深对领导沉默优缺点的认识，而且有利于领导认识、理解领导沉默，从而避免其消极影响，发挥其积极影响。

第三节　研究的主要思路和方法

一、研究的主要思路

鉴于上述考虑，笔者根植于本土文化，做了如下工作。

首先，收集、整理、归纳、分析有关员工沉默、领导风格理论、家长式领导理论，以及有关中国文化的研究文献和相关研究成果，以期为本书构建领导沉默的概念，探讨其形成、过程及结果提供有益的参考框架。

其次，选择行业竞争度在中等及以上的企业领导进行深度访谈[①]，通过对访谈资料的三级编码，构建出领导沉默的维度。并在此基础上设计领导沉默问卷，对

---

① 在预访谈过程中，笔者发现不同的行业竞争度的领导沉默的程度也不同。为了避免这一因素的干扰，在选择样本时尽量避免选择行业竞争度较低的企业样本。

领导沉默的概念进行问卷调查研究。

再次，在上述研究成果的基础上，通过访谈和编码构建出领导沉默的影响因素框架，并据此设计领导沉默影响因素问卷。在此环节，笔者结合目前学界有关领导风格影响因素的研究成果及中国文化的研究概念，也借鉴现有的成熟问卷，或者根据编码情况对成熟问卷进行改编，从而形成领导沉默影响因素测量量表，并据此进行问卷调查研究，以进一步深入探讨领导沉默各维度与各影响因素之间的关系。

最后，在上述研究成果的基础上，通过访谈和编码，构建出领导沉默效能及领导沉默作用机制的研究框架，据此设计领导沉默效能及作用机制因素的测量量表。在此环节，笔者或借鉴现有的成熟问卷，或结合编码情况对成熟量表进行改编，或根据编码情况设计新的测量量表。通过对问卷数据的分析，构建领导沉默效能研究模型及领导沉默作用机制模型。

二、研究的方法

（一）文献研究法

虽然学术界尚无学者明确提出领导沉默的概念，也没有相关的研究成果，但是，领导风格、家长式领导，以及中国传统文化中涉及领导、沉默、慎言等相关文献给本书提供了一定的参考。尤其是有关员工沉默的概念定义、沉默的边界、前因变量和结果变量的研究给本书提供了有益的启发。

（二）深度访谈法

笔者运用二对一的半结构化访谈法收集有关领导沉默的一手资料。鉴于领导沉默具有一定隐蔽性和私密性，笔者主要选择对其自身比较信任的企业高管作为访谈对象，以保证访谈质量。

为了体现研究样本的多样性和代表性，本书尽量抽取不同年龄、工龄、不同行业、企业性质、部门，以及不同职位层级方面的样本；本书选取样本的学历大多在本科及以上，以保证被访者可以充分理解本研究问题和内容，能够有效地传达自己的想法。同时，严格按照访谈研究的程序和要求对访谈资料进行三级编码。

（三）问卷调查法

在上述研究基础上，设计问卷，进行问卷调查研究。具体步骤如下。

1）根据对访谈资料的分析，首先概括出领导沉默的类属和内涵，并确定领导沉默的维度，进一步结合受访者的回答，生成初始测量项目。

2）在测量项目的内容效度方面，邀请有关领域的专家，评价初始测量项目与领导沉默这个构念的匹配程度，并征求业界人员的意见，对问卷进行进一步的修改和完善，以确保测量项目与研究概念保持一致。

3）进行预测试，对问卷进行进一步的检验与修正。

4）大规模发放正式问卷。

5）回收问卷。先剔除无效问卷，再进行探索性因子分析和验证性因子分析，以进一步检验和精简问卷。

对领导沉默影响因素和结果变量的研究也遵循这一研究步骤。

第四节 研究的创新点

一、研究角度的创新性

学界关于组织中沉默问题的研究成果多集中于员工沉默或者组织沉默，却忽视了对组织中领导沉默行为的研究。本书扎根于本土文化，深入企业实际，收集一手数据，从领导的角度出发，将领导沉默作为一个独立的概念进行研究。

二、研究概念的创新性

本书基于中国文化背景将领导沉默作为一个独立的概念进行研究，发现领导沉默是一个具有较好信度与效度、具有 5 个维度的本土概念；是一个既区别于员工沉默，更不同于其他领导风格的新的研究概念。

本书对领导沉默的影响因素、效能及其作用机制进行了探讨。其中，在领导沉默效能的研究中发现了员工悟性这一本土概念。

该研究不仅有利于人们更加系统、全面地认识领导沉默行为、领导沉默产生的原因及其影响，而且在一定程度上拓展了有关组织沉默和员工沉默的研究范围，为组织沉默领域的研究提供了新的角度，对拓展本土领导风格的研究或有所助益。

第五节　研究的主要内容和框架

本书分为五章，具体内容如下。

第一章，回顾有关组织沉默、华人领导理论①及中国企业的管理实践，说明将领导沉默作为独立概念进行研究的必要性和重要性。同时简要介绍了本书的研究思路和方法，以及本书的创新点和主要内容。

第二章，介绍有关员工沉默、西方领导风格、家长式领导等相关研究成果。在相关理论的指导下，本书制定了访谈提纲，收集一手资料，通过对访谈数据的三级编码，提取出领导沉默这一研究概念，并将领导沉默划分为亲社会型、考验型、防御型、威风型和权谋型5个维度。

在访谈的基础上设计问卷，在预测试后，向企业的中高层领导发放问卷，对问卷数据进行探索性因子分析和验证性因子分析，进一步验证了领导沉默的概念和维度。

第三章，回顾领导沉默的文化根源和西方领导理论，如变革型领导、交易型领导、魅力型领导、谦卑型领导（humble leadership）、授权型领导、辱虐管理、华人领导理论的影响因素，以及员工沉默的影响因素，并在此基础上继续采用定性和定量研究相结合的方式，通过深度访谈与三级编码，归纳出领导沉默的四大影响因素，分别为领导个人因素、下属因素、文化因素及组织因素。

鉴于影响领导沉默的因素非常多，本书按照影响因素对领导沉默影响程度的高低、测量的可操作性等原则，选择确立了中庸思维、上下级关系和领导个人权力距离导向3个变量进行结构化问卷调查，以进一步检验领导沉默影响因素及与领导沉默各维度之间的关系。

第四章，梳理有关交易型领导、变革型领导、魅力型领导、授权型领导、谦卑型领导、辱虐管理、家长式领导和差序式领导（differential leadership）等有关领导风格效能的研究文献。在此基础上，编制访谈提纲进行访谈，通过对访谈资料的编码构建出领导沉默的效能框架。

领导沉默效能可以归为两大类，一类是个体层面的，另一类是组织层面的。个体层面又分为对员工的影响、对领导的影响两大部分，共9个变量。组织层面的变量包括组织氛围、上下级关系两个方面。

领导沉默效能涉及的变量也非常多，本书用以下标准进行筛选：一是问卷测量的有效性和可操作性；二是领导沉默效能的研究意义。最终选择员工成长、员工悟性、主管信任、员工建言这4个变量来进行问卷调查研究，以进一步检验领导沉默结果变量及领导沉默各维度的结果变量。

---

① 华人领导理论未单独提及，在郑伯壎等学者的研究中有所涉及。

主要研究结构如图 1-1 所示。

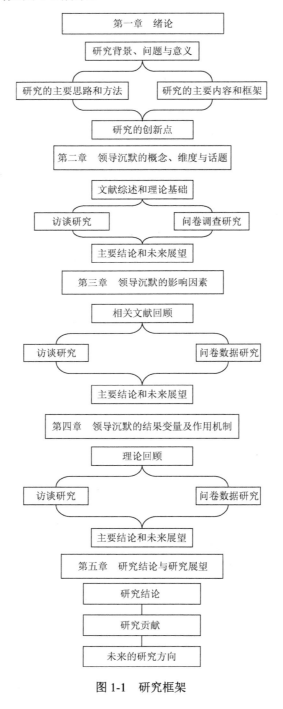

图 1-1 研究框架

参 考 文 献

董临萍. 2007. 中国企业情境下魅力型领导风格之组织影响的实证研究[D]. 复旦大学博士学位论文.

冯江平, 罗国忠. 2009. 我国企业魅力型领导的特质结构研究[J]. 心理科学, 32 (1): 207-209, 250.

何铨, 叶余建, 马剑虹. 2005. 魅力型领导方式研究综述[J]. 人类工效学, (4): 67-69, 77.

何轩. 2009. 互动公平真的就能治疗"沉默"病吗?——以中庸忌维作为调节变量的本土实证研究[J]. 管理世界, (4): 128-134.

李超平, 时勘. 2005. 变革型领导的结构与测量[J]. 心理学报, (6): 97-105.

李锐, 凌文辁, 柳士顺. 2012. 传统价值观、上下属关系与员工沉默行为: 一项本土文化情境下的实证探索[J]. 管理世界, (3): 127-140, 150.

孟慧, 宋继文, 徐琳, 等. 2013. 中国情境下变革型领导的内涵与测量的再探讨[J]. 管理学报, 10 (3): 375-383.

王利平, 金淑霞. 2009. 组织政治研究回顾与展望[J]. 经济管理, 31 (5): 175-181.

吴增隆, 刘军, 许浚. 2010. 职场排斥与员工组织公民行为: 组织认同与集体主义倾向的作用[J]. 南开管理评论, 13 (3): 36-44.

杨中芳. 2009. 什么是本土化[C]//杨中芳. 如何研究中国人. 重庆: 重庆大学出版社.

姚艳虹, 荆延杰. 2008. 中国文化背景下企业交易型领导的结构研究[J]. 湖南大学学报 (社会科学版), (4): 64-68.

翟学伟. 2004. 人情、面子与权力的再生产——情理社会中的社会交换方式[J]. 社会学研究, (5): 48-57.

张桂平, 廖建桥. 2009. 用"圈子"文化管理员工沉默行为[.]. 中国人力资源开发, (6): 29-31.

郑伯壎. 1995. 家长权威与领导行为之关系: 一个台湾民营企业主持人的个案研究[J]. 民族学研究所集刊, (79): 119-173.

郑伯壎, 周丽芳, 樊景立. 2000. 家长式领导量表: 三元模式的建构与测量[J]. 本土心理学研究, (14): 3-64.

郑晓涛, 郑兴山, 石金涛. 2006. 透视员工沉默[J]. 企业管理, (12): 100-101.

周建涛. 2013. 权力距离导向对员工沉默的作用机制研究[D]. 华中科技大学博士学位论文.

Ahearne M, Mathieu J, Rapp A. 2005. To empower or not to empower your sales force? An empirical examination of influence of leadership empowerment behaviour on customer satisfaction and performance[J]. Journal of Applied Psychology, 90 (5): 945-955.

Bass B M. 1990. Bass and Stogdill's Handbook of Leadership: Theory, Research, and Managerial Application[M]. New York: Free Press.

Frederick B B, James A W. 1989. The moral muteness of managers[J]. California Management Review, 32 (1): 73-88.

Hofstede G. 1980. Motivation, leadership, and organization: do American theories apply abroad[J]. Organization Dynamics, 9 (1): 42-63.

Kapoutsis I, Thanos I. 2016. Politics in organizations: positive and negative aspects of political behavior[J]. European Management Journal, (3): 310-312.

Morrison E W, Milliken F J. 2000. Organizational silence: a barrier to change and development in a pluralistic world[J]. Academy of Management Review, 25 (4): 706-731.

Redding S G. 1990. The Spirit of Chinese Capitalism[M]. New York: Walter de Gruyter.

Silin R H. 1976. Leadership and Value: The Organization of Large-scale Taiwan Enterprises[M]. Cambridge: Harvard University Press.

Srivastava A，Bartol K M，Locke E A. 2006. Empowering leadership in management teams：effects on knowledge sharing，efficacy，and performance[J]. Academy of Management Journal，49（6）：1239-1251.

Tepper B J. 2000. Consequences of abusive supervision[J]. Academy of Management Journal，43（2）：178-190.

Westwood R. 1997. Harmony and patriarchy: the cultural basis for"paternalistic headship"among the overseas Chinese[J]. Organization Studies，18（3）：445-480.

第二章　领导沉默的概念、维度与话题[①]

组织中沉默行为的研究几乎都聚焦于员工沉默行为，而没有关注到组织中的领导同样也存在沉默行为。基于此，本书扎根于本土，通过访谈建构领导沉默这一概念，并根据权威意识、利己程度及权谋意识3个分类标准对领导沉默进行维度划分。在访谈研究的基础上设计领导沉默的测量量表，收集数据，进行探索性因子分析和验证性因子分析，最终确定27个测量项目。访谈研究和问卷调查的结果都表明，领导沉默是一个多维结构，包括防御型、亲社会型、考验型、权谋型、威风型5个维度。其中，亲社会型领导沉默和威风型领导沉默各有2个子维度，前者分为组织角度和员工角度的亲社会型领导沉默；后者分为领导意图把握力-威风型及惩罚和警戒-威风型领导沉默。数据显示，问卷具有较高的信度和效度。

第一节　文献综述和理论基础

领导沉默是一个新的研究概念，并没有现成的研究成果可资借鉴。但是，有关员工沉默的概念定义、员工沉默的维度、员工沉默的话题事件及家长式领导等方面的研究成果对本书在概念界定、沉默的边界划分等方面有深刻的启发。

一、有关员工沉默的研究

（一）员工沉默的相关概念定义

组织中员工沉默现象的研究，始于 Rosen 和 Tesser（1970）提出的"沉默效应"。随后 Morrison 和 Milliken（2000）定义了组织沉默，Pinder 和 Harlos（2001）定义了员工沉默，Dyne 等（2003）界定了沉默的边界条件。其中，组织沉默是

[①] 本书将领导界定为拥有正式职权的、按照组织层级划分的各级管理者。参考已有的学术研究，本书的基层领导是指直接面向一线员工，如班组长；中层领导位于组织高层领导与基层领导之间，他们主要负责贯彻执行高层领导制定的决策，监督协调基层领导的工作，如部门主管等　高层领导位于企业层级组织的最高层，处于企业战略的制定及执行层面，通常是指总裁、副总裁等。

一种集体现象，是指组织中的员工普遍隐瞒自己的观点和对组织问题的担忧。员工沉默是一种个体现象，是指员工本可以根据自己的知识和经验向组织提出改进或者解决问题的想法、建议，却因种种原因，选择提炼、过滤，保留自己的观点。

　　组织沉默和员工沉默的定义虽有差异，但都强调沉默行为中的员工"保留自己的观点"，即沉默行为是员工有意识的和深思熟虑的决定，不包括无意识及没有见解的沉默行为，这种有意识的保留也包括"提炼"和"过滤"（郑晓涛等，2006）。

（二）员工沉默的维度

　　就现有的研究成果看，主要按照沉默动机对员工沉默进行分类。Pinder 和 Harlos（2001）将沉默分为两种，一种是默许沉默，是指员工觉得说与不说都没有什么区别，消极地放弃表达自己的意见和看法。另一种是无作为沉默，是指由于员工担心发表意见会对自己和他人的人际关系造成消极影响，有目的地、主动地保留自己的观点，目的是保护自己、防御伤害。

　　Dyne 等（2003）也从内在动机出发，将员工沉默划分成 3 种类型，分别是默许型沉默（acquiescent silence）、防御型沉默（defensive silence）和亲社会型沉默（prosocial silence），其中，默许型沉默和防御型沉默与 Pinder 和 Harlos（2001）的沉默定义基本相同。默许型沉默是员工基于顺从的动机，认为说与不说没有什么区别而保留相关看法和信息的行为。防御型沉默是员工担心对自身的不良影响而不发表意见的一种有意识的自我保护行为。与较为消极的默许型沉默相比，防御型沉默则更加积极，员工通过深思熟虑后认为沉默行为是最优的选择。亲社会型沉默则主要是为了组织和他人的利益而保留相关信息与观点的行为。和防御型沉默一样，亲社会型沉默也是有意识的和主动的，不同的是，其内在动机是利他和合作（图 2-1）。

图 2-1　员工沉默类型

资料来源：Dyne 等，2003

郑晓涛等（2006）认为除了默许型、防御型和亲社会型沉默之外，还存在着漠视型沉默。漠视型沉默是由于员工对组织的依恋度和认同感不够而产生的，如"徐庶进曹营——一言不发"。赵春莲（2010）从员工自身情况这一视角出发，将员工沉默行为划分为人际关系恐惧型沉默、个体低自尊型沉默、组织体制障碍型沉默。其中，人际关系恐惧型沉默是指员工恐惧和他人沟通进而拒绝交流，保护自己所导致的沉默行为。个体低自尊型沉默是指员工否认自我价值的同时拒绝检验自己的推断所产生的沉默行为。组织体制障碍型沉默是指员工对组织制度的理解存在障碍而产生的沉默行为（赵春莲，2010）。

（三）员工沉默的话题

员工究竟会在什么话题上沉默？很多研究成果显示，组织会暗示员工不应对组织的政策或管理特权指手画脚，破坏组织的现状（Redding and Wong，1986）。而随着"员工沉默"作为独立的构念被提出，学者也都大多同意这一观点，认为员工不说出自己的观点或想法，是因为担心负面结果或认为其观点对组织来说并不重要，员工沉默主要集中于领导对其询问意见和建议时，员工却知而不言。员工沉默的主要话题集中于以下几个方面：对他人的看法、对组织的看法、对敏感事件的看法、对组织真实状况及潜在问题的了解（Pinder and Harlos，2001；Dyne et al.，2003），以及对员工和领导或同事产生的分歧。Milliken 等（2003）等发现员工沉默的原因可以分为 5 类，按照被访谈者提及的频次依次为：担心被贴上负面标签；担心破坏关系而失去尊重、归属、信任和支持；担心发言也没有意义；担心被报复和惩罚；担心对其他人的负面影响。同时，国内学者何轩（2010）研究发现，在员工感受到组织公平程度较低和领导之间信任程度较低时也往往采用沉默行为，而中国人固有的"高传统性"使他们强调个人服从于组织，更可能压抑自己与组织相左的行为、认知和内心感受。而建言行为无疑也会挑战领导与同事的习惯看法，甚至威胁他们的利益，可能引起他人的不快、同事之间的冲突等（李锐等，2012），这些都致使员工认为与其说多错多，还不如保持沉默。可见，员工沉默较多是从利己角度出发，在事关自身利益的事情上保持沉默，以免惹祸上身。

二、有关家长式领导的研究

家长式领导是基于中国传统文化而有别于西方的本土领导理论，是广泛存在于各种类型华人组织中的一种领导风格。最著名的研究成果出自 Silin（1976）、Redding（1990）和 Westwood（1997）3 位学者。郑伯壎等（2000）在其基础上，提出家长式领导行为的三维模型：威权领导、仁慈领导和德行领导，并把家长式领导定义为"一种类似父权的作风，拥有清楚而强大的权威，但也有着照顾与体谅部属、道德示范的成分在内"。周浩和龙立荣（2005）在此基础上，将家长式领导定义为"在一种人治的氛围下，显现出严明的纪律与权威、父亲般的仁慈及道德廉洁性的领导方式，主要表现为恩威并施，以德服人"。

威权领导的特点是专权作风，不愿授权下属；对信息实施严密的控制，独享信息；贬抑下属的贡献，并且对下属提出高绩效要求，同时要求下属不和自己唱反调，敬畏顺从。仁慈领导则更强调个别照顾，受中国传统"家"文化的影响，他们倡导将下属视为家人，给下属以工作和生活上的双重照顾，维护下属的面子，愿意为下属留有余地，希望下属能够感恩图报。德行领导强调公私分明，对下属一视同仁，并且以身作则，将自己视为下属的表率，希望下属可以认同、效法领导的行为。

值得注意的是，家长式领导所表现出的一些不明确表明意图的行为特征与领导沉默的某些方面不谋而合，如家长式领导在工作中对下级保持距离以维护其威严，他们通常会喜怒不形于色，对下属不明确表现其真正意图；施展各种控制手法，包括私下奖赏、不清楚地表明意图等严密控制下级，以免受到下级蒙蔽（Silin，1976）。关于领导不明确地表达自己意图的行为特点也不断被后来的研究者证实，如 Redding（1990）、Westwood（1997）。家长式领导还表现出独享信息、贬抑下属的贡献的行为特点。独享信息是指领导为了保持信息优势和对下属的严密控制而不向下属透露信息。贬抑下属的贡献是指领导担心公开表扬会造成下属骄傲自满，"不利于领导的权威，破坏群体和谐，更害怕由此演变成下属间的竞争与冲突"等（郑伯壎，1995）。

三、研究评价和问题的提出

从理论方面看，目前学界关于组织沉默的研究聚焦于员工沉默，并没有涉及组织中的中高层领导。在具体的管理实践中笔者发现，作为组织中不可或缺的群体——领导，也常常出现沉默行为。组织成败的 45%～65%的变异量是由组织中的领导决定的（Bass，1990），领导的好坏不仅与组织的绩效密切相关，也事关下属的表现与发展。因此，领导沉默与否对组织来说十分重要。而领导在组织中的地位和角色均与普遍员工不同，因此，领导沉默的动机、影响因素、结果和作用机制肯定与普遍员工不同。

另外，家长式领导所表现出的"意图模糊""不清晰表达意图"等行为特点与领导沉默的一些行为不谋而合，这些研究成果也为领导沉默的研究提供了有益的依据。不过，有关家长式领导的研究重点并不在于领导沉默，当然也未意识到将领导的这些行为表现作为独立的构念进行研究和探讨。

领导沉默在我国有着深厚的文化背景，如高语境文化、权威取向、人情面子、关系文化等都是领导沉默产生的深厚土壤。正因为此，在具体的管理实际中，频频可以窥见企业领导的沉默行为，概括起来大致有如下情形。

有时候，领导不发表意见是出于利他的动机，搁置自己的意见和想法而听取下属意见、促使下属反思，给下属发挥空间。此种情况下，领导的权威意识很弱，甚至有意识地弱化自己的权威，没有权谋意识或者权谋意识隐蔽。

有时候，领导不表态是出于利己的动机，利用沉默来观察下属的能力、积极主动性等，以确定下属是否值得重用培养。这种情形下领导的权威意识稍强，权谋意识清晰可见。

有时候，领导不说话是出于自我保护的动机，以沉默来预防自己的言语被他人误解和利用，从而避免伤害自身的利益和形象。此时领导的权威意识较强，权谋意识明显。

有时候，领导不表态是为了显示自己的威风和居高临下的心理状态。领导认为不需要自己多费口舌，下属便能心领神会，不仅可以增加自身的魅力，同时也体现了下属的领悟能力。此时领导的权威意识很强，权谋意识明显。

有时候领导不表态或不明确表态是出于损人利己的考虑，以暗示或模糊表态的方式给自己留有足够的进退空间，便于逃避责任。此时领导的权威意识和权谋意识均最强。

因此，不管是从理论上看，还是从实践上看，都有必要将领导沉默作为一个独立的概念进行研究。而不是将其作为员工沉默的一个特例，因为，领导沉默在管理实践中所表现出的复杂性、重要性及与员工沉默的差异性，远非一个特例所能解释。

为了客观地测量领导沉默这一概念，笔者先进行访谈研究，并在此基础上设计问卷，进行问卷调查研究，进一步验证领导沉默的概念、维度。

第二节　领导沉默的访谈研究

一、访谈目的与访谈样本

（一）访谈研究的目的

本书研究目的在于了解领导沉默的动机、沉默的话题或事件等内容。笔者采用访谈研究方法，对受访者进行深入访谈，主要了解以下问题。

1）在与下属的沟通中，您（或您的领导）是否存在不表达或者不明确表达的行为？

2）您（或您的领导）比较喜欢在什么话题或事件上采用这种行为？

3）您觉得您（或您的领导）这种不表达或不明确表达的行为，是出于什么考虑？能否举例说明？

（二）样本访谈和记录

本书选取了珠三角地区 51 位在职的管理者作为访谈对象，受访者中，男性 40 人，占总样本的 78.4%，女性 11 人，占 21.6%。年龄方面，31～40 岁的 30 人，占 58.8%，41 岁及以上的 17 人，占 33.4%，25～30 岁的 4 人，占 7.8%。从学历来看，硕士 36 人，占 70.6%，本科/大专 11 人，占 21.6%，博士 4 人，占 7.8%。从组织性质看，国有企业 20 人，占 39.2%，民营企业 20 人，占 39.2%，外资企业 11 人，占 21.6%。组织所处行业涉及金融业（3 人）、咨询业（2 人）、服务行业（1 人）、化工行业（1 人）、批发/零售业（2 人）、IT 业/通信业（6 人）、交通业/运输/仓储/邮政业（9 人）、房地产/建筑业（6 人）、制造业（14 人）及其他行业（7 人）。样本所在企业的性质和工作部门多种多样，包括综合管理（人力资源、财务、行政等职能部门）、生产运营、销售和技术等部门。同时，样本的个人经历也各不相同，既有在国有企业奋斗多年的资深高管，也有子承父业的、年轻有为的企业家。另外，样本的学历均为本科/大专及以上，保证了研究对象能够充分理解本次访谈的问题和研究内容，并具有清晰表达自身想法的能力。具体访谈样本统计变量见表 2-1。

表 2-1　访谈样本统计变量

控制变量	题项	频数	百分比/%
性别	男	40	78.4
	女	11	21.6
年龄	25～30 岁	4	7.8
	31～40 岁	30	58.8
	41～50 岁	16	31.4
	51 岁及以上	1	2.0
学历	本科/大专	11	21.6
	硕士	36	70.6
	博士	4	7.8

续表

控制变量	题项	频数	百分比/%
工龄	3~5 年	2	3.9
	6~10 年	9	17.6
	11~15 年	19	37.3
	16~20 年	11	21.6
	20 年以上	10	19.6
现组织工龄	3 年以下	7	13.7
	3~5 年	6	11.8
	6~10 年	14	27.4
	11~15 年	18	35.3
	16~20 年	3	5.9
	20 年以上	3	5.9
职位	中层领导	26	51.0
	高层领导	25	49.0
部门规模	5 人以下	4	7.8
	5~10 人	16	31.4
	11~20 人	14	27.5
	20 人以上	17	33.3
组织规模	1~49 人	3	5.9
	50~99 人	5	9.8
	100~200 人	5	9.8
	201~500 人	11	21.6
	501~1000 人	5	9.8
	1000 人以二	22	43.1
组织性质	民营企业	20	39.2
	国有企业	20	39.2
	外资企业	11	21.6

访谈由受过质性研究训练的研究生及教师进行，采取二对一的形式进行，时间为 60~80 分钟/人，为了更好地了解受访者的观点，在访谈中特别要求被访者尽可能详细地描述一个或多个在工作中对下级的沉默行为，并在访谈问题结束后再提出一些开放性的问题，包括您对本次访谈还有什么意见或想法等。另外，复述访谈记录的相关信息，与被访者进行确认，以免信息的遗漏和缺失。

访谈资料回收后，笔者首先进行登记和编码，采用动态原则与饱和原则，即一边收集资料，一边进行分析，当编码信息出现重复或饱和时，便停止抽取访谈样本。笔者请 3 位训练有素的研究生和教师进行了三级编码，以领导沉默的动机为例，将所有的访谈资料按其本身所呈现的状态进行编码，共提取 42 个核心概念项目。根据"领导沉默"定义删除不符合的项目后，把剩余的 31 个条目编入项目库 A_1。

首先，用同样的方法进行提取，把符合要求的条目编入项目库 B_1（共 27 个项目）。其次，将项目库 A_1 和 B_1 进行对比和讨论，根据讨论的结果将相关联的项目进行归类合并并删除提及率较低的项目（如提及率不超过 3 次的），将剩余条目编入项目库 C_1（共 12 个项目）。经过几次讨论，生成一个编码清单，笔者认为这个清单捕捉了所有提及的概念类属。最后，使用编码清单对照访谈记录，确保提取了尽可能多的项目，并划分为尽可能少的概念。同理，笔者对领导沉默的话题和事件也进行了编码，得出本次访谈的结果。

二、访谈结果分析

领导沉默具有普遍性。在访谈中，100%的受访者认为领导沉默是一种普遍现象，其中有 16 位受访者明确表示在日常的管理工作中经常对下属表现出沉默行为（或沉默行为较多），29 位表示偶尔为之或不多，仅有 4 位表示很少，2 位没有明确表示。

（一）领导沉默的动机、维度与概念定义

根据访谈结果，得出 12 个最具代表性的领导沉默的动机，并据此归纳为 5 个维度，分别为亲社会型、考验型、防御型、威风型及权谋型领导沉默[①]。编码情况如表 2-2 和图 2-2 所示。

表 2-2　领导沉默的三级编码及访谈片段

三级编码	亲社会型领导沉默				
二级编码	发挥下属主观能动性			维护组织的合作团结	
一级编码（频次）	促使下属自我反省（19）	给下属锻炼的机会（20）	听取意见（24）	给下属充分的适应时间（9）	维护和谐氛围，提高组织效率（10）
访谈片段	我沉默了，他就应该能体会到我的不满，然后自己去找原因改进（男，高层，国有企业，14）【促使下属自我反省】 交给上级的工作方案，上级不会直接告诉你哪里有问题，他主要是会去引导你，让你自己去讲哪些方面是需要再去完善的（男，中层，国有企业，36）【促使下属自我反省】 我不说话是让员工自己意识到问题，员工自己承担责任的主动性会更大，压力也会更大，这样才能不断进步（女，高层，民营企业，28）【促使下属自我反省】				

① 防御型及亲社会型领导沉默的命名参考了 Dyne 等（2003）对员工沉默维度的命名。

续表

三级编码	亲社会型领导沉默				
二级编码	发挥下属主观能动性			维护组织的合作团结	
一级编码（频次）	促使下属自我反省（19）	给下属锻炼的机会（20）	听取意见（24）	给下属充分的适应时间（9）	维护和谐氛围，提高组织效率（10）
访谈片段	如果我还指望下属有创造性的东西出来，我就会有所保留（女，中层，国有企业，35）【给下属锻炼的机会】 我不说话是想先保留我自己的意见，不要令下面的人设限，听听他们怎么说（女，高层，民营企业，5）【听取意见】 一般来说我沉默是因为我认为我的下属有能力把事情办好，所以很多时候我只需要布置任务，而不需要具体跟他们说要怎样操作（女，中层，外资企业，6）【给下属锻炼的机会】 很多时候，无论是推行政策也好实施制度也好，都需要一个缓冲的过程，让员工去接受、去适应（男，中层，国有企业，4）【给下属充分的适应时间】 如果员工间有冲突，只能是等双方都静下来，能够理智地思考问题时，领导这时才出来解决。员工关系问题很关键，要处理妥当，才能保持组织和谐（男，中层，民营企业，44）【维护和谐氛围，提高组织效率】 我们这边的销售总监，他会过滤掉上级的一些负面信息，再传递给下级，如暂时不告诉你投入产出比，而是跟你说，你继续去做，做一些优质的工作（男，中层，外资企业，3）【给下属锻炼的机会】 我转述上级对下级的批评时，会从另外一个角度，告诉他哪些事情没有做好，而不是把批评的情绪带给他（男，中层，民营企业，44）【给下属锻炼的机会】				
三级编码	考验型领导沉默				
二级编码	考验下属的能力和态度				
一级编码（频次）	测试下属忠诚（16）	测试下属工作的主动性和热情（14）		下属把握领导意图的能力（13）	
访谈片段	我沉默，看谁适合培养，谁更忠心，为以后的人才选拔提供参考（男，中层，国有企业，11）【测试下属忠诚】 对这个空出的职位，我们领导没有说任何的话，其实我内心是希望这个副经理自己主动地来找我，主动地跟公司沟通，自己来表示我要承担正职经理的工作（男，高层，民营企业，48）【测试下属工作的主动性和热情】 在安排一些任务时，我自己是有了一定的想法，但我想看看下属有什么办法，所以就不说出来，让他们自己看着办。这个主要还是作为一种能力的考验（男，中层，国有企业，52）【下属把握领导意图的能力】 有些领导对下属也会讲，但讲得比较虚，很多东西需要你自己去领悟（男，中层，国有企业，38）【下属把握领导意图的能力】				
三级编码	防御型领导沉默				
二级编码	避免于己不利的影响				
一级编码（频次）	担心轻率发言带来负面影响（15）	等待合适时机，不轻易承诺（11）		避免与他人产生冲突（15）	
访谈片段	领导沉默是一种谨慎、负责任的表现　不轻易地表态；因为如果随口说出来却做不到怎么办（男，高层，国有企业，14）【担心轻率发言带来负面影响】 我觉得作为一个领导，应当时刻有着一种意识或者警惕，就是什么话该说什么话不该说；什么场合下能说，什么场合下不能说；对着什么人可以说，对着什么人不能说。有些时候领导可能只是随口说那么一句话，可能当时是无心的，但听者有意，搞不好就有另外一番解释。所以我个人很注意这一点，能少说的尽量少说，能不说的就尽量不说，避免不好的影响（男，高层，民营企业，48）【担心轻率发言带来负面影响】 因为领导不能先说，有可能领导听取员工的意见后觉得有需要改进的地方，那就会出现朝令夕改的情况，那就不好（男，中层，外资企业，51）【等待合适时机，不轻易承诺】				

续表

三级编码	防御型领导沉默		
二级编码	避免于己不利的影响		
一级编码（频次）	担心轻率发言带来负面影响（15）	等待合适时机，不轻易承诺（11）	避免与他人产生冲突（15）
访谈片段	我们这个时候不说，那样可以有比较大的回旋地步，到时候上级有什么改动我们都可以应对，不至于说出口了到时候不是这样，领导（我们）就没威信（男，中层，国有企业，55）【等待合适时机，不轻易承诺】 牵涉其他领导的管辖范围就不便表态，不能得罪人（男，高层，国有企业，2）【避免与他人产生冲突】 具体涉及一些归特定的人管的人或者事，自己就肯定不便插手（男，高层，外资企业，4）【避免与他人产生冲突】 如果一个部门领导，没有很大的权力，员工很差，不能随便解雇，又必须要依靠他，这个时候可能会就照顾更多的这个（面子）东西（男，中层，民营企业，41）【避免与他人产生冲突】 对有些下属的错误，我不会直接说出来具体哪里做错，但是会给他指点一二，是为了给他些台阶下（男，高层，国有企业，14）【避免与他人产生冲突】 考核时候我将一些员工评为良好，其实，他真有那么好吗？他自己心里清楚，我不想让他太难堪，更不想和他产生冲突（男，中层，国有企业，22）【避免与他人产生冲突】		
三级编码	威风型领导沉默		
二级编码	领导意图把握能力		惩戒下属	
一级编码（频次）	下属应当自行领悟（17）	下属应该具备这方面的能力（13）	下属必须知错就改（8）	沉默是最好的批评（15）
访谈片段	如果一些任务我已经给下属交代清楚，但下属仍出了错，这时我就可能会选择沉默，下属应当明白我的意思，自己得学会反思（男，高层，国有企业，1）【下属应当自行领悟】 对下属提出的很愚蠢的问题，我通常保持沉默，是想告诫下属不应该提这样的问题（男，高层，民营企业，11）【下属应该具备这方面的能力】 沉默不是不说话，而且往往层次越高，讲话越不能具体，越简单越好；把具体的操作层的问题留给下属去做，领导只给一个方向（男，高层，民营企业，45）【下属应该具备这方面的能力】 当一些下属不具备太好的成长性，或者说了一两次之后，没有改善的明显迹象时，我会选择沉默。我也不批评他，也不表扬他，任由他发展（男，高层，民营企业，15）【下属必须知错就改】 领导不会说话说得太多。如果下属领会不了他（她）的意图，那么很快就不在他（她）的团队里面（女，中层，国有企业，23）【沉默是最好的批评】			
三级编码	权谋型领导沉默		
二级编码	操控信息，避免承担责任		
一级编码（频次）	拉开距离（11）	控制信息（8）	不让下属摸透自己（5）
访谈片段	通过保留一些相关的信息，能带来信息优势，从而更有力地控制局面，避免失控而造成负面影响（男，高层，国有企业，22）【控制信息】 对下属不恰当的问题我表现为不说话，就是想让他掂量一下自己的分量（男，高层，国有企业，1）【拉开距离】 领导不会把任何事情都完全明确地告知下属，反而会用沉默来树立一个这样的形象或者传递一种信息，就是领导始终是比员工知道得多的，有种威慑的作用（男，高层，民营企业，15）【控制信息】 尤其是不知道水多深时是不能说出自己的看法的，说太多一方面揭了自己的底，另一方面容易出差错（男，高层，国有企业，9）【不让下属摸透自己】 场面上的话是不能当真的。如果领导当众正式要求大家支持某某的工作，基本上是说说而已。如果是私下说的那就是真话（女，中层，国有企业，35）【不让下属摸透自己】		

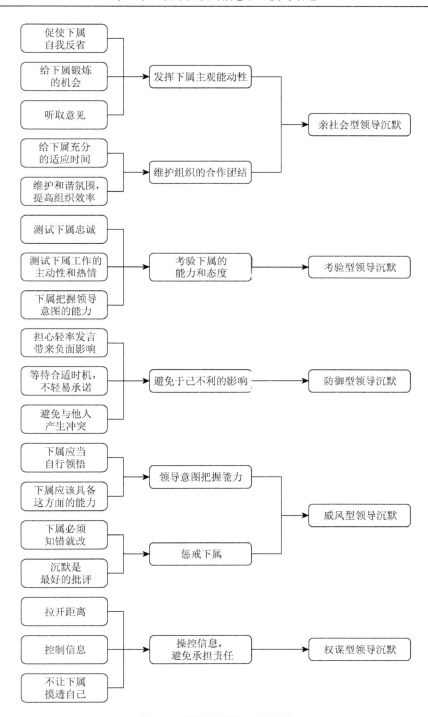

图 2-2 领导沉默的三级编码

1. 领导沉默的概念定义

基于上述研究，本书将领导沉默定义为"领导在与下级的正式接触中，故意没有向下级明确表达自己的意图，或表达时有所保留的行为现象"（黄桂等，2013）。这一定义除了强调领导对信息和意图的"保留"之外，还包含提炼和过滤这 2 个关键词。此概念中的领导沉默，不仅是语言上的沉默，也涵盖了对信息的保留、过滤和提炼等不表达或不明确表达领导真实想法的沉默行为。同时，此概念排除组织中的领导作为下级面对组织或上级时所表现出来的沉默，只考虑其作为领导在与下级正式的、面对面场合之中的沉默行为①。同时，该概念中领导的"意图"是指可以告知下属的或不妨告知下属的意见和观点，排除了不能告诉下属的机密信息或者其他信息。

领导沉默中"保留"的沉默行为最多，也最为广泛。过滤的方式次之（近 25%），提炼方式又次之（近 15%）。上述 3 种不明确表态的方式在领导沉默的 5 个维度中均有体现。鉴于保留是沉默最基本的行为方式，在编码中多有展示，故只是列举一些有关提炼和过滤的核心条目。

有关提炼的核心条目，如"一般来说我沉默是因为我认为我的下属有能力把事情办好，所以很多时候我只需要布置任务，而不需要具体跟他们说要怎样操作"（女，中层，外资企业，6）。

"有些领导对下属也会讲，但讲得比较虚，很多东西需要你自己去领悟"（男，中层，国有企业，38）。

"对有些下属的错误，我不会直接说出来具体哪里做错，但是会给他指点一二，是为了给他些台阶下"（男，高层，国有企业，14）。

"沉默不是不说话，而且往往层次越高，讲话越不能具体，越简单越好；把具体的操作层的问题留给下属去做，领导只给一个方向"（男，高层，民营企业，45）。

有关过滤的核心条目，如"即便员工提出的方案不对，也不马上指出批评，而是鼓励他这种创造性"（女，中层，国有企业，23）。

"场面上的话是不能当真的。如果领导当众正式要求大家支持某某的工作，基本上是说说而已。如果是私下说的那就是真话"（女，中层，国有企业，35）。

"我转达上级对下级的批评时，会从另外一个角度，告诉他哪些事情没有做好，而不是把批评的情绪带给他"（男，中层，民营企业，44）。

---

① 因为领导作为下级对其上级的沉默应该属于员工沉默的范畴，对同事的沉默行为也属于员工沉默的范畴，所以这两者都不在本书研究范围内。

2. 领导沉默维度的划分

按照权威意识、利己程度的强弱及权谋意识的隐蔽度，可以将领导沉默划分为亲社会型、考验型、防御型、威风型和权谋型 5 个维度。

亲社会型领导沉默主要是从培养下属、有效地推进组织工作这一角度出发，基于利他或合作的动机，为了员工和组织的利益而保留相关信息和观点的行为。

沉默主要内容包括"发挥下属的主观能动性"和"维护组织的合作团结"。

一是更好地倾听员工的意见与建议。通常情况下，如果领导率先发言，往往意味着领导分布了指示或者指令，下属一般就只能应和，或者沉默不语。故而，明智的领导会搁置自己的观点，鼓励员工多提意见和建议。

二是促使下属自我反省。面对下属的失误或错误，领导不是苦口婆心地耳提面命，而是调动下属的主观能动性，促使下属自我反省。领导所扮演的是"授人以渔"而不是"授人以鱼"的角色。

三是培养锻炼下属。当员工遇到工作方面的问题或者比较棘手的事务时，领导不是急于对下属进行事无巨细的指导，而是沉默不语，给下属以思考、锻炼和发挥的机会与空间。

四是等待合适时机，有效地推进工作。在组织推进变革或者推行新制度的过程中，领导通常搁置已有的方案，先征求员工的意见和建议，以修正方案。一方面给员工充分的适应时间，另一方面也保证方案顺利、有序地推进。

关系取向（杨国枢，2008）对领导行为的影响是，处理问题时领导会考虑到他人的感受，追求人际和谐，关心声誉，注重规则等。家长式领导中的德行领导与亲社会型领导沉默在动机方面颇为相似，作为中华文化主流与基石的儒家文化极为强调个人的道德修养，即修身、齐家、治国、平天下。此种思想在组织中就表现为，在"德"方面有缺陷的领导很难赢得下级的"真正服从"（周浩和龙立荣，2005）。德行领导是希望通过对自身言行的克制而赢得员工的认同并效仿自己的行为，从而达成上下一致，高效工作。德行领导和亲社会型领导沉默的行为表现虽然有所差别，但是都有顾虑人意、关注形象的一面。

考验型领导沉默是一种基于居高临下的心理和权力距离心态而采取的较为隐蔽的考察与测试员工的能力、自觉性及工作热情的行为方式。

一般而言，领导要求下属对自己"敬畏顺从，感恩图报"（樊景立和郑伯壎，2000），但下属究竟是否符合领导的要求？显然，中国人，尤其是领导，不仅要听下属说什么，还要观察下属做了什么。考验型领导沉默的动因是领导担心被员工蒙蔽，通过在关键事件中或者关键时刻以不表态的方式来检验下属的能力、悟性和忠诚等是否经得起考验，是否堪当重任。具体表现为"测试下属忠诚""测试下属工作的主动性和热情""下属把握领导意图的能力"。领导认为，在没有上级明确指令的状态下，最易测试出下属把握领导意图的能力、下属工作的主动性和热情。

考验型领导沉默在中国也有着很深的文化渊源，明恩溥（2007）对中国人相互之间的猜疑早有论述。这种猜疑在组织中就表现为上下级之间的不信任，上级常常需要一而再、再而三地试探和确认下级的能力、态度及为人。

防御型领导沉默主要是出于自我保护心理而产生的，领导害怕言多必失，由此给自己带来不好的影响而不发表意见的一种主动的、有意识的自我保护行为。自我保护、防御意识是人类普遍存在的心理。其主要表现是"担心轻率发言带来负面影响"、"等待合适时机，不轻易承诺"和"避免与他人产生冲突"3 个方面，其最终的目的都是避免产生于己不利的影响。一是在工作当中，领导担心轻率发言可能会给自己的形象、权威和威信等带来负面影响。二是作为组织的代言人，领导担心言多必失，因此掉入承诺的陷阱而给自己带来负面影响。三是领导担心得罪他人，引发矛盾与冲突，因此即便是对有错误的下属也不给予恰当的批评；对绩效不佳的下属也不提供准确的评估。

同样都是不批评下属，防御型领导沉默与亲社会型领导沉默的动机不同，前者是为了自保，后者是出于利他；前者是避免麻烦，后者是促使员工自省。

防御型领导沉默这种顾虑和他人的关系，顾及他人的"情面"而保留自己的意见和观点的行为，与国人的社会取向有关。国人具有权威取向、他人取向和关系取向（杨国枢，2008）的倾向，既对权威敏感、崇拜权威，也会对权威产生依赖；同时，具有"冲突焦虑"及"不和焦虑"（李亦园，1994，2008）。基于此，有的领导不仅不敢得罪有背景的下属，也害怕得罪同事，乃至其下属，唯恐破坏人际和谐关系。而人情面子之所以如此受到中国人的重视，是因为它的运作方式同中国的"情理社会"模式相契合，在情理社会中，人们在行事时总是力图在情和理上找到一条平衡的中间路线，建立与他人的特殊关系（翟学伟，2004）。在组织中，先情后礼的文化也时常影响领导与员工的交换关系，领导对他人沉默也正是通过人情，在施与报中获得权力，通过面子的运作，在情与理中保全情分。一方面，避免伤害情谊，顾全大局，明哲保身，保护自己；另一方面，通过这种特殊主义的关系交换，获得自己想要的资源和权力。

威风型领导沉默是因为领导认为下属应该具有揣摩其心思、把握其意图的能力。威风型领导沉默主要表现为领导认为"下属应当自行领悟"、"下属应该具备这方面的能力"、"下属必须知错就改"及"沉默是最好的批评"4 个方面。一是领导认为下属应该与自己存在默契，即便在自己不明言的情况下，员工也能对自己的意图心领神会。二是领导认为把握领导意图是衡量下属是否合格的基本标准。三是熟悉领导风格，若遇屡次不能领会领导意图的下属，轻则遭到冷遇，重则被踢出团队/组织。四是沉默，沉默也是一种有力的批评手段，领导通过不表态的方式促使下属深刻反思并领会领导的良苦用心，并据此不断改进和完善自己。

中国文化讲究悟性，领导也习惯了下属对自己言行的重视（郑伯壎等，2000；姜定宇和张菀真，2010），领导的一个眼神甚至一个手势，下属便能心领神会，并能够贯彻执行，这是下属获得领导认可的重要前提。一旦下属不能理解领导的意图和苦心，或者理解的程度达不到领导的要求，便会遭到惩戒和冷遇。

权谋型领导沉默是指领导为了严控信息，树立个人权力与威严而采用的一种沉默行为。表现为"拉开距离"、"控制信息"及"不让下属摸透自己"3个方面。领导采用权谋型领导沉默，对下属不明确表达自己的真正想法，致使下属必须花费时间仔细揣摩，一方面有利于维护其权威和绝对控制权，另一方面也给自己留有余地，防止由于言语不慎而授人以柄。同时，领导希望某些权谋行为不被下属发现，或者即便下属知道，自己也能以合理的借口搪脱和逃避责任。

中国人向来注重谋略和权谋，不论是在现代还是在古代，人们倾向于靠随机应变的计谋之术、察人之法、御人之道来办事（张艳红，2009）。

（二）领导沉默的事件/话题

访谈数据显示，每位受访者至少提及 3 个最可能出现领导沉默行为的事件/话题，涵盖了企业管理的日常工作，这些事件/话题可归纳为 9 种。

领导沉默的 9 种事件/话题可以分为三大类：第一类是有关组织方面的问题，包括工作或任务的具体执行或实施细节、决策过程、灰色信息、公司政策/制度的推行或变动；第二类是有关员工事务方面的问题，包括员工的工作表现、对员工的看法、对员工的承诺；第三类是领导自身利益问题，包括自身形象问题、工作模糊地带。

具体详见表 2-3。

表 2-3　领导沉默的事件/话题（访谈结果）

	问题	频数	访谈片段	沉默表现
有关组织方面的问题	工作或任务的具体执行或实施细节	20	交给上级的工作方案，上级不会直接告诉你哪里有问题，他主要是会去引导你，让你自己去讲哪些方面是需要再去完善的（男，中层，国有企业，36） 领导说了一半的话，我就应该清楚他的想法或者意图。否则，领导是不会喜欢用你的。因为我要说很清楚，你才懂得怎么去做，那首先要说你是个很笨的下属（女，基层，国有企业，23）	亲社会型领导沉默 威风型领导沉默 防御型领导沉默

问题		频数	访谈片段	沉默表现
有关组织方面的问题	决策过程	12	我认为沉默是必需的，是能够理解的。很多时候，无论是推行政策还是实施制度，都需要一个缓冲的过程，让员工去接受去适应。我不会说有个制度，你们立刻去执行。很多时候有些事情时机未到，我可能会等一等、缓一缓，在不方便说的时候就不说（男，中层，国有企业，4）	亲社会型领导沉默 防御型领导沉默
	灰色信息	9	有一些时候安排下属工作，但是不会告诉他原因。有经验的下属会知道什么该问什么不该问（女，高层，民营企业，44）	权谋型领导沉默
	公司政策/制度的推行或变动	6	沉默时所要考虑的时机，就是这个事情说出去之后对下属会不会有什么负面的影响。因此，有时虽然我已经有了自己的观点，但并不会表达出来，因为我觉得可能不是一个很好的时机（女，高层，民营企业，17）	亲社会型领导沉默
有关员工事务方面的问题	员工的工作表现	9	下属有些问题，而且屡教不改，我会倾向点到为止（女，高层，国有企业，30）	威风型领导沉默
	对员工的看法	8	有些时候员工过来讲对他人的意见，我明明知道她说的是对的，但是，我也不发表看法，因为一旦我表明了态度，极有可能就传得人尽皆知，这对谁都不好（女，高层，国有企业，24）	亲社会型领导沉默
	对员工的承诺	5	我明明知道如果没有意外晋升的人选就是他，但是，他来试探口风时，我还是严肃地告诉他，没有任何消息（男，国有企业，中层，55）	亲社会型领导沉默 防御型领导沉默
领导自身利益问题	自身形象问题	18	我们这个时候不说，那样可以有比较大的回旋地步，到时候上级有什么改动我们都可以应对，不至于说出口了到时候不是这样，领导（我们）就没威信（男，中层，国有企业，25） 我之前某个老板会出于维护自己的权威而表示出沉默，他这样让我感觉不是很好，做得成功了我会觉得是自己的能力，如果做得不好，就会让我背黑锅（男，高层，民营企业，27）	防御型领导沉默 权谋型领导沉默
	工作模糊地带	11	有些事情你也不知道到底归谁管，说了也没用，就是你无能为力的事情，所以干脆就保持沉默（男，中层，国有企业，25）	防御型领导沉默

领导之所以对组织一些问题避而不谈或者过滤信息，是因为领导作为组织的"代言人"，其一言一行往往包含了多层面的含义和信息，稍有不慎就容易被错误解读或者过度解读，这就要求领导在组织的一些问题上保持冷静，在一切未成定局之前不妄言，这样一方面能够保持自己的威信、权威和在下属心目中的正面

形象；另一方面可以减少组织中谣言的产生和蔓延。

领导不轻易对员工的问题发表看法和意见，其动机是复杂的，影响也是多样的。一是担心开罪员工；二是担心一味追求真实的绩效信息可能伤及员工的自信和面子；三是担心发表对其他员工的看法可能会引起不必要的人际矛盾与冲突；四是对下属的能力和态度再次予以确认；五是担心掉入承诺的陷阱。

其最终的结果既可能是积极的，也有可能是消极的。积极方面表现在，促使员工反省、提高员工的自我效能感、维护和谐的人际关系、维护领导的良好形象、保持良好的组织氛围等。消极方面表现在，可能使绩效评价失去意义、挫伤高绩效员工的工作积极性和热情、单纯追求一团和气、组织中多"乡愿"之士、组织失去活力等。

当然，当牵涉领导自身形象问题、工作模糊地带问题，或者遇到有关系、有背景的下属时，为了明哲保身或者多一事不如少一事，领导可能会选择避而不谈或者以"模糊表达"的方式表明态度，以免影响自身的形象与威严。

三、领导沉默与其他概念的区分

领导沉默不同于伦理缄默，与授权型领导、威权领导、组织政治行为、职场排斥、辱虐管理等研究概念不同，详述如下。

（一）领导沉默行为和伦理缄默不同

Bird（1996）将伦理缄默定义为，"行为上明显遵循伦理规范，但是在语言上却避免用伦理术语去描述、交谈的现象"。也就是说，在组织中，领导在交谈中回避谈论伦理二字，但在实际行动中却遵守伦理要求。

领导沉默所涉及的事件/话题并不包括组织中的伦理问题，并且领导沉默是对信息的保留、暗示、过滤、提炼，并不是回避交谈。两者在所涉及的事件/话题、领导所采取的态度等方面均有较大的不同。

（二）亲社会型领导沉默和授权型领导不同

授权型领导是一种强调下放职权，旨在提高员工的内在激励水平与工作积极性的领导方式（Srivastava et al.，2006），现有研究主要有情境授权视角与心理授权视角。前者强调与下属分享权力（Arnold et al.，2000；Hakimi et al.，2010），后者强调通过授予下属一定的职权来消除下属的内在无权力感，以提升下属的工作意义感、内在动机水平及自我效能感等（Ahearne et al.，2005）。

亲社会型领导沉默的动机是利他，其内核是避免对组织、对员工乃至对自己的不利影响，动机多重。亲社会型领导沉默中也有为听取员工意见而保持沉默的动机，但是与授权型领导不同的是，亲社会型领导沉默的权力分享行为是"隐性"的、不明示的、一次性的，领导通过搁置自己的观点或者意见，鼓励员工提出意见和建议，范围较窄，并没有固定而明确地授权下属。

（三）权谋型领导沉默和威权领导不同

威权领导是家长式领导三个维度中的一个，其特点是专权、贬损下属的能力、形象整饰与教诲行为，并要求下属绝对地服从和依赖自己。与下级"保持距离，在日常交流过程中，领导往往表现出对信息的严格控制，决策独断"（郑伯壎等，2000）。

权谋型领导沉默有时也是为了树立权威，选择保留部分关键信息，拉开与下级之间的距离，以便更好地掌控下属，保持自身的神秘感。

从表现形式和形成背景上看，两者有较多的相似处。首先，两者都是受儒家"君君臣臣，父父子子"文化的影响，领导必须保持自身的权威和形象，才能让下属信服。其次，在表现方式上，领导对下属都故意隐瞒了一些信息，以严格控制下属，保持上下级之间的距离。

两者最大的区别表现在动机和对下属态度方面。从动机上看，与严密控制下属的威权领导不同，权谋型领导沉默的动机，一是担心员工利用信息，"经营"上级；二是与下属距离太近，不利于保持自身的神秘感。从对下属的态度来看，权谋型领导承认员工的工作能力；威权领导则将自己看成绝对的权威，将员工视为"无能者"，认为让员工知道关键信息，对工作展开并没有任何作用，认为不需要听取员工的任何意见和建议。

（四）权谋型领导沉默和组织政治行为的差异

学者对组织政治行为的研究始于 20 世纪 70 年代，80 年代涌现出大量的研究成果。Preffer（1981）主张用政治的视角看组织，认为组织政治行为是指个体为了在情况暧昧、意见不明的情况下，获取想要的资源而采用各种手段、使用权力以得到便利的行为。Ferris 等（1989）将组织政治行为定义为，个体在组织中为获取个人最大利益，采用一些精心设计的手段，而这些手段可能会牺牲他人利益和团体利益。Mayes 和 Allen（1997）的定义更为直接，他们认为组织政治行为是组织中个体采用一些政治手段和技巧获取额外的，甚至不被组织允许的产出结果的过程。王利平和金淑霞（2009）在总结前人研究的基础上，归纳出以下 3 种观点：第一种是积极观点；第二种是消极观点；第三种是中立的观点。认为组织政治行为既有正面影响又有负面影响，关键是看组织中的个体如何运用。综合上述研究成果，本书将组织政治行为看成一种利己主义行为，其手段是不能公开的暗箱操作，其目的是获取自身所需要的一切资源。

从表象上看，权谋型领导沉默应当也属于组织中一种政治行为表现，不过与组织政治行为不同的是，权谋型领导沉默行为比较隐匿、下属难以察觉，或者短时间内难以觉察。

最重要的是，两者所针对的客体和采取的手段不同，权谋型领导沉默只是领导针对下属而采用的一种沉默行为。组织政治行为研究的是"组织中影响'他人'的努力"，此定义中的"他人"不仅包含下属，还包含同事甚至领导等，含义比较广，并且，此定义中的"努力"包括很多方面的手段，与权谋型领导沉默只是采取单一的沉默手段完全不同。

（五）威风型领导沉默与职场排斥行为的差异

职场排斥是指员工感知到的在工作场所被忽略或拒绝的程度（Ferris et al.，2008）。职场排斥包括拒绝与被排斥个体交往、禁止眼神交流、沉默对待或排挤等。职场排斥主要是从被排斥者感知的角度来定义的，其主要的表现有，他人用你听不懂的语言交流、没有人叫你一起吃午餐等。职场排斥的主体主要包括同事及上司（吴隆增等，2010）。

威风型领导沉默是以沉默作为惩罚员工的工具，从表现形式看，与领导排斥员工的行为比较类似，但两者在研究角度与研究范围方面存在很大的不同。

就研究角度看，职场排斥是从员工角度定义的，是员工主观感知到的排斥，而这种排斥感也许是有意的排斥行为，也许是无意的排斥行为。威风型领导沉默是从领导角度定义的，这种行为是领导主动选择的、用以惩戒和促使下属反思的沉默行为，不存在无意的排斥。

就研究范围看，职场排斥包含的范围更加广泛，它不仅表现在不理睬员工，更多的时候还表现为对员工的故意刁难、设绊子等。

（六）威风型领导沉默与辱虐管理的差异

辱虐管理（abusive supervision）是指下属知觉到的上级持续表现出来的敌意行为，包括言语和非言语行为，辱虐管理的具体表现形式有公开批评下属、与下属交流使用粗鲁无礼的言语、不履行对下属的承诺、冷落下属或对下属沉默不语、辱骂下属等（Tepper，2000）。辱虐管理主要是从下属的角度来研究领导行为。

从表现形式看，威风型领导沉默行为和辱虐管理都有冷落下属、不理会下属、对下属沉默不语的行为表现。但两者在研究角度、研究范围及动机方面存在很大的差异。

从研究角度看，辱虐管理对下属的辱虐行为取决于下属的主观判断。而威风型领导沉默是从领导角度定义的，是领导的主动选择。

从研究范围看，辱虐管理包含的范围更加广泛，除了包含冷暴力，即通过沉默不语作为对下属的惩戒外，辱虐管理更多的时候还表现为对下属的公开批评、辱骂下属等。

从动机看，威风型领导沉默虽然也有耍威风的一面，但其主要目的是惩戒下属、促使下属反思。而辱虐管理的目的是迁怒和发泄。

具体对比分析见表 2-4。

表 2-4　领导沉默与其他研究概念的区别

领导沉默各维度	沉默表现	其他研究概念	表现	概念对比
领导沉默	领导在与下级的正式接触中，故意没有向下级明确表达自己的意图，或表达的时候有所保留的行为或现象	伦理缄默	行为遵循伦理规范但语言上却不从伦理角度交谈的现象称为伦理缄默	领导沉默强调有目的、有原因的沉默，沉默事件主要涉及员工工作表现、组织决策、下属行为等方面，但并不包括组织中的伦理问题，并且领导沉默并不是回避交谈，而是对信息的保留、暗示、过滤、提炼。两者在概念、概念边界、动机和目的及所涉及的事件/话题等方面均有着不同内涵与外延
亲社会型领导沉默	为了培养锻炼下属和组织的工作进程的有效推进而保留相关信息与观点的行为	授权型领导	信任下级，培养锻炼下级，给下级发挥的空间和权力	与授权型领导一样，亲社会型领导沉默也是一种权力的分享，不过，其权力分享的行为是"隐性"的、一次性的和不明示的。领导是通过搁置自己的观点或者意见，鼓励员工提出意见和建议，范围较窄，并没有固定而明确地授权下属
权谋型领导沉默	为了严控信息，树立个人权力与威严而采用的一种沉默行为	威权领导	威权领导风格表现为专权作风、贬损下属能力、形象整饰与教诲行为，领导强调其绝对的权威，不容许下属挑战其权威，并要求下属对自己绝对地服从和依赖	与威权领导风格一样，权谋型领导沉默也强调了与下属保持距离。然而两者最大的区别是动机与对下属的态度。从动机上看，与威权领导严密控制下属不同，权谋型领导沉默的控制信息是便于自己进退有据，逃避责任。从对下属的态度上看，权谋型领导承认员工的工作能力；威权领导则是将员工视为"无能者"，认为不需要听取员工的任何意见和建议

续表

领导沉默各维度	沉默表现	其他研究概念	表现	概念对比
权谋型领导沉默	为了严控信息，树立个人权力与威严而采用的一种沉默行为	组织政治行为	政治技能意同权谋、计谋，领导在组织中用政治行为进行管理	两者所针对的客体和采取的手段不同，权谋型领导沉默只是领导针对下属采用的一种沉默行为。组织政治行为针对的是"组织中影响他人的努力"，这里的"他人"不仅包含下属，还包含同事甚至领导等，含义比较广。并且，此定义中的"努力"包括很多手段和行为，与权谋型领导沉默只是采取单一的沉默的手段完全不同
威风型领导沉默	基于居高临下的心态和权力距离感而产生的，领导认为下属必须具有揣摩其心思、把握其意图的能力	职场排斥行为	员工感知到的在工作场所被忽略或拒绝的程度，排斥主体主要包括同事及上司	两者在研究角度与内容方面存在差异。职场排斥是从员工角度进行的研究，分为有意排斥和无意排斥；而威风型领导沉默是从领导角度进行的研究，是领导主动对下属的排斥，不存在无意的排斥动机。排斥所涉及的内容较多，而威风型领导沉默只是用沉默来惩戒下属
		辱虐管理	下属知觉到的上级持续表现出来的敌意行为，包括言语和非言语行为	两者最大的区别是定义角度和研究的范围不同。辱虐管理对下属的辱虐行为取决于下属的主观判断。威风型领导沉默是从领导角度定义的，这种行为是领导主动选择的。辱虐管理包含的范围更加广泛，除了包含威风型领导沉默的冷暴力，即将沉默不语作为对下属的惩戒外，辱虐管理更多的时候还表现为对下属的公开批评、辱骂下属等

第三节　领导沉默的问卷调查研究

在访谈研究的基础上，笔者设计了领导沉默的问卷，以便对领导沉默的概念进行进一步的量化研究。

一、初始测量项目的生成

为了开发领导沉默量表和为后续的定量研究做准备，本书采用半结构性访谈，通过对访谈资料进行逐级编码、分类，概括出领导沉默的类属和内涵。最终确定5个主类属，分别为防御型领导沉默、亲社会型领导沉默、考验型领导沉默、权谋型领导沉默和威风型领导沉默。根据对访谈结果的分析，结合受访者的回答编写了35个测量项目。

二、测量项目的内容效度检验

为了确保测量项目与研究概念保持一致，需要对其进行内容效度检验。笔者首先请组织行为和领导理论研究专家（包括 2 位副教授和 1 位博士）对 35 个初始测量项目（表 2-5）与领导沉默这一构念的匹配程度进行评价，最终达成一致，保留了 31 个测量项目。其次，分别征求高层领导、中层领导、基层领导和普通员工（共 6 位）的意见，询问其是否对测量项目存在疑问。最后，根据他们的意见对问卷进行进一步的修改完善，最终确定 31 个测量项目，详见表 2-6。

表 2-5　领导沉默的初始测量项目（领导版）

领导沉默各维度	初始测量项目
防御型领导沉默	因担心言多必失，所以不轻易表达自己的观点
	不轻易表态，以免掉入"承诺的陷阱"
	不明确表态，以避免不必要的责任
	回避一些话题，以避免于己不利的冲突
	表达的时机于己不利，而不表态
亲社会型领导沉默	为了维护组织的和谐，而刻意回避一些话题
	为了顾及下属的面子，而在相关事情上不明说
	为了维持良好的合作关系，避免谈及一些事情
	为了维持良好的工作氛围，而不表明观点
	为了保护组织的利益，而不随便说话
	为了倾听下属的意见，而不表达自己的观点
	为了培养锻炼下属，而不表达自己的意见
	为了体现对下属的信任，而不对下属指手画脚
考验型领导沉默	不明确地说出自己的观点，以考验下属的主动性
	不表达自己的观点，以检验下属的工作热情
	不表达观点，以检验下属是否理解自己的意图
	不表达观点，以考验下属的忠诚度
	不表达观点，以检验下属的能力
	不表态，以证实自己对下属的看法
	不表态，以验证自己与下属之间的默契
权谋型领导沉默	保留一些相关信息，可以更好地控制局面
	保留一些相关信息，能够带来信息优势
	不轻易表达自己的看法，有利于建立威信
	不表态，有利于与下属拉开距离
	不表达自己的观点，不让下属摸透自己
	为了让下属有自知之明，而不表态
	不轻易表态，可以起到威慑下属的作用
	给下属说太多会使自身失去神秘感

续表

领导沉默各维度	初始测量项目
威风型领导沉默	下属应该能领悟自己的意思，即便没有明说
	下属应该能揣摩自己的意图，不必费尽口舌
	下属应该能体会自己的用心，即使没有明示
	不表态能起到批评下属的作用
	不表态能起到惩罚下属的作用
	不表态能促使下属认识到错误
	不表态能让下属反躬自省

表 2-6　领导沉默的最终测量项目（领导版）

领导沉默各维度	最终测量项目
防御型领导沉默	因担心言多必失，所以不轻易表达自己的观点
	不轻易表态，以免掉入"承诺的陷阱"
	不明确表态，以避免不必要的责任
	回避一些话题，以避免于己不利的冲突
	表达的时机于己不利，而不表态
亲社会型领导沉默	为了维护组织的和谐，而刻意回避一些话题
	为了维持良好的合作关系，避免谈及一些事情
	为了维持良好的工作氛围，而不表明观点
	为了倾听下属的意见，而不表达自己的观点
	为了培养锻炼下属，而不表达自己的意见
	为了体现对下属的信任，而不对下属指手画脚
考验型领导沉默	不明确地说出自己的观点，以考验下属的主动性
	不表达自己的观点，以检验下属的工作热情
	不表达观点，以检验下属是否理解自己的意图
	不表达观点，以考验下属的忠诚度
	不表达观点，以检验下属的能力
	不表态，以证实自己对下属的看法
	不表态，以验证自己与下属之间的默契
权谋型领导沉默	不轻易表达自己的看法，有利于建立威信
	不表态，有利于与下属拉开距离
	不表达自己的观点，不让下属摸透自己
	为了让下属有自知之明，而不表态
	不轻易表态，可以起到威慑下属的作用
	给下属说太多会使自身失去神秘感

续表

领导沉默各维度	最终测量项目
威风型领导沉默	下属应该能领悟自己的意思，即便没有明说
	下属应该能揣摩自己的意图，不必费尽口舌
	下属应该能体会自己的用心，即使没有明示
	不表态能起到批评下属的作用
	不表态能起到惩罚下属的作用
	不表态能促使下属认识到错误
	不表态能让下属反躬自省

三、项目精简和维度划分

本书采用探索性因子分析方法对量表的测量项目进行精简。

笔者向中山大学管理学院的高级管理人员工商管理硕士（executive master of business administration，EMBA）、工商管理硕士（master of business administration，MBA）和高级经理人发展课程（executive development programmes，EDP）班级中的中高层领导派发纸质版的问卷共计 315 份，回收 267 份，回收率为 84.8%，在删除一些无效样本之后，共回收有效问卷 220 份。其中，性别方面，男性 165 人，占 75.0%；年龄方面，25～30 岁的占 12.3%，31～40 岁的占 39.5%，41～50 岁的占 38.2%，51 岁及以上的占 10.0%；学历方面，本科/大专占 54.6%，硕士占 42.7%，博士占 2.7%；工龄方面，3 年以下的占 1.4%，3～5 年的占 6.4%，6～10 年的占 16.4%，10 年以上的占 75.8%；现组织工龄方面，3 年以上的占 82.3%，3 年以下的仅占 17.7%；职务方面，中层和高层领导分别占 49.1% 和 50.9%；部门规模方面，20 人以上的占 50.0%，5 人以下的占 9.1%，5～10 人、11～20 人分别占 25.0%、15.9%。领导版量表的描述性统计分析见表 2-7。

表 2-7　领导版量表的描述性统计分析

控制变量	题项	频数	百分比/%
性别	男	165	75.0
	女	55	25.0
年龄	25～30 岁	27	12.3
	31～40 岁	87	39.5
	41～50 岁	84	38.2
	51 岁及以上	22	10.0

续表

控制变量	题项	频数	百分比/%
学历	本科/大专	120	54.6
	硕士	94	42.7
	博士	6	2.7
工龄	3 年以下	3	1.4
	3~5 年	14	6.4
	6~10 年	36	16.4
	11~15 年	43	19.4
	16~20 年	42	19.1
	20 年以上	82	37.3
现组织工龄	3 年以下	39	17.7
	3~5 年	44	20.0
	6~10 年	55	25.0
	11~15 年	33	15.0
	16~20 年	22	10.0
	20 年以上	27	12.3
职务	中层领导	108	49.1
	高层领导	112	50.9
部门规模	5 人以下	20	9.1
	5~10 人	55	25.0
	11~20 人	35	15.9
	20 人以上	110	50.0

　　笔者首先使用 SPSS 22.0 统计软件，进行 KMO 和 Bartlett's 球形度检验，确认是否适合进行探索性因子分析。结果发现：KMO 值为 0.864＞0.7，Bartlett's 球形度检验结果显著（$\chi^2 = 3633.035$，Sig. = 0.000），可以进行因子分析。探索性因子分析过程中，采用主成分分析法和具有 Kaiser 标准化的正交旋转法，经过 7 次迭代后收敛，31 个项目归为 7 个因子，共同解释了总变异量的 66.122%。然而个别测量项目在对应因子上的载荷绝对值小于 0.5，且存在交叉载荷的测量项目。剔除这些测量项目（防御型领导沉默中的 2 个项目，"因担心言多必失，所以不轻易表达自己的观点""表达的时机于己不利，而不表态"，考验型领导沉默中的 2 个项目，"不表态，以证实自己对下属的看法""不表态，以验证自己与下属之间的默契"），笔者对剩余 27 个测量项目再次进行探索性因子分析，结果显示 KMO 值为 0.862＞0.7，Bartlett's 球形度检验结果显著（$\chi^2 = 3150.721$， sig. = 0.000）。领导版量表的探索性因子分析结果见表 2-8，领导沉默包括 7 个主成分，累计解释 69.527%。

表 2-8 领导版量表的探索性因子分析结果

测量项目	因子负荷							因子名称（方差）	Cronbach's α
	1	2	3	4	5	6	7		
FY2					0.718			防御型领导沉默（8.246%）	0.760
FY3					0.802				
FY4					0.810				
QSH1							0.522	组织角度的亲社会型领导沉默（6.124%）	0.617
QSH2							0.817		
QSH3							0.720		
QSH4						0.785		员工角度的亲社会型领导沉默（8.172%）	0.689
QSH5						0.738			
QSH6						0.651			
KY1		0.707						考验型领导沉默（11.552%）	0.855
KY2		0.757							
KY3		0.792							
KY4		0.601							
KY5		0.713							
QM1	0.699							权谋型领导沉默（15.097%）	0.890
QM2	0.683								
QM3	0.670								
QM4	0.736								
QM5	0.793								
QM6	0.716								
WF1				0.752				领导意图把握力-威风型领导沉默（8.585%）	0.855
WF2				0.824					
WF3				0.849					
WF4			0.778					惩罚警戒式-威风型领导沉默（11.751%）	0.896
WF5			0.791						
WF6			0.849						
WF7			0.792						

由表 2-8 可知，探索性因子分析结果与预期的因子维度划分在总体上保持一致，可以分为防御型领导沉默、亲社会型领导沉默、考验型领导沉默、权谋型领导沉默及威风型领导沉默。

亲社会型领导沉默又分为员工角度的沉默和组织角度的沉默。员工角度的沉默主要是为了倾听下属的意见、培养锻炼下属、体现对下属的信任；组织角度的沉默主要是为了维护组织的和谐、保持良好的合作关系和工作氛围。威风型领导沉默也分为两个方面，一是领导意图把握力，二是惩罚警戒的沉默。前者要求下属具备领悟能力，后者则体现出沉默的批评动机。利用 Cronbach's α 检验测量量表的信度，发现只有亲社会型领导沉默的 Cronbach's α 系数小于 0.7（但是在 0.6 以上，可以接受），且删除任一测量项目后的 Cronbach's α 都小于原变量的 Cronbach's α，说明量表具有较高的信度。

四、量表的信度和效度检验

在项目精简和维度划分阶段，对因子结构的分析本质上是探索性的。但是探索性因子分析不能对最终因子结构的总体拟合度进行量化，所以需要重新抽取一个样本，进行验证性因子分析。笔者在中山大学管理学院高级管理人员工商管理硕士、工商管理硕士和高级经理人发展课程学员中发放纸质版的问卷，共计发放 500 份，回收 415 份，回收率为 83%，其中有效问卷 395 份。

其中，性别方面，男性 274 人，占 69.4%，女性 121 人，占 30.6%；年龄方面，25～30 岁的占 25.8%，31～35 岁的占 32.9%，36～40 岁的占 14.4%，41～45 岁的占 15.4%；学历方面，本科/大专占 56.2%，硕士及以上占 37.5%；工龄方面，3 年以下的占 3.3%，3～5 年的占 14.2%，6～10 年的占 30.4%，11～15 年和 16～20 年的分别占 25.3% 和 10.4%，20 年以上的占 16.4%；职务方面，基层领导占 32.6%，中层和高层领导分别占 40.8%、26.6%。领导版量表的描述性统计分析（验证）详见表 2-9。

表 2-9 领导版量表的描述性统计分析（验证）

控制变量	题项	频数	百分比/%
性别	男	274	69.4
	女	121	30.6
年龄	25 岁以下	7	1.8
	25～30 岁	102	25.8
	31～35 岁	130	32.9
	36～40 岁	57	14.4
	41～45 岁	61	15.4
	46～50 岁	24	6.1
	50 岁以上	14	3.6

续表

控制变量	题项	频数	百分比/%
学历	高中/中专	25	6.3
	本科/大专	222	56.2
	硕士及以上	148	37.5
工龄	3 年以下	13	3.3
	3～5 年	56	14.2
	6～10 年	120	30.4
	11～15 年	100	25.3
	16～20 年	41	10.4
	20 年以上	65	16.4
现组织工龄	3 年以下	91	23.0
	3～5 年	91	23.0
	6～10 年	105	26.6
	11～15 年	46	11.7
	16～20 年	19	4.8
	20 年以上	43	10.9
职务	基层领导	129	32.6
	中层领导	161	40.8
	高层领导	105	26.6
部门规模	5 人以下	93	23.5
	5～10 人	125	31.7
	11～20 人	60	15.2
	20 人以上	117	29.6
组织发展阶段	初创阶段	42	10.6
	成长阶段	141	35.7
	成熟阶段	144	36.5
	衰退/再生阶段	47	11.9
	其他	21	5.3
所在地区	沿海地区	321	81.3
	内陆地区	74	18.7
组织性质	民营企业	128	32.4
	国有企业	138	34.9
	外资企业	82	20.8
	政府及事业单位	47	11.9

验证性因子分析结果表明，模型与数据的拟合程度较好（$\chi^2 = 691.292$，df =

300，$\chi^2/\mathrm{df} = 2.304$，NFI = 0.883，TLI = 0.917，CFI = 0.929，RMSEA = 0.058）[①]。由表 2-10 可知，各个维度测量项目的 Cronbach's α 系数在 0.719～0.910，说明量表具有较高的信度。

表 2-10　领导版量表的验证性因子分析

变量	Cronbach's α	CR	AVE	指标	标准化负荷	t 值
防御型领导沉默	0.750	0.750	0.500	FY2	0.685	—
				FY3	0.719	11.072
				FY4	0.716	9.563
组织角度的亲社会型领导沉默	0.735	0.763	0.525	QSH1	0.729	—
				QSH2	0.854	12.264
				QSH3	0.561	9.622
员工角度的亲社会型领导沉默	0.719	0.739	0.498	QSH4	0.744	—
				QSH5	0.844	11.404
				QSH6	0.478	8.432
考验型领导沉默	0.832	0.824	0.486	KY1	0.560	—
				KY2	0.700	12.970
				KY3	0.802	10.470
				KY4	0.679	9.315
				KY5	0.723	10.166
权谋型领导沉默	0.884	0.884	0.563	QM1	0.585	—
				QM2	0.722	13.014
				QM3	0.847	12.147
				QM4	0.724	10.959
				QM5	0.758	11.417
				QM6	0.836	12.121
领导意图把握力-威风型领导沉默	0.910	0.910	0.772	WF1	0.873	21.899
				WF2	0.912	22.811
				WF3	0.850	—
惩罚警戒式-威风型领导沉默	0.896	0.888	0.666	WF4	0.808	15.009
				WF5	0.933	16.387
				WF6	0.801	20.232
				WF7	0.707	—

注：CR（composite reliability），即组合信度；AVE（average variance extracted），即平均方差抽取量

[①] χ^2 为拟合优度卡方检验；df 为自由度；χ^2/df 为模型拟合的卡方自由度比；NFI（normed fit index），即规范拟合指数；TLI（Tucker-Lewis index），即塔克-刘易斯指数；CFI（comparative fit index），即相对拟合指数；RMSEA（root mean square error of approximation），即近似误差均方根。

另外，7 个维度的组合信度（CR）在 0.739～0.910，大于 0.7，表明模型的内在质量理想。所有指标在各自测量项目的因子负荷都高度显著，且大于 0.55（只有一个项目例外），7 个维度的平均方差抽取量（AVE）均大于或接近 0.5，表明数据具有较高的聚合效度。由表 2-11 可知，AVE 值大于各变量与其他变量相关系数的平方，说明各个维度之间具有较高的区别效度。

表 2-11　各变量的相关系数矩阵（领导版）

项目	FY	QSH-1	QSH-2	KY	QM	WF-1	WF-2
FY	0.500	0.207	0.003	0.033	0.328	0.004	0.011
QSH-1	0.372**	0.525	0.106	0.036	0.008	0.000	0.002
QSH-2	0.047	0.298**	0.498	0.166	0.000	0.003	0.010
KY	0.139**	0.182**	0.384**	0.486	0.118	0.170	0.278
QM	0.274**	0.137**	0.030	0.486**	0.563	0.206	0.318
WF-1	0.056	0.004	0.052	0.337**	0.416**	0.772	0.233
WF-2	0.085	0.099	0.141**	0.460**	0.520**	0.446**	0.666

**表示 $p < 0.01$

注：FY＝防御型领导沉默；QSH-1＝组织角度的亲社会型领导沉默；QSH-2＝员工角度的亲社会型领导沉默；KY＝考验型领导沉默；QM＝权谋型领导沉默；WF-1＝领导意图把握力-威风型领导沉默；WF-2＝惩罚警戒式-威风型领导沉默。对角线左下方为 SPSS 软件得出的相关系数矩阵及 t 值显著性；对角线上为各构念的平均方差抽取量；对角线右上方为验证性因子分析结果中变量间相关系数的平方

笔者遵循 Hinkin（1998）量表开发步骤，对领导沉默概念进行区分效度检验，选用郑晓涛等（2008）员工沉默量表，并将量表题项中的人称调换为领导角度，以便与领导沉默量表的视角一致。本次共发放 410 份问卷，回收 343 份，其中有效问卷 317 份。各变量的信度系数 Cronbach's α 均大于 0.80，同时，本研究运用 AMOS 22.0 对所收取的数据进行验证性因子分析（表 2-12），通过比较 2 个备选的模型发现，二因子模型拟合指数均达到学界普遍接受的水平（CFI、IFI[①]都高于 0.90，RMSEA 低于 0.08，卡方与自由度的比值小于 3），说明 2 个变量间的区分效度良好，领导沉默是一个新的、独立的概念。

表 2-12　领导沉默与员工沉默的区分效度检验（$N = 317$）

模型	所含因子	χ^2	df	χ^2/df	IFI	CFI	RMSEA
单因子模型	领导沉默	3254.8859	1116	2.917	0.901	0.905	0.073
二因子模型	领导沉默、员工沉默	2987.3480	1115	2.679	0.903	0.904	0.071

① IFI（incremental fit index），即递增拟合指数。

同时，为了检验下属心目中的领导沉默与领导心中的沉默是否相同，笔者向中山大学管理学院工商管理硕士和高级经理人发展课程学员发放了 400 份问卷，回收 364 份，回收率为 91%。其中，性别方面，男性 163 人，占 44.8%，女性 201 人，占 55.2%。年龄方面，25 岁以下的占 12.4%，25~30 岁的占 56.0%。学历方面，大专以下的样本较少，本科/大专占 66.8%，硕士占 29.9%。工龄方面，3 年以下的占 21.4%，3~5 年的占 30.2%，6~10 年的占 30.2%，11~15 年的占 7.2%，16~20 年的占 3.3%，20 年以上的占 7.7%。有 42.3%的员工来自组织发展处于成熟阶段的行业，73.9%的样本企业分布在沿海地区。员工版量表的描述性统计分析见表 2-13。

表 2-13　员工版量表的描述性统计分析

控制变量	题项	频数	百分比/%
性别	男	163	44.8
	女	201	55.2
年龄	25 岁以下	45	12.4
	25~30 岁	204	56.0
	31~35 岁	64	1.7
	36~40 岁	16	4.4
	41~45 岁	18	4.9
	46~50 岁	11	3.0
	50 岁以上	6	1.7
学历	高中/中专	12	3.3
	本科/大专	243	66.8
	硕士及以上	109	29.9
工龄	3 年以下	78	21.4
	3~5 年	110	30.2
	6~10 年	110	30.2
	11~15 年	26	7.2
	16~20 年	12	3.3
	20 年以上	28	7.7
现组织工龄	3 年以下	145	39.8
	3~5 年	104	28.6
	6~10 年	66	18.1
	11~15 年	10	2.7
	16~20 年	10	2.7
	20 年以上	29	8.1

续表

控制变量	题项	频数	百分比/%
部门规模	5 人以下	90	24.7
	5~10 人	108	29.7
	11~20 人	91	25.0
	20 人以上	75	20.6
组织发展阶段	初创阶段	80	22.0
	成长阶段	87	23.9
	成熟阶段	154	42.3
	衰退/再生阶段	43	11.8
所在地区	沿海地区	269	73.9
	内陆地区	95	26.1
组织性质	民营企业	63	17.3
	国有企业	162	44.5
	外资企业	54	14.8
	政府及事业单位	85	23.4

验证性因子分析结果显示，员工版量表和领导版量表在维度划分上没有明显差异。验证性因子分析结果表明，模型与数据的拟合程度较好（$\chi^2 = 725.423$，df = 303，χ^2/df = 2.394，NFI = 0.868，TLI = 0.905，CFI = 0.918，RMSEA = 0.062）。由表 2-14 可知，各个维度测量项目的 Cronbach's α 系数在 0.726~0.916，说明量表具有较高的信度。另外，7 个维度的组合信度（CR）在 0.732~0.916，大于 0.7，表明模型的内在质量理想。所有指标在各自测量项目的因子负荷都高度显著，并大于 0.55，7 个维度的平均方差抽取量（AVE）都大于或接近 0.5，表明数据具有较高的聚合效度。详见表 2-14。

表 2-14　员工版量表的验证性因子分析

变量	Cronbach's α	CR	AVE	指标	标准化负荷（员工版）	标准化负荷（领导版）	t 值
防御型领导沉默	0.726	0.732	0.478	FY2	0.684	0.685	—
				FY3	0.767	0.719	9.901
				FY4	0.615	0.716	9.163
组织角度的亲社会型领导沉默	0.796	0.812	0.595	QSH1	0.788	0.729	—
				QSH2	0.886	0.854	13.728
				QSH3	0.615	0.561	11.339

续表

变量	Cronbach's α	CR	AVE	指标	标准化负荷（员工版）	标准化负荷（领导版）	t 值
员工角度的亲社会型领导沉默	0.730	0.744	0.496	QSH4	0.707	0.744	—
				QSH5	0.807	0.844	11.334
				QSH6	0.580	0.478	9.395
考验型领导沉默	0.857	0.860	0.552	KY1	0.712	0.560	—
				KY2	0.812	0.700	14.112
				KY3	0.733	0.802	12.863
				KY4	0.672	0.679	11.841
				KY5	0.777	0.723	13.573
权谋型领导沉默	0.872	0.874	0.537	QM1	0.638	0.585	—
				QM2	0.731	0.722	11.616
				QM3	0.790	0.847	12.305
				QM4	0.703	0.724	11.265
				QM5	0.781	0.758	12.205
				QM6	0.744	0.836	11.777
领导意图把握力-威风型领导沉默	0.899	0.900	0.750	WF1	0.834	0.873	—
				WF2	0.928	0.912	21.137
				WF3	0.832	0.850	18.929
惩罚警戒式-威风型领导沉默	0.916	0.916	0.733	WF4	0.806	0.808	—
				WF5	0.857	0.933	18.907
				WF6	0.902	0.801	20.237
				WF7	0.857	0.707	18.893

AVE 值大于各变量与其他变量相关系数的平方，说明各个维度之间具有较高的区别效度，详见表 2-15。

表 2-15　各变量的相关系数矩阵（员工版）

系数	FY	QSH-1	QSH-2	KY	QM	WF-1	WF-2
FY	0.4781	0.116	0.000	0.014	0.198	0.072	0.029
QSH-1	0.340**	0.5947	0.118	0.028	0.021	0.002	0.004
QSH-2	−0.014	0.344**	0.4958	0.341	0.001	0.009	0.025

续表

系数	FY	QSH-1	QSH-2	KY	QM	WF-1	WF-2
KY	0.122	0.166	0.584**	0.5518	0.135	0.155	0.175
QM	0.445**	0.146	0.027	0.367**	0.5372	0.242	0.305
WF-1	0.269**	0.039	0.094	0.394**	0.492**	0.7497	0.194
WF-2	0.171	0.067	0.158	0.418**	0.552**	0.441**	0.733

**表示 $p < 0.01$

注：FY＝防御型领导沉默；QSH-1＝组织角度的亲社会型领导沉默；QSH-2＝员工角度的亲社会型领导沉默；KY＝考验型领导沉默；QM＝权谋型领导沉默；WF-1＝领导意图把握力-威风型领导沉默；WF-2＝惩罚警戒式-威风型领导沉默。对角线左下方为 SPSS 软件得出的相关系数矩阵及 t 值显著性；对角线上为各构念的平均方差抽取量；对角线右上方为验证性因子分析结果中变量间相关系数的平方

综上所述，领导沉默包括 5 个维度的构念，有 7 个组成部分，分别为防御型、组织角度的亲社会型、员工角度的亲社会型、考验型、权谋型、领导意图把握力-威风型、惩罚警戒式-威风型领导沉默。领导版的问卷结果与员工版的并没有明显的差异。领导沉默测量项目见表 2-16。

表 2-16 领导沉默测量项目

维度	领导版问卷	员工版问卷
防御型领导沉默	不轻易表态，以免掉入"承诺的陷阱"	为了免于掉入"承诺的陷阱"，而不轻易表态
	不明确表态，以避免不必要的责任	为了避免不必要的责任，而不明确表态
	回避一些话题，以免于己不利的冲突	为了避免于其不利的冲突，而回避一些话题
亲社会型领导沉默	为了维护组织的和谐，而刻意回避一些话题	为了维护组织的和谐，而刻意回避一些话题
	为了维持良好的合作关系，避免谈及一些事情	为了维持良好的合作关系，避免谈及一些事情
	为了维持良好的工作氛围，而不表明观点	为了维持良好的工作氛围，而不表明观点
	为了倾听下属的意见，而不表达自己的观点	为了倾听下属的意见，而不表达观点
	为了培养锻炼下属，而不表达自己的意见	为了培养锻炼下属，而不表达意见
	为了体现对下属的信任，而不对下属指手画脚	为了体现对下属的信任，而不对下属指手画脚
考验型领导沉默	不明确地说出自己的观点，以考验下属的主动性	为了考验下属的主动性，而不明确地说出观点
	不表达自己的观点，以检验下属的工作热情	为了检验下属的工作热情，不表达观点
	不表达观点，以检验下属是否理解自己的意图	为了检验下属是否理解其意图，而不表达观点
	不表达观点，以考验下属的忠诚度	为了考验下属的忠诚度，而不表达观点
	不表达观点，以检验下属的能力	为了检验下属的能力，而不表达观点
权谋型领导沉默	不轻易表达自己的看法，有利于建立威信	为了建立威信，而不轻易表达看法
	不表态，有利于与下属拉开距离	为了与下属拉开距离，而不表态
	不表达自己的观点，不让下属摸透自己	为了不让下属摸透，而不表达观点

续表

维度	领导版问卷	员工版问卷
权谋型领导沉默	为了让下属有自知之明，而不表态	为了让下属有自知之明而不表态
	不轻易表态，可以起到威慑下属的作用	为了威慑下属，而不轻易表态
	给下属说太多会使自身失去神秘感	为了保持神秘感，而不多说
威风型领导沉默	下属应该能领悟自己的意思，即便没有明说	领导认为，下属应该能领悟其意思，即便没有明说
	下属应该能揣摩自己的意图，不必费尽口舌	领导认为，下属应该能揣摩其意图，不必费尽口舌
	下属应该能体会自己的用心，即使没有明示	领导认为，下属应该能体会其用心，即使没有明示
	不表态能起到批评下属的作用	领导认为，不表态能起到批评下属的作用
	不表态能起到惩罚下属的作用	领导认为，不表态能起到惩罚下属的作用
	不表态能促使下属认识到错误	领导认为，不表态能促使下属认识到错误
	不表态能让下属反躬自省	领导认为，不表态能让下属反躬自省

五、控制变量对领导沉默的影响

利用 SPSS19.0 统计软件做方差分析，检验控制变量对领导沉默的影响。问卷共有 14 个控制变量，包括性别、年龄、学历、工龄、现组织工龄、部门、职务、从事管理岗位的时间、团队规模、组织规模、企业性质、所处的行业、组织所处的发展阶段、组织所在地区。数据结果显示，只有学历和职务对领导沉默的各维度均产生显著影响，其他控制变量则没有显著影响。

不同学历的领导在权谋型和威风型领导沉默维度上表现出了较为显著的差异。就权谋型领导沉默看，大专及以下的样本得分高于本科、硕士样本，硕士与本科样本在这一维度上的差异不大。随着学历的升高，威风型领导沉默呈减少的趋势。由于博士样本较少，不具代表性，以大专及以下、本科与硕士样本为主。详见表 2-17。

表 2-17 学历和领导沉默各维度的方差分析（$N = 615$）

变量		样本数	权谋型领导沉默		领导意图把握力-威风型领导沉默		惩罚警戒式-威风型领导沉默	
			均值	标准差	均值	标准差	均值	标准差
学历	大专及以下	26	3.30	0.87	3.31	1.02	3.27	1.06
	本科	342	2.72	0.78	2.77	0.87	2.61	0.84
	硕士	242	2.65	0.79	2.80	0.86	2.50	0.77
	博士	5	2.89	1.05	3.00	0.71	2.70	0.97
	F 值		5.403**		3.181*		6.890**	
	Sig.		0.001		0.024		0.000	

*表示 $p < 0.05$，**表示 $p < 0.01$

不同层级的领导在防御型、亲社会型、考验型和权谋型领导沉默维度上表现出了比较显著的差异，从基层到高层，在防御型、亲社会型、考验型和权谋型领导沉默维度上呈现出递增的趋势，也就是说，越到高层说话越谨慎，表现出越多的沉默行为。不过，同为高层，高层正职与高层副职的沉默程度也不相同，虽然两者在沉默程度上均高于中层、基层领导，但是高层正职比高层副职表现出更多的沉默行为（表2-18）。

表 2-18 职务层级和领导沉默各维度的方差分析（$N=615$）

变量		样本数	防御型领导沉默		组织角度的亲社会型领导沉默		考验型领导沉默		权谋型领导沉默	
			均值	标准差	均值	标准差	均值	标准差	均值	标准差
职务	基层领导	129	3.18	0.86	3.47	0.78	2.96	0.72	2.62	0.75
	中层领导	161	3.02	0.85	3.52	0.68	3.00	0.74	2.62	0.91
	高层副职	213	3.23	0.81	3.62	0.69	3.11	0.73	2.75	0.78
	高层正职	112	3.49	0.72	3.80	0.59	3.24	0.60	2.91	0.69
	F 值		7.487		5.450		3.898		3.671	
	Sig.		0.000		0.001		0.009		0.012	

六、领导沉默的事件/话题

根据访谈研究结果，结合问卷所收集的数据，本书将领导沉默的话题/事件分为组织问题、员工问题及领导自身利益相关问题三大类。

组织问题包括决策内容、决策过程、任务的执行过程、灰色信息（包括不太合理却不得不做的事情）、组织政策的变动、组织制度的推行。员工问题包括员工工作表现、对员工的承诺。领导自身利益相关问题包括自身形象问题、工作模糊地带等。问卷数据的结论与访谈结果较为一致，在灰色信息、决策过程、员工工作表现和对员工的承诺及其他方面，领导会表现出更多的沉默，并且在频次分布上，高层、中层、基层领导在组织问题上的沉默频次普遍较高。但是，在事关自身形象问题上，中层领导则表现出更多的沉默，尤其是牵涉工作模糊地带，他们/她们更多地选择不发表意见。与其他问题相比，基层领导在事关员工的问题上表现出更多的沉默行为。

领导沉默事件/话题的层级分布（问卷结果）详见表2-19。

表 2-19　领导沉默事件/话题的层级分布（问卷结果）

项目	高层领导	中层领导	基层领导
组织问题	灰色信息（包括不太合理却不得不做的事情）（86）	组织政策的变动（78）	灰色信息（包括不太合理却不得不做的事情）（73）
	决策过程（42）	任务的执行过程（53）	决策过程（26）
	决策内容（29）	决策内容（53）	决策内容（21）
	组织政策的变动（24）	灰色信息（包括不太合理却不得不做的事情）（48）	组织政策的变动（15）
	任务的执行过程（20）	组织制度的推行（36）	任务的执行过程（8）
	组织制度的推行（16）	决策的过程（31）	组织制度的推行（2）
员工问题	员工工作表现（28）	员工工作表现（67）	员工工作表现（30）
	对员工的承诺（19）	对员工的承诺（53）	对员工的承诺（19）
领导自身利益相关问题	工作模糊地带（48）	工作模糊地带（60）	工作模糊地带（34）
	自身形象问题（53）	自身形象问题（66）	自身形象问题（29）
	其他（4）	其他（20）	其他（19）

第四节　主要结论和未来展望

一、主要结论

访谈和问卷数据显示，领导沉默是由防御型、亲社会型、考验型、权谋型和威风型 5 个维度组成的独立构念。其分类标准是领导权威意识、利己程度及权谋意识，即根据领导权威意识的高低、利己程度的强弱、权谋意识的隐蔽程度，将领导的沉默行为划分为 5 个维度。

具体而言，"亲社会型领导沉默是从组织和谐与员工利益的角度出发，基于利他或合作的目的而保留相关信息和观点的沉默行为"（黄桂等，2013，2015）。此维度的沉默行为是领导权威和权谋意识较弱情形下的行为表现，出于利他、利组织的目的。亲社会型领导沉默又可以分为组织角度与员工角度的领导沉默，前者主要内容是"维护组织的和谐关系"、"维持组织良好的合作关系"和"维持组织良好的工作氛围"。而后者是"更好地倾听下属的意见"、"培养锻炼下属"和"体现对下属的信任"。

"考验型领导沉默是一种基于居高临下的心理和权力距离心态而采取的较为隐蔽的考察和测试员工的工作热情、能力及忠诚的行为方式"（黄桂等，2013，2015）。此维度的沉默动因是检视权威，领导怕被下属蒙蔽，希望了解更多的有关下属的真实信息。同样地,领导在行使这一沉默时,也是出于利己的考虑,但是没有考虑到损人。权威意识稍强,权谋意识稍显。考验型领导沉默是比较常用的对员工忠诚、主动、能力的检验方法。具体表现为"考验下属的主动性"、"工作热情"、"忠诚度"、"能力"及"检验下属是否能够正确地理解领导意图"。

防御型领导沉默也是领导在权威和权谋意识较弱情形下的行为表现。其主要是为了保护自我权力和权威不受伤害,主要内容有"避免掉入承诺的陷阱"、"避免不必要的责任"和"避免于己不利的冲突"等。在此沉默维度上,领导具有较高的利己动机、较高的权威意识与权谋意识。

威风型领导沉默是在领导具有较高的利己意识、权威意识和权谋意识下的行为。它强调领悟力是下属应该具备的能力。威风型领导沉默的主要内容有:下属应能领悟、揣摩及体会领导意图,即使领导没有表达出来;沉默能够起到批评、惩罚下属,促使其反思的作用。

权谋型领导沉默是指领导为维护个人权力与威严而采取的沉默行为,其主要动因是惧怕失控、避免担责、维护权威,此维度的沉默是领导具有较高的利己意识、权威意识和权谋意识下的行为。沉默行为背后的动机包括"给自己留有转圜余地""加强控制"。主要表现为"让下属看不透自己"、"拉开距离"及"保持神秘感"等。作为领导,要与下属保持一定的距离,不能让下属过于了解自己的好恶,一方面可以防止被利用,另一方面可以保持在下属心目中的威严和神秘感。同时,沉默也是领导威慑下属的有效手段,在具体的管理实践中,领导可以借此手段避免下属用一些"愚蠢"的问题来烦自己,让下属有自知之明。领导沉默的维度及分类标准详见表2-20。

表 2-20 领导沉默的维度及分类标准

维度	亲社会型领导沉默	考验型领导沉默	防御型领导沉默	威风型领导沉默	权谋型领导沉默
定义	为了培养锻炼下属和组织的工作进程的有效推进而保留相关信息和观点的行为	基于不确定心理而采取的较为隐蔽的考察和测试员工的能力和态度而保留自己的观点和建议的行为	领导担心自己的言语给自己带来不好的影响而不发表意见的一种主动的有意识的自我保护行为	基于居高临下的心态和权力距离感而产生的沉默行为,领导认为下属必须具有揣摩其心思、把握其意图的能力	为了严控信息、树立个人权力与威严而采用的一种沉默行为
动机	利他、利组织	利己,没有损人的考虑	利己,不去考虑是否损人	利己	损人利己
目的	树立权威	稳固权威	保护权威	展示权威	保卫权威
权谋表现	权谋意识隐蔽或无	权谋意识稍显	权谋意识明显	权谋意识表面化	权谋意识强,可能隐蔽得很好

　　问卷结果与访谈数据大体一致，领导沉默的事件/话题主要可以分为三大类：第一类是组织问题；第二类是有关员工事务方面的问题；第三类是领导自身利益相关问题。

　　在沉默的事件/话题上，领导沉默与员工沉默既存在着一致性，也存在着很大的不同。不管是员工沉默的话题/事件，还是领导沉默的话题/事件，都有利己的成分，但是领导沉默的事件/话题更多是与领导本身的职务有关的，如关于组织的问题、关于员工工作表现、对员工的承诺等问题。既含有利他的成分，也有利己的成分，或者是利己与利他的混合。

二、研究贡献

（一）领导沉默是一个新的独立的构念

　　在已有的研究成果中，并没有与领导沉默类似的或者相同的研究概念。虽然领导沉默和员工沉默同属于组织中的沉默，但两者在沉默的主体和客体、沟通方向、动因、维度划分、沉默定义及分类逻辑上均存在差异，领导沉默是完全不同于员工沉默的概念。虽然在防御型领导沉默、亲社会型领导沉默的维度命名上借鉴了员工沉默的研究成果，但两者不管是在内涵上，还是在外延上均有较为明显的差异。

　　亲社会型领导沉默虽与员工沉默一样都有利他的动机，但是前者是想以此树立领导的形象，以建立威信。而后者则主要是为了更好地与他人合作，避免冲突。同时，亲社会型领导沉默也不排除领导在利他的同时也有利己之考虑。

　　不管是防御型领导沉默还是防御型员工沉默，其动机都是保护自己的切身利益，除此之外，防御型领导沉默还存有维护自身的威信和权威的动机。

　　至于领导沉默其他维度，如考验型、戒风型和权谋型，则是基于领导的角色和动因而出现的沉默行为。员工沉默和领导沉默的差异详见表 2-21。

表 2-21　员工沉默和领导沉默的差异

类别	员工沉默	领导沉默
定义	员工本可以基于自己的经验和知识提出想法、建议和观点，从而改善组织的某些方面，但却选择保留、提炼和过滤自己的观点	领导在与下级的正式接触中，故意没有向下级明确表达自己的意图，或表达时有所保留的行为现象
主体	员工	领导
客体	上级领导	下级员工

类别	员工沉默	领导沉默
沟通方向	由下往上	由上至下
维度划分及定义	1. 默许型员工沉默——员工担心发表意见会对自己和他人的人际关系造成消极影响，从而有目的地、主动地保留自己的观点 2. 防御型员工沉默——员工觉得说与不说都没有什么区别，消极地放弃表达自己的意见和看法 3. 漠视型员工沉默——由于员工对组织的依态程度和认同感不够而产生的沉默行为 4. 亲社会型员工沉默——为了组织和他人的利益而保留相关信息和观点的行为	1. 防御型领导沉默——领导担心自己的言语给自己带来不好的影响而不发表意见的一种主动的有意识的自我保护行为 2. 亲社会型领导沉默——为了培养锻炼下属和组织的工作进程的有效推进而保留相关信息和观点的行为 3. 考验型领导沉默——基于不确定心理而保留自己观点和看法，以考察和测试员工的能力和态度的沉默行为 4. 权谋型领导沉默——为了严控信息、树立个人权力与威严而采用的一种沉默行为 5. 威风型领导沉默——基于居高临下的心态和权力距离感而产生的沉默行为，领导认为下属必须具有揣摩其心思、把握其意图的能力
各维度动因	1. 默许型——无法改变现状 2. 防御型——避免人际隔阂 3. 漠视型——漠视组织利益 4. 亲社会型——利他合作	1. 防御型——避免损害权威 2. 亲社会型——建立权威 3. 考验型——检视权威 4. 权谋型——维护权威 5. 威风型——表现权威

领导沉默与伦理缄默、授权型领导、组织政治行为、威权领导风格、职场排斥，以及辱虐管理等研究概念均不同。因此，领导沉默是一个与以往研究概念不同的、新的、独立的构念。

（二）研究创新点

理论方面，本书将领导沉默作为独立的概念进行研究，有助于拓展组织沉默和员工沉默的研究视野，为全面而具体地研究组织在"下行沟通"中存在的问题提供了新的视角；对拓宽本土领导理论的研究或有所助益。

从实践方面而言，领导沉默及其维度的进一步验证，有助于加深对领导沉默优缺点的认识，从而兴利避害，为企业领导合理地运用沉默提供了理论参考。

领导应恰当运用领导沉默，尽量减少防御型领导沉默，承担其应尽的职责，促使工作接口的问题尽快地解决在萌芽状态。同时，鼓励亲社会型领导沉默，学会放权，耐心倾听，以培养、锻炼下属，构建良好的组织氛围。

适度地控制考验型领导沉默，考验下属固然重要，但是，过度的考验却往往适得其反，一方面在工作上给下属造成困扰和茫然，另一方面也会令员工对领导产生不信任感，从而破坏原本和谐的上下级关系。

权谋型领导沉默也并非只有缺陷，有时候，领导也需要与下属保持适当的距离，不让下属过于了解自己的需求和爱好，以避免出现"经营上司"的现象；

但是，刻意的和出于耍权谋的沉默，只能令下属产生反感，最终也会导致民心尽失。

威风型领导沉默也不应一味摒弃。有时候，适度的沉默也有利于员工反思自己的问题，帮助员工更好地成长。但是出于耍威风目的的沉默，不仅浪费下属的资源和精力，也会在组织中形成溜须拍马、不重实绩的恶劣氛围。

总之，领导沉默既有积极的一面，也有消极的一面，我们需要认清不同沉默维度的作用及其奥妙，尽力减少其消极层面的影响，增加其积极层面的影响。

三、未来展望

尽管本书验证了领导沉默的维度，开发了领导沉默的测量量表，数据结果显示，量表具有良好的信度和效度。但是仍存在以下局限：一是本书采用方便样本法，因此，量表的普适性需要后续进一步的研究验证。二是组织角度的亲社会型领导沉默的信度和效度虽然可以接受，但没有达到理想状态，需要后续进一步提升该维度的科学性（亲社会型领导沉默是领导沉默非常重要的一个内容）。虽然我们相信，在中国文化背景下领导沉默更具普遍性，但很难断言在其他文化背景下不存在领导沉默行为。因此，探索西方文化背景下的领导沉默，并将其与我国的领导沉默进行比较将是未来的一个研究方向。

参 考 文 献

樊景立，郑伯壎. 2000. 华人组织的家长式领导：一项文化观点的分析[J]. 本土心理学研究，（13）：127-180.

何轩. 2010. 为何员工知而不言：员工沉默行为的本土化实证研究[J]. 南开管理评论，13（3）：45-52.

黄桂，付春光，关新华. 2015. 组织中领导沉默维度的建构与测量[J]. 管理世界，（7）：122-129.

黄桂，付春光，谈梦洁. 2013. 企业领导沉默行为探究[J]. 学术研究，（7）：70-78.

姜定宇，张菀真. 2010. 华人差序式领导与部属效能[J]. 本土心理学研究，（33）：109-177.

李锐，凌文辁，柳士顺. 2012. 传统价值观、上下属关系与员工沉默行为：一项本土文化情境下的实证探索[J]. 管理世界，（3）：127-140，150.

李亦园. 1994. 从民间文化看文化中国[J]. 中国文化，（1）：78-84.

李亦园. 2008. 和谐与均衡：民间信仰中的宇宙诠释[C]//杨国枢　黄光国，杨中芳. 华人本土心理学（上册）. 重庆：重庆大学出版社.

明恩溥. 2007. 中国人的气质[M]. 上海：上海三联出版社.

王利平，金淑霞. 2009. 组织政治研究回顾与展望[J]. 经济管理，31（5）：175-181.

吴隆增，刘军，许浚. 2010. 职场排斥与员工组织公民行为：组织认同与集体主义倾向的作用[J]. 南开管理评论，13（3）：36-44.

杨国枢. 1998. 心理学研究的中国化：层次与方向[C]//张人骏. 台湾心理学. 北京：知识出版社.

杨国枢. 2008. 华人社会取向的理论分析[C]//杨国枢，黄光国，汤中芳. 华人本土心理学（上册）. 重庆：重庆大学出版社.

翟学伟. 2004. 人情、面子与权力的再生产：情理社会中的社会交换方式[J]. 社会学研究，（5）：48-57.

张艳红. 2009. 腐败的温床：官场权谋文化[J]. 领导科学，（12）：58-59.

赵春莲. 2010. 中国背景下企业组织沉默行为的现状及对策研究[D]. 重庆大学硕士学位论文.

郑伯壎，周丽芳，樊景立. 2000. 家长式领导：三元模式的建构与测量[J]. 本土心理学研究，（14）：3-64.

郑伯壎. 1991. 家族主义与领导行为[C]//杨中芳，高尚仁. 中国人·中国心（人格与社会篇）. 台中：远流出版事业
　　股份有限公司.

郑伯壎. 1995. 家长权威与领导行为之关系：一个台湾民营企业主持人的个案研究[J]. 民族学研究所集刊，（79）：
　　119-173.

郑晓涛，柯江林，石金涛，等. 2008. 中国背景下员工沉默的测量以及信任对其的影响[J]. 心理学报，（2）：219-227.

郑晓涛，郑兴山，石金涛. 2006. 透视员工沉默[J]. 企业管理，（12）：100-101.

周浩，龙立荣. 2005. 恩威并施，以德服人——家长式领导研究述评[J]. 心理科学进展，（2）：227-238.

Ahearne M，Mathieu J，Rapp A. 2005. To empower or not to empower your sales force？An empirical examination of
　　influence of leadership empowerment behavior on customer satisfaction and performance[J]. Journal of Applied
　　Psychology，90（5）：945-955.

Arnold J A，Arad S，Rhoades J A，et al. 2000. The empowering leadership questionnaire: the construction and validation
　　of a new scale for measuring leader behavior[J]. Journal of Organization Behavior，21（3）：249-269.

Bass B M. 1990. Bass & Stogdill's Handbook of Leadership: Theory，Research，and Managerial Applications[M]. 3rd ed.
　　New York：Free Press.

Bird F B. 1996. The Muted Conscience: Moral Silence and the Practice of Ethics in Business[M]. Westport，Conn：
　　Quorum Books.

Dyne L V，Ang S，Botero I C. 2003. Conceptualizing employee silence and employee voice as multidimensional
　　constructs[J]. Journal of Management Studies，40（6）：1359-1392.

Ferris D L，Brown D J，Berry J W，et al. 2008. The development and validation of the workplace ostracism scale[J].
　　Journal of Applied Psychology，93（6）：1348-1366.

Ferris G R，Russ G S，Fanlt P M. 1989. Politics in Organizations[C]//Giacalone R A，Rosenfield P. Impression
　　Management in The Organization. Hillsdale：Erlbaum.

Hakimi N，Knippenberg D V，Giessner S. 2010，Leader empowering behavior: the leader's perspective[J]. British Journal
　　of Management，21（3）：701-716.

Hinkin T R. 1998. A brief tutorial on the development of measures for use in survey questionnaires[J]. Organizational
　　Research Methods，1（1）：104-121.

Mayes B T，Allen R W. 1997. Toward a definition of organization politics[J]. Academy of Management Review，（10）：
　　672-678.

Milliken F J，Morrison E W，Hewlin P F. 2003. An exploratory study of employee silence: issues that employee don't
　　communicate upward and why[J]. Journal of Management Studies，40（6）：1453-1476.

Morrison E W，Milliken F J. 2000. Organizational silence: a barrier to change and development in a pluralistic world[J].
　　Academy of Management Review，25（4）：706-725.

Pinder C C，Harlos K P. 2001. Employee silence: quiescence and acquiescence as responses to perceived injustice[J].
　　Research in Personnel and Human Resources Management，（20）：331-369.

Preffer J. 1981. Power in Organization[M]. Marshfield：Pitman.

Redding S G，Wong G Y Y. 1986. The psychology of Chinese organizational behavior[C]//Bond M H. The Psychology of

Chinese People. Hong Kong：Oxford University Press.

Redding S G. 1990. The Spirit of Chinese Capitalism[M]. Berlin & New York：Walter. de Gruyter.

Rosen S，Tesser A. 1970. On reluctance to communicate undesirable information：the MUM effect[J]. Sociometry，33（3）：253-263.

Silin R H. 1976. Leadership and Values：The Organization of Large-scale Taiwanese Enterprises[M]. Cambridge：Harvard University Press.

Srivastava A，Bartol K M，Locke E A. 2006. Empowering leadership in management teams：effects on knowledge sharing，efficacy，and performance[J]. Academy of Management Journal，49（6）：1239-1251.

Tepper B J. 2000. Consequences of abusive supervision[J]. Academy of Management Journal，43（2）：178-190.

Westwood R. 1997. Harmony and patriarchy：the cultural basis for 'paternalistic headship' among the overseas chinese[J]. Organization Studies，18（3）：445-480.

第三章 领导沉默的影响因素

为了探讨领导沉默影响因素，笔者访谈了 55 位企业管理者。通过对访谈资料的三级编码，笔者整理出领导沉默四大影响因素，其中包括 14 个小类，分别为领导个人因素（性格、领导个人权力距离导向、职位层级、个人经历）；下属个人因素（下属的能力、下属的态度、下属的个性特征）；组织因素（上下级关系、组织氛围）；社会文化因素（中庸思维、高语境文化、人情面子、权威取向、区域文化）。本书最终选取中庸思维、领导个人权力距离导向、上下级关系三个变量进行量化研究。收集了 410 份有效问卷，数据显示，领导个人权力距离导向、中庸思维、上下级关系显著正向地影响领导沉默，领导沉默的维度不同，影响也不同。

第一节 相关文献回顾

领导沉默是本书基于中国情境而提出的一个新的独立的构念，因此，究竟领导沉默受什么因素的影响并没有现成的文献可供参考。但是，有关员工沉默、领导风格、家长式领导影响因素的研究成果，在分类逻辑、研究框架方面为本书提供了一定的启发和参考。不仅如此，有关中国传统文化的相关文献和研究成果也为探寻领导沉默影响因素的文化基因提供了有益的视角。

刘军等（2015）在黄桂等（2013）研究的基础上，发现员工态度与行为对领导沉默存在影响，如员工对领导的信任及员工犬儒主义能抑制领导沉默，领导自我效能和领导心理安全感知在这两个影响过程中分别起到中介作用，性别在这两个过程中起着调节作用。该研究为本书提供了一定的启发。

为了系统研究领导沉默影响因素，笔者梳理相关文献，为领导沉默影响因素的访谈研究和问卷研究做准备。

一、领导沉默的文化根源

黄桂等（2013）在领导沉默的质性研究中指出，中国文化的深厚底蕴孕育了领导沉默行为，这种领导行为受高语境文化、社会文化取向等因素的影响。

（一）儒释道文化

儒释道家文化在我国源远流长，对人们的行为方式产生深刻的影响，如儒家文化对慎言、讷言和少言的推崇。《论语》中提到"敏于事而慎于言""君子欲讷于言而敏于行""巧言乱德"等。《道德经》中有关少言、希言的箴言俯拾皆是，如"知者不言，言者不知"等。佛教文化中的禅宗文化也十分强调沉默，认为语言会制约人的思维和想象力，主张采用坐禅和冥思的方式来进行交际，即"言语道断，以心传心"的法门，全靠悟性去参透。因此，中国人十分强调悟性，在人际交往中，绝不只听对方之言，而是通过用心体会、观察、感知、归纳、分析，最终领悟另一方的真正意图（胡超，2009）。

（二）高语境文化

许多学者认为中国的传统文化有利于高语境文化的形成（陈京丽，2007；胡超，2009）。在高语境文化中，"人们在交际时不太关注具体的语言，反而十分留心收集相关联的信息，并且将具体的语言放入特定的情景中进行分析和领悟以获得交际者想要传达的真实意图"（霍尔，2010）。

深受高语境文化影响的中国人讲话历来推崇"委婉含蓄""逢人只讲三分话"，人们在人际沟通中倾向于使用隐晦、间接的方式把自己的意图传达给对方（杨中芳和彭泗清，2008）。对中国人来说，应该以委婉的方式来表达自己的想法，直截了当是不考虑对方的感情或感受的（唐德根和章放维，2005）、不被人们认可的表达方式。正因为如此，中国人的言语具有很大的弹性和不明确性，十分喜欢"不明言""不说得清楚明白"，喜欢"点到为止"；中国人深知原则一旦明白表现出来，很容易被他人利用；中国人最希望领导做到了再说，而不是说了再做（曾仕强，2005）。

总之，在高语境文化背景下，人们倾向于不明确表达自己的意见和看法，或者采取迂回曲折的表达方式，以及人们对"沉默是金""少说多做"的推崇都会影响领导与下属的沟通方式。最经典的结果变量就是领导在与下属沟通的正式场合所出现的沉默行为。

（三）人情关系、面子文化和社会取向

人情与面子这两个概念历来是研究中国人际关系的焦点。在中国文化里，人情具有三种不同的含义：一是人情是在不同的生活情景里个人可能产生的各种情绪反应；二是人情是一种社会交往时用来馈赠对方的资源；三是人情是指导人与

人相处的社会规范（黄光国，2004）。中国人常说"送人情""做人情"，人情本质上是一种资源，可以作为礼物送给别人，基于对他人回报的预期，"人情关系"实质上是一种社会交换行为（黄光国，2004；翟学伟，2005）。人们普遍认为"人情送礼"是必要的，因为社会交往中应酬是必要的，人们这样待人也是为了别人这样对待自己（冯友兰，1986）。

人情关系具有4个特点：一是个体性，人情交换是发生在两个个体之间（Hwang，1987）；二是可传递性，人情关系牵涉一种动态社会交往，可以通过第三个人传递（Farh et al.，1998）；三是无形性，通过多次互相帮助建立起人情关系，并且以未言明的承诺保持这种关系（Tsang，1998）；四是功利性，如果这种人情关系不能带来利益或不进行交换，便会破裂（Fan，2002）。

人们在交往中有关面子的词语和句子非常多，如"留面子""不看僧面看佛面"。面子是中国人调节社会交往的最细腻的标准（林语堂，1994）。迄今为止，学者对面子概念尚未达成共识，一些学者认为面子是个体所追求的一种社会尊重、社会评价等（Hu，1944；金耀基，2002）；另一些学者认为面子是个体内在的自我形象、自尊等（Lim，1994；翟学伟，2005）。成中英（2006）兼顾上述两派的定义，认为从客观上看，面子是指被其他成员认可的社会位置；从主观上看，面子是指与整个社会相关的个体自尊价值与重要性。

面子具有4个特点：一是交互性，面子是社会互动的产物；二是情境性，面子是由个体在不同情境下扮演特定角色而来；三是社会控制性，个体面子越大，其行动也越会受到关注，面子的制约力也就越强；四是关联性，面子不只是个人"小我"的面子，还会影响与之相关的个体、群体（陈之昭，2006；黄光国，2004）。尽管关于"面子"学界并没有达成一致的定义，但是，这并不影响面子对我国企业的上下级关系、沟通、制度规范的执行而产生的深远而又重要的影响。

社会取向是指人们"重视和努力与社会环境建立与保持和谐关系的倾向"，包括家族取向、关系取向、权威取向和他人取向4种特征（杨国枢，1993）。具体内容见表3-1。这4种取向不仅影响人际间互动的方式，也影响我国企业领导的领导行为和领导方式。

表 3-1　中国人的社会取向

取向	互动或运作特征
家族取向	家族延续、家族和谐、家族富足、家族团结、家族荣誉、泛家族化
关系取向	关系形式化、关系互依性、关系和谐性、关系宿命观、关系决定论
权威取向	权威敏感、权威崇拜、权威依赖
他人取向	顾虑人意、顺从他人、关注规范、重视名誉

资料来源：杨国枢，2008

追求均衡与和谐是中国文化基本运作法则，在关系取向的影响下，个人必须处处小心，尽力维护他人的面子，以维持和谐的关系，避免可能的冲突（杨国枢，1993）。传统中国人对不和谐或冲突具有一种焦虑甚至恐惧，李亦园（2008）将其称为"不和焦虑"或"冲突恐惧"。他人取向是指"中国人在心理与行为上容易受他人影响的一种强烈趋向"，表现为在意他人的意见、批评等，同时期望能给别人留下好印象（杨国枢，2004）。

人情、面子、关系往往是联系在一起的，三者相辅相成、相互依存和互为依托。在这种文化背景下，我国企业领导在处理问题时既要顾虑人意，也要顾及人情面子和关系，以免造成人际间的冲突。因此，为了追求和谐的人际关系，领导不可避免地表现出慎言的行为倾向。

权威取向主要表现在权威崇拜、权威敏感与权威依赖。中国人对权威怀有一种浑然的信任，认为权威不会犯错并且无所不能，并且会依赖权威、服从权威（杨国枢，1993）。

同时，在有着权威取向的我国企业组织中，上级讲话往往是下级行动的重要指南。当然，在这种情况下，领导的讲话也很有可能被下属误读、曲解，甚至被别有用心的人利用。所以，明智的领导往往不敢随便表达自己的观点。

（四）中庸思维

杨中芳（2010）将"中庸"构建为一整套实践思维，即"人们在处理日常生活事件时用以决定要如何选择、执行及纠正具体行动方案的指导方针"。吴佳辉和林以正（2005）将中庸思维定义为"由多个角度来思考同一件事，在详细地考虑不同看法之后，选择可以顾全自我与大局的行为方式"。中庸思维含有 3 个思维特质：多方思考（认清外在的讯息与自己本身的内在要求，并详加考虑）、整合性（整合外在环境的讯息与内在个体的想法）及和谐性（以不偏激及和谐的方式作为行动的准则）。本书采用吴佳辉和林以正（2005）对中庸思维的定义。

中庸思维流淌着源远流长的中国文化基因，要求领导在处理问题时需要从多个角度进行考虑，既要顾及外在环境，也要顾及个体的内在想法，不过不失，不偏不倚。受此文化的影响，领导的慎言行为更不可避免地出现。

（五）权力距离导向

作为一个十分重要的文化价值观变量，权力距离原本用于衡量一个社会或组织对权力分配不平等的接受程度，适用于集体层面（Hofstede，1980）。在此基础上，Dorfman 和 Howell（1988）将权力距离应用于个人层面的研究，将其定义为组织中的个体对上下级权力差异的看法或观念。权力距离一般被作为一种文化情境因素应用于跨文化的研究中；而权力距离导向作为个体的文化价值观因素应用于对个体态度、认知、行为影响的研究（Kirkman et al.，2006，2009）。本书探讨的是高权力距离导向是否会影响领导沉默，因此，本书采用 Dorfman 和 Howell（1988）关于权力距离的定义。

拥有高权力距离导向的个体认为领导和下属之间的权力差异是合法的，并且认为下属应该服从高权力者（Hofstede，2001；Kirkman et al.，2009）。并且，具有高权力距离导向的领导往往会注重自我展现，较少进行权力分享，并努力维持自己的权威地位（Kirkbride et al.，1991），可能更受角色的限制，更看重其所拥有的权力和独有的信息，认为这是一种地位的象征，因而可能更不愿意采取分配权力、共享信息等授权行为（韦慧民和龙立荣，2011）。

因此，具有高权力距离导向的领导者可能更倾向于不与下属分享权力，保持与下属的距离，减少与下属沟通，或者不表达自己的看法。

二、领导行为的影响因素

领导理论发展至今，已经经历了领导特质理论阶段、领导行为风格理论阶段及领导权变理论阶段。目前国内学者主要集中于西方新型领导理论的验证及中国本土领导理论的研究。西方新型领导理论主要包括变革型领导、交易型领导、魅力型领导、辱虐管理、授权型领导与谦卑型领导等。中国本土领导理论主要是指家长式领导和差序式领导。

（一）变革型领导

Bass（1995）提出，变革型领导通过让下属认识到其所从事工作的重要意义，以激发下属的高层次需求，促使下属为了组织利益牺牲个人利益，并取得比预期更好的结果。该概念由魅力感召、智力激发和个性化关怀 3 个维度构成。

Bono 和 Judge（2004）研究发现大五人格对变革型领导存在影响。孟慧（2003）通过实证研究发现，在中国情境下变革型领导受领导大五人格特质的影响，外倾性、责任心能够显著地预测变革型领导，其他人格特质对变革型领导无影响。学习目标定向对变革型领导有正向影响。Bono 和 Judge（2004）、孟慧（2003）的研究结果存在部分不一致，这很可能是由东西方文化差异导致的。

Barling 等（1996）发现，情绪智力能够正向影响变革型领导的感召力、魅力和个性化关怀维度，但与智力激发维度无关。

Hautala（2006）研究发现根据领导的自我评价，性格外向、直觉和感知的偏好对变革型领导是有利的，而下属则认为敏感性的性格对变革型领导更有利。Wofford 等（1998）指出下属的自主性程度会影响变革型领导。

Pawar 和 Eastman（1997）研究发现组织目标、工作流程、组织结构和管理方式这四种组织情境因素会影响变革型领导。Bryman（1992）认为组织环境对变革型领导行为要么产生正向促进作用，要么产生负向阻碍作用，充满不确定性的环境会促进变革型领导行为的产生。

史青（2009）认为当组织环境处于快速变化之中时，有利于员工学习、创新和参与决策组织文化，能够促进变革型领导行为的出现。

Manning（2002）发现组织层级会对变革型领导产生显著的影响。Byrne 等（2014）认为减弱的心理资源会负向影响变革型领导行为，领导的抑郁症状、焦虑及工作场所饮酒行为会负向影响变革型领导行为。

Zhang 等（2014）通过实证研究发现，对未来结果的关注能正向影响变革型领导行为。杜玲毓等（2017）研究发现，心理特质、社会认知、情绪情感、自我决定、资源保存、社会学习、人与组织匹配七个理论对变革型领导形成机制存在影响。

整体来说，变革型领导受领导个人特质、下属自主性、组织结构及组织文化环境等因素的影响。

（二）交易型领导

Bass（1985）提出，交易型领导是领导在了解下属需要的基础上，明确组织成员实现目标时可以获得何种报酬；给下属提供必要的工作资源，促使其努力工作完成任务，从而满足员工需要的领导行为。该概念包括消极的例外管理、积极的例外管理及权变奖励 3 个维度。

关于交易型领导影响因素的研究非常少。Detert 等（2000）通过实证研究发现企业文化影响交易型领导行为，并且企业文化在交易型领导行为与组织承诺间起显著的调节作用。

徐长江和时勘（2005）总结了学界关于交易型领导影响因素的研究成果，认为高群体凝聚力和员工的高独立性会促进交易型领导行为的产生，当上下级关系较差时，领导也会倾向于表现出交易型领导行为。既定的组织文化和组织环境也会影响交易型领导，交易型领导更倾向出现在比较稳定的环境中。

总之，交易型领导主要受企业文化、员工特质、上下级之间关系的影响。

（三）魅力型领导

具有依赖性和缺乏自信心等特征的下属更倾向于与领导建立魅力关系以减少与现实的冲突。

Bass（1985）认为魅力型领导的影响因素是领导的个性、行为特征、追随者的个性特征。

Sosik（2005）认为，魅力型领导受传统的集体主义、自我超越及自我提高价值观的显著正向影响。

Groves（2005）指出，魅力型领导与领导的社会控制和情感表达技能正向相关。黄前进（2007）认为，魅力型领导受情绪智力及其维度的显著正向影响。

Hoogh 等（2005）认为，权力动机与魅力型领导风格的形成密切相关，追随者的特征也会影响魅力型领导风格的形成。

Howell 和 Shamir（2005）指出，下属在自我概念特征方面的差异决定魅力型领导关系的类型。

总之，上述研究集中于领导个人特质及下属特质对魅力型领导的影响。

（四）家长式领导

关于家长式领导影响因素的研究成果较少。郑伯壎等（2000）指出家长式领导是在华人本土背景下提出的一种领导行为风格，是指"在一种人治的氛围下，显现出严明的纪律与权威、父亲般的仁慈及道德的廉洁性"的领导方式，并且探讨了家长式领导的文化根基，其中，权威领导受帝制历史的影响，德行领导受中国人治传统的影响，仁慈领导受泛家族主义等文化的影响。详见表 3-2。

表 3-2　家长式领导的文化根源

家长式领导	文化根源
权威领导	帝制历史，政治化的儒家三纲，法家"法与罚"，中央集权"控制之术"
德行领导	儒家德治、典范、礼治、中国人治传统
仁慈领导	泛家族主义，儒家"仁"的思想，互惠（报）规范

资料来源：周浩和龙立荣，2005

有研究发现，家长式领导还受下属价值取向的影响，当下属具有家族取向与集体主义价值观时，更易形成家长式领导风格（刘善仕和凌文辁，2004）；除此之外，家长式领导还受组织价值观的影响（张鹏程等，2010）。

总之，家长式领导影响因素主要有社会文化、下属因素（下属价值取向）、组织因素（组织价值观）。

（五）差序式领导

差序式领导是中国本土领导理论的研究热点和方向。郑伯壎（1995）在研究华人企业的过程中，发现华人领导有差别对待部属的现象，并据此提出了差序式领导的概念，即领导会偏袒他所喜欢的部属，并且该部属也能够顺理成章地成为领导所认为的自己人，而部属也深切期盼被认定为自己人。其内涵包括决策沟通与照顾支持、宽容信任和提拔奖励 3 个方面（姜定宇和张苑真，2010）。

领导通过对下属进行归类，以降低处理庞杂事务的认知负荷，并利用属于自己人的部属提高办事效率和质量（郑伯壎，1995；徐伟伶等，2002）。

关于差序式领导影响因素的研究非常少，目前只有郑伯壎（1995）对此有所涉及，认为下属的关系、才能、忠诚影响领导对下属的分类，从而影响领导与下属的互动方式。

（六）授权型领导

Prussia 等（1998）最早开始授权型领导的研究，将之定义为帮助下属开发自己的能力，鼓励下属积极思考的领导风格。现有研究主要有情境授权与心理授权两个研究视角。

前者强调与下属分享权力（Arnold et al.，2000；Srivastava et al.，2006；Hakimi et al.，2010），关注的是组织情景而非员工的心理感受（Leach et al.，2003），如 Arnold 等（2000）将授权型领导划分为关怀、参与式管理、教导、信息分享和以身作则 5 个维度。

后者关注下属的心理感受，被定义为通过授予下属一定的职权来消除下属的内在无权力感，以提升下属的工作意义感、内在动机水平及自我效能感等（Ahearne et al.，2005）。Pearce 和 Sims（2002）将授权型领导划分为鼓励团队合作、鼓励独立行为、参与目标设置、鼓励寻找机会、鼓励自我奖励和自我鼓励 6 个维度。

近年来，情境授权与心理授权的研究有逐渐融合的趋势，Srivastava 等（2006）将授权型领导定义为一种强调下放职权，旨在提高员工的内在激励水平与工作积极性的领导方式。王辉等（2008）认为授权型领导包括参与决策、工作指导、权利委托、过程控制、结果和目标控制、个人发展支持 6 个维度。

基于此，本书将授权型领导定义为"一种领导通过与下属分享权力，提高下属的自主性，激励下属的工作动机进而提升员工的工作绩效的行为。"

就现有的研究成果看，关于授权型领导影响因素的研究相对较少，主要可以分为领导个人和环境两个方面。领导个人方面的影响因素包括性别、工作年限、个人风险考量、自我牺牲精神、不确定性规避及对下属的信任等（李超平等，2006；韦慧民和龙立荣，2011）。环境方面包括领导成员交换、工作负担和组织文化等（Thomas and Velthouse，1990；Sparrowe，1995）。

总之，授权型领导影响因素主要有领导个人因素、下属因素、环境因素。

（七）谦卑型领导

谦卑型领导近年来受到学者越来越多的关注，但目前学界关于谦卑型领导的定义尚没有达成共识，现有的文献从 3 种不同的视角（宗教视角、特质视角及行为视角）定义谦卑型领导。

基于宗教视角，有学者认为谦卑型领导的实施来源于信仰、来源于贯彻神的意志、来源于期望、来源于爱、来源于神的力量（Standish，2007）。

基于特质视角，有学者认为谦卑是某些领导较为稳定的个性特征或品德（Morris et al.，2005；Nielsen et al.，2010）。

基于行为视角，Owens 和 Hekman（2012）将谦卑型领导定义为"从底层开始领导"（leading from the ground）或"自下而上的领导"（bottom-up leadership）——领导并不认为自己处于组织的较高层级，而是放低身段，与下属共同发展，并将谦卑型领导归为 3 个维度，即坦承自身的不足与过失；欣赏下属的优点与贡献；谦虚学习。

综上，本书将谦卑型领导定义为一种自下而上的领导方式，通过领导自身的积极行为影响他人，坦承自身的不足与过失、对信息或想法的开放性及欣赏下属的优点与贡献，启发员工发现自我的潜在能力与价值。

谦卑型领导的核心理念就在于谦卑，目前学术界对谦卑的前因有较多研究，这对谦卑型领导的前因研究具有一定的借鉴作用。谦卑已被证明具有可塑性，可以培养发展，也会退化，可以随生活经验发生变动（Vera and Rodriguez-Lopez，2004），它与人的其他特征相似，可通过实践显著增加（Dunning，1995；Duval and Silvia，2002），还会受环境因素的影响（Tangney，2000，2002）。在学术界，许多变量已被提及可以预测谦卑，主要包括内在因素和外在因素。

内在因素包括个人宗教信仰、个性特征 2 个方面。

个人宗教信仰。有学者认为，谦卑与宗教信仰存在正相关关系，拥有宗教信仰的领导更有可能具有谦卑的品质（Exline and Geyer，2004）。

个性特征。主要包括：①高水平的自恋预测低水平的谦卑，自恋通常会导致自我宣传和自我膨胀感（Emmons，1984）；②马基雅维利主义预测低水平的谦卑；

③低自尊心预测低水平的谦卑；④高自尊心预测低水平的谦卑；⑤高水平的情绪觉察和管理预测高水平的谦卑，善于管理自己情绪的人会控制自己的情绪表达，尊重他人（Morris et al.，2005）。

外在因素主要是指个体所接受的培训。

艺术的职责就是解决人的问题，包括不容易解决的自我认知及理性的处理方式（Broch，1982），经历过长达一年的戏剧演练的领导表现出更多谦卑行为方式（Romanowska et al.，2014）。

另外，一些情景特征，如接近于死亡的体验、运气事件和谦卑的导师都有可能影响领导的谦卑（Collins，2001a，2001b）。这些结论尚需实证研究的进一步验证。

总之，谦卑型领导的影响因素主要有内在（个人宗教信仰、个性特征）和外在（个体所接受的培训）两个方面。

（八）辱虐管理

授权型领导和谦卑型领导都属于积极的领导风格，国外一些学者也在逐渐关注领导的"阴暗面"。近年来，西方学者对辱虐管理的研究逐渐增多。

Tepper（2000）将辱虐管理定义为下属知觉到的上级持续表现出来的敌意语言和非语言行为，但不包括肢体上的行为。具体表现形式有公开批评下属、与下属交流所使用的言语粗鲁无礼、不履行对下属的承诺、冷落下属或对下属沉默不语、辱骂下属。Tepper（2000）认为辱虐管理包含4种含义：①主体性和情境性，辱虐管理是基于下属的主观感知，下属是否感知到辱虐取决于下属、领导及情境；②持续性，辱虐管理行为是持续性的并非一次性的；③辱虐管理行为包括语言和非语言行为，但不包括肢体上的行为；④辱虐管理是指行为本身而不包括领导的意图。该定义一直被后来的研究尊崇，至此之后的研究大都在此概念框架内进行。

领导个人因素对辱虐管理的影响。领导的心理抑郁会导致其辱虐行为（Tepper et al.，2006），领导以往的家庭破坏经历与辱虐管理行为呈正相关关系（Kiewitz et al.，2012）。

环境因素对辱虐管理的影响。领导感知到的组织不公平会导致其对下属实施辱虐管理（Aryee et al.，2008），领导受到上司的辱虐管理也会促使其产生辱虐管理行为（Tepper，2007）。

同事因素对辱虐管理的影响。领导感知到的同事间冲突与辱虐管理呈显著正相关关系（Harris et al.，2011）。

下属因素对辱虐管理的影响。下属的行为方式或个性特征也会导致上级的辱虐行为，如下属消极的工作情绪、下属较差的工作绩效、下属较低的政治技能

（Tepper，2000；刘超等，2017），下属的核心自我评估程度越低，其评价的领导辱虐管理行为越高（Wu and Hu，2009）。

总之，辱虐管理主要受领导个人因素、环境因素、同事因素和下属因素的影响。

三、员工沉默的影响因素

员工沉默是一种个体现象，是指员工本可以根据自己的知识和经验向组织提出改进的想法、建议，却因种种原因，选择提炼、过滤、保留自己的观点（郑晓涛等，2008）。综合现有的研究成果，员工沉默主要分为 4 个维度，分别为默许型沉默、防御型沉默、亲社会型沉默（Dyne et al.，2003），以及漠视型沉默（郑晓涛等，2006）。

虽然领导与员工在组织中所处的地位、所扮演的角色不同，领导沉默的影响因素也必然与员工不同，但是，员工沉默的影响因素也可以为本书提供借鉴。员工沉默主要受五大因素影响，分别为个人因素、组织因素、领导因素、文化因素及同事因素。

（一）个人因素

性别。Gilligan（1982）认为，性别影响员工沉默行为，与男性相比，女性会表现出更多的关系导向行为，从而表现出更多的沉默行为。这一结论也被 Buzzanell（1994）的研究证实，持偏向关系导向价值观的女性经常处于边缘化地位，因此相比于男性而言，女性的沉默行为更为普遍。

性格。LePine 和 van Dyne（2001）研究发现员工的人格特质对员工沉默存在影响，具体而言，性格随和的员工出于维持关系和避免风险的考虑会倾向表现出更多的沉默行为；责任感强的员工对组织强烈的责任感会促使他们提出自己的看法和意见，因此沉默行为较少；外向性的员工沉默行为同样较少，这是因为他们的沟通意愿更强，沟通技能也更高；而情绪稳定性较低的员工常常会由于较高的不安全感，以及常常感受到尴尬等不愉快的体验，会对提出观点和建议更加犹豫，会表现出更多的沉默行为。大五人格中的内向、神经质也是促使员工保持沉默的个性特征（LePine and van Dyne，2001；段锦云和钟建安，2005）。

自尊。LePine 和 van Dyne（1998）指出，员工的自尊水平影响建议行为。Premeaux 和 Bedeian（2003）认为，员工的自尊水平越低，越倾向于保护自己，沉默的可能性越高，而外控员工沉默的可能性更大，因为一般而言他们对工作比较消极，处于一种被动地位。

Ryan 和 Oestreich（1991）的研究发现，由于员工认为自己的观点对组织并没有什么帮助，其为避免负面影响而选择沉默。Piderit 和 Ashford（2003）也认为对预期风险的规避和预期支持的不足是员工沉默的两个主要原因。

Bowen 和 Blackmon（2003）指出，当人们觉得自己的观点成为主流或占上风时，他（她）会更多地表露出自己的看法和观点，如果相反，他（她）们就会更倾向于沉默。Milliken 等（2003）认为员工的沉默会受其个体心理感知的影响，包括造成不好的印象、破坏人际关系、担心惩罚和报复及其他消极影响等。

满意度。LePine 和 van Dyne（1998）研究发现，满意度会影响员工沉默行为，员工的满意度越低，就越有可能采取沉默行为。根据社会交换理论，当员工对工作比较满意时，更愿意努力工作和创新，积极地提出自己的观点和建议，反之，员工对工作不满意，他们则表现出更多的沉默行为。

员工的价值观。员工的权力距离导向也会使得员工服从领导而不表达自己的看法与观点。周建涛和廖建桥（2012）、朱瑜和射斌斌（2018）基于中国文化，研究发现员工的差序氛围感知与个人的传统文化感知影响员工沉默。易明等（2018）研究发现时间压力通过内部动机对员工沉默行为产生负向影响，通过情绪耗竭对员工沉默行为产生正向影响。

（二）组织因素

组织文化和组织氛围对员工沉默的影响。Morrison 和 Milliken（2000）提出组织氛围、文化及规章制度等组织环境特征会显著地影响员工沉默行为，公平氛围可以提高员工建言的积极性，而若员工心存恐惧，也就更容易产生防御型沉默。Park 和 Keil（2009）指出不鼓励或者阻碍上行信息沟通的组织结构、政策及管理等因素会共同营造一种沉默氛围，在这种氛围下，员工更容易沉默。这一研究结论反复地被我国学者验证[①]。支持性的组织文化可以让员工更信任组织，更愿意提出自己的观点和意见。何轩（2009）指出不公平的组织氛围是员工沉默的一个重要原因，而公平氛围有利于减少员工沉默行为。

组织层级结构和规模对员工沉默的影响。组织层级结构会对上下级之间的交流产生抑制作用，尤其是下级对上级的质疑和批评会受到抑制（Festinger，1950）。组织中的强权制度和规则常常导致员工产生防御心理，从而选择保持沉默（Argyris and Schön，1978）。组织层级分明、等级严明、权力距离大、集权式的管理等会对员工的进谏意愿产生显著的消极影响，相反，更多的授权会提高员工的责任感，有利于减少沉默现象（LePine and van Dyne，1998；Pinder and Harlos，2001）。科

---

① 根据中国知网的文献检索。

层制的组织十分强调集权、等级，这也是我国政府公共部门普遍存在沉默的原因之一（陈藻和陈晨，2009）。群体规模对员工建言具有显著的负向影响，群体规模越大，员工越倾向于沉默（LePine and van Dyne，1998）。郑晓涛等（2017）研究发现组织内部的申诉制度对员工沉默行为存在影响。

（三）领导因素

领导给员工的信任与安全感对员工沉默的影响。Roberts 和 O'Reilly（1974）的研究表明，员工对上级的信任会导致其沉默行为减少，进谏和沟通的行为增加。Edmondson（2003）的研究表明，如果领导能在组织中形成能让员工感受到心理安全的组织氛围，则有利于减少员工沉默行为。Premeaux 和 Bedeian（2003）指出，高管开放性会令员工感知的风险减少，员工会更倾向于提意见和建议。

上下级关系对员工沉默的影响。Saunders 等（1992）发现员工会根据他们上司的个人特质（是否平易近人、负责任）来判断是否提出相应的工作建议，并且上下级关系越亲密，他们就越有可能提出自己的工作建议。Morrison 和 Milliken（2000）认为，领导的管理理念及对负面反馈的恐惧，导致领导促使员工选择沉默。周路路等（2011）研究发现，领导-成员交换（leader-member exchange，LMX）关系对员工沉默行为存在影响，良好的领导-成员交换关系为组织创造了高质量的信任氛围，因而员工沉默的可能性降低。高领导个人权力距离导向的领导倾向于努力维持自己的权威，不希望下属发言，使得员工倾向于隐藏自己的观点和看法（周建涛和廖建桥，2012）。

领导风格对员工沉默的影响。吴梦颖和彭正龙（2017）发现破坏型的领导对员工沉默存在正向影响。毛翠云等（2018）研究发现家长式领导对员工沉默存在影响，即威权领导正向影响员工沉默；组织自尊、仁慈领导与德行领导负向影响员工沉默。

（四）文化因素

文化也是影响员工沉默的重要因素。何轩（2009）研究发现中庸思维在员工沉默行为与互动公平之间存在作用。

张桂平和廖建桥（2009）提出中国传统文化中的"圈子文化"对员工沉默行为有影响作用，"圈内人"会促进员工提出自己的看法和意见，"圈外人"则促使员工更多地选择沉默。

李锐等（2012）证实了传统价值观、上下级关系对员工沉默均产生显著影响；周建涛（2013）指出面子文化和关系文化影响员工沉默行为，维护自己和他人面子及追求和谐的关系，会促使员工保持沉默。毛畅果（2016）研究发现，领导个人权力距离导向对员工沉默行为呈显著正向影响。

（五）同事因素

Moorhead 和 Monanari（1986）认为，员工和同事的关系越亲密，组织内部凝聚力越高，员工会越倾向于提出自己的看法和建议。Ashforth 和 Humphrey（1995）认为有的员工害怕被同事认为不合作、特立独行，可能影响自己的晋升机会和职业生涯发展，因此员工是否保持沉默，取决于自己的观点或看法对其公共形象的影响。

Bowen 和 Blackmon（2003）认为员工会根据自己所感知的同事观点来决定是否采取沉默行为，当员工觉得其观点是大多数人的观点时，员工会积极地表达自己的观点。员工沉默往往上升为组织沉默这样一种集体行为，因此同事的行为对员工沉默有着重要影响（马喜迎，2010）。

四、文献评价

总之，领导沉默有着深厚的文化渊源。高语境文化、中庸思维、领导个人权力距离导向、人情面子关系和社会取向的文化均会对领导沉默产生影响。

一般而言，身为领导会表现出更多的"为人之师"的成分，即表现出更多的教诲行为，扮演了更多的教育者的角色。然而，在中国文化下，领导还会呈现出另外一个相反的行为方向，即越是领导越会表现出慎言慎行的行为倾向。这既有高语境文化的影响，如为人要深沉、有城府等，也有"不过不失"中庸思维的影响、领导个人权力距离导向的影响，同时，也受人情关系面子的影响。

通过对变革型领导、交易型领导、授权型领导、谦卑型领导、家长式领导、差序式领导及辱虐管理等影响因素的梳理，发现领导风格的影响因素基本上可以分为三大类：一是领导因素（领导个人特质、情绪智力）；二是下属因素（即下属主动性、自主性）；三是组织因素（即上下级关系、组织文化、组织稳定性、组织效率）。虽然进行领导沉默影响因素的研究时并不能照搬这些研究成果，但是，其分类逻辑、理论框架和相关的成熟量表可以为本书提供借鉴。

关于员工沉默影响因素的研究也日趋完善，综合看来，影响员工沉默的因素共有五大因素，分别为个人因素（如员工个体特质、性别、自尊水平、大五人格、个体心理知觉、满意度等）、组织因素（如组织沉默氛围、组织公平氛围、组织层级结构、上下级关系等）、文化因素（如高权力距离、人情面子、关系文化等）、领导因素（如上级领导风格）及同事因素（如同事行为及态度等）。领导风格、员工沉默的影响因素汇总详见表3-3。

表 3-3　领导风格、员工沉默的影响因素汇总

影响因素		员工沉默	领导风格							
			家长式领导	差序式领导	变革型领导	交易型领导	魅力型领导	授权型领导	谦卑型领导	辱虐管理
领导因素	性别							√		
	年龄							√		
	个性	√			√		√	√	√	√
	经验				√			√		
	减弱的心理资源				√					
	对未来结果的关注				√					
	情感表达技能						√			
	社会控制						√			
	学习目标定向				√					
	情绪智力				√		√		√	
	权力动机						√	√		√
	领导个人权力距离导向	√								
	管理方式	√					√	√	√	
个人因素	性别	√								
	个性	√					√			√
	满意度	√								
	个体心理知觉	√						√	√	√
	自主性程度				√	√		√		√
	下属忠诚			√				√		
	下属能力			√				√		√
	下属权力距离导向	√								
组织因素	组织规模	√						√		
	组织所处阶段				√					
	组织文化	√			√	√		√	√	
	组织氛围	√						√		√
	组织政策	√								
	组织目标				√					
	组织层级结构	√						√	√	
	工作流程				√					
	组织环境				√	√		√	√	
	上下级关系	√		√		√		√	√	√
	领导-成员关系	√						√		

续表

影响因素		员工沉默	领导风格							
			家长式领导	差序式领导	变革型领导	交易型领导	魅力型领导	授权型领导	谦卑型领导	辱虐管理
文化因素	领导权力距离		√							
	人情面子因素	√		√						
	泛家族主义观		√						√	
	关系取向	√	√	√	√		√	√		
	儒家文化	√	√		√	√	√		√	
同事因素	同事行为或观点	√								√
	同事关系	√								√

资料来源：笔者根据资料自行整理

总之，在研究领导沉默影响因素时，可以借鉴领导风格和员工沉默的研究框架与研究范式，但是也要扎根本土，通过访谈法和问卷法相结合的方式来探索这一问题。

第二节　领导沉默影响因素的访谈研究

为了更准确、全面、充分地了解领导沉默的因素影响，笔者通过访谈和编码建立领导沉默影响因素模型。

一、访谈样本

本次研究选取 61 位基层、中层及高层领导作为访谈样本，剔除无效样本 6 个，剩余有效样本 55 个，年龄主要集中在 25～55 岁；包括外资企业、民营企业、国有企业、政府及事业单位；行业覆盖广泛，包括制造业、房地产/建筑业、IT 业/通信业、金融业、批发/零售业、交通业/运输/仓储/邮政业、咨询业等。具体情况详见表 3-4。

表 3-4　访谈样本的基本情况统计（ N = 55 ）

项目	类别	频数	百分比/%
性别	男	40	72.73
	女	15	27.27
年龄	25～30 岁	5	9.09
	31～40 岁	37	67.27
	40 岁以上	13	23.64

续表

项目	类别	频数	百分比/%
学历	本科/大专	19	34.54
	硕士	34	61.82
	博士	2	3.64
工龄	10 年以下	17	30.91
	11～15 年	21	38.18
	16～20 年	9	16.36
	20 年以上	8	14.55
现组织工龄	3 年以下	4	7.27
	3～5 年	8	14.54
	6～10 年	22	40.00
	11～15 年	17	30.91
	16～20 年	2	3.64
	20 年以上	2	3.64
职务	基层领导	10	18.18
	中层领导	24	43.64
	高层领导	21	38.18
部门规模	5 人以下	5	9.09
	5～10 人	16	29.09
	11～20 人	14	25.46
	20 人以上	20	36.36
组织规模	1～49 人	1	1.82
	50～99 人	4	7.27
	100～200 人	7	12.73
	201～500 人	9	16.36
	501～1000 人	7	12.73
	1000 人以上	27	49.09
组织性质	民营企业	16	29.09
	国有企业	27	49.09
	外资企业	10	18.18
	政府及事业单位	2	3.64

二、数据收集和访谈记录

访谈以一对一或二对一的形式进行，访谈时间为 60～80 分钟。访谈选择在被访者方便和安静的地方进行，以保证访谈的有效性。

笔者提前向被访者发送访谈邀请函和访谈说明，以便被访者预先了解访谈内容。在访谈正式开始前，笔者先简要地向被访者描述此次访谈的重点和目标，确认被访者已了解访谈的内容和目的后再进入正式访谈。笔者试图通过半结构化的深度访谈初步了解以下问题。

1）在与下级的沟通中，您是否存在不表达或者不明确表达的行为？

2）您在哪些事情上存在不表达或者不明确表达的行为？是出于怎样的考虑？

3）影响您采取不表达或者不明确表达的因素有哪些？请举例说明。

4）这些影响因素是如何影响您的沉默行为的？是具有正向的促进作用，还是负向的抑制作用？

为了更好地了解被访者的观点，在访谈中尽量引导被访者详细地描述自己亲身经历的事件，目的在于抓住领导沉默行为的本质及与此相关的影响因素。

在所有的访谈问题都完成后，笔者会继续提一些开放性的问题，如"对我们的研究您有什么意见和建议，是否还有其他的观点或想法"等，以充实访谈内容。在整个访谈结束后，笔者请被访者对访谈中的关键信息进行确认，以免信息失误或遗漏。访谈结束后，笔者及时对访谈资料进行录入、编号、分类，以确保资料的完整性和准确性。

三、编码和登录

在很多时候，被访者对问题的回答并非直接用"是"或"否"；并且被访者所说的"是"或"否"也可能有不一样的含义，因此，很多时候需要对下述情况做出判断，才能准确地对访谈的内容进行编码。例如，笔者在对"您在日常工作中是否对您的下级采用沉默行为"这一问题编码时，遵循这样的规则，当被访者说"有"此种现象，并且可以同时举出具体的事例，就将其编码为"是"；当其说"有"此种现象，但是不能举出具体的事例或具体地阐述其理由，或者对此表示不太确定时，就将其编码为"否"。

对不能用"是"或"否"来回答的问题（如您在最近的工作中之所以向下级员工表现出沉默行为是受什么因素影响），笔者对此进行逐级编码和登录。编码过程如下。

（一）一级编码（开放式登录）

一级编码为开放式登录，笔者尽量搁置个人观点和已有研究的"定见"，以开放的心态，将所有资料依照初始的访谈状态进行登录，以便从访谈资料中发现某些概念类属，并进行命名，确定概念类属的属性和维度。在访谈资料中，笔者发现很多"本土概念"，如"听取意见、维护和谐、不过不失、暗示、看员工而定、能干、此时无声胜有声、悟性、拉开距离……"。记上编号（R_1，R_2，…，R_{54}），这一步骤共提取 54 个表明影响因素项目；删除不符合"领导沉默"的含义的项目后，把剩下的 50 个条目编入项目库 A_1。请两位组织行为学和人力资源专业的学者根据相同的访谈记录，用同样的方法进行提取，把符合要求的条目编入项目库 B_1，项目库 B_1 有 47 个项目，以此优化归类，保证编码的可信度。

（二）二级编码（关联式登录）

二级编码主要是发现和建立概念类属之间的联系，以展现访谈资料各部分的有机关联。

从一级编码的"本土概念"中，笔者发现了概念类属的联系，确定了相关类属。例如，领导个人性格有"谨慎、猜疑心"；中庸思维有"听取意见、维护和谐氛围、不过不失、考虑周全"；领导个人权力距离导向有"保持距离、保持权威"等，并对上面的项目库 A_1 和 B_1 进行对比与讨论，根据讨论的结果合并相关联项目，剩余条目编入项目库 C_1。项目库 C_1 共有 30 条项目。

（三）三级编码（核心式登录）

三级编码是将所有已发现的概念类属经过系统分析而将之归纳为一个核心类属，笔者将上两级编码的所有概念类属及概念类属关系都建立起来以后，将核心类属确定为"领导沉默影响因素"。

领导沉默影响因素分为四大类，分别为社会文化因素，包括中庸思维、高语境文化、人情面子、权威取向和区域文化。领导个人因素，包括领导性格、领导个人权力距离导向、领导个人经历和领导职位层级。组织因素包括组织氛围和上下级关系。下属因素包括下属的能力、下属的态度和下属的个性特征。具体的编码结果详见表 3-5。

表 3-5　领导沉默影响因素编码

社会文化因素			
三级编码	中庸思维①		
二级编码	多方思考		和谐追求	整合想法
一级编码（频次）	考虑周全（8）	不过不失（7）	维护和谐氛围（8）	听取意见（12）
访谈片段	有时候领导不表达意见更多的考虑是想倾听员工的看法，听听他们的意见，给他们更广阔的思路。要不然领导一开始就定调，先入为主，那下面的人就不敢说，或者没办法说（男，高层，国有企业，2）【听取意见】亲社会型领导沉默 　　在做一些决策时，我希望听下属的意见，也会沉默。因为如果领导一开始就说了自己的想法，那么下属肯定就跟着这个方向走，定了调，就没办法听到他们自己的意见（女，高层，国有企业，43）【听取意见】亲社会型领导沉默 　　我会倾向于先沉默，然后让下属来讨论，尽可能地听取他们值得参考的意见，从而优化我的方案（男，高层，民营企业，48）【考虑周全】亲社会型领导沉默 　　有时候我在做决策或者遇到一些事情时，我也喜欢沉默，然后听下属的意见，这通常能够给我启发（男，高层，民营企业，53）【考虑周全】亲社会型领导沉默 　　沉默时各种考虑都有，不能说怕，只能说避免（重音强调）犯错误、造成不好的影响（男，高层，国有企业，14）【不过不失】防御型领导沉默 　　有些事情如果还没有成熟或明朗，我可能也会沉默，但不是一直沉默。会视情况而定，等时机成熟了再决定怎样做。时机没成熟有很多种可能，可能是这件事本身没有定下来，也有可能是场合不对，还有可能涉及其他人的利益；遇到这种情况，如果领导随随便便就对下属说，很有可能覆水难收，万一后面出了问题话又说出去了，那么影响就大了（男，高层，国有企业，11）【不过不失】防御型领导沉默 　　有时候我选择沉默可能是为了保持员工之间的一个同级的平衡。例如，我不能让员工觉得我只把信息告诉给甲，或者把任务交给甲，却不交给乙，这也是为了保护员工之间的关系（男，中层，国有企业，9）【维护和谐氛围】亲社会型领导沉默 　　对掌握核心技能或者资源的下级，领导还要拉拢，这种情况也很普遍。领导的这种"怕"可能不是怕员工威胁，主要怕协调不好影响组织气氛，导致内耗（男，中层，外资企业，13）【维护和谐氛围】亲社会型领导沉默			
三级编码	高语境文化②			
二级编码	非语言编码		含蓄沟通，暗码信息	
一级编码（频次）	此时无声胜有声（3）	语境大于内容（3）	暗示（6）	
访谈片段	有经验的员工就知道领导这个时候不发话是什么意思，然后就会按照这个意思去做。有时候不仅仅是为了考验下属能力，有些领导就是会认为下属应该能明白自己想让他干什么，然后怎么去做的（男，高层，国有企业，2）【此时无声胜有声】考验型领导沉默/威风型领导沉默 　　领导可能喜欢让员工去猜，而不喜欢明说。有种"此时无声胜有声"的意思在里面（男，中层，国有企业，4）【此时无声胜有声】考验型领导沉默/防御型领导沉默 　　有些领导遇到不想回答的问题，或者说也不认同某种观点或方案，他就会不出声，这个时候，有经验的下属就知道了，就不提。这样不用直接说出来，避免了一些尴尬（女，高层，国有企业，43）【语境大于内容】亲社会型领导沉默			

---

① 中庸思维的维度划分参考吴佳辉和林以正（2005）有关中庸的定义。

② 高语境文化：关于高语境文化与低语境文化及其特点，路斯迪格（Lustig）等学者概括如下，即 A. 内隐、含蓄；B. 暗码信息；C. 较多的非言语编码；D. 反应很少外露；E. 圈内外有别；F. 人际关系紧密；G. 高承诺；H. 时间处理高度灵活。

社会文化因素		
三级编码	高语境文化	
二级编码	非语言编码	含蓄沟通，暗码信息
一级编码（频次）	此时无声胜有声（3）　　语境大于内容（3）	暗示（6）
访谈片段	不需要用语言，就是通过你做这些事情我就知道你实际上的想法是怎么样的，我就知道你跟我是不是一条心，或者说我们两个是不是志同道合的人（女，中层，国有企业，23）【语境大于内容】考验型领导沉默 下级在汇报工作时，如果领导满意你的方案，他可能只是让你自己去做，但是如果不满意，就会问你是不是有备选方案，备选的再不满意就会直接让你回去再做（男，高层，民营企业，45）【暗示】威风型领导沉默 有时候我看着他不说话，这其实就暗示我对他是不满意的；有时候我沉默，表明这些事情不方便说出来，需要他自己去揣摩（女，高层，民营企业，50）【暗示】威风型领导沉默 有时候我不喜欢花很多时间处理员工一些"很笨"的问题，那么我会用沉默来暗示他们我不喜欢或者不想让他们再来问我。久而久之，可以拉开一定距离，那么我就可以少一些被他们提的乱七八糟的事情烦着的情况，也就有更多的时间来专心处理更重要的工作，同时也建立权威（女，中层，外资企业，7）【暗示】权谋型领导沉默	
三级编码	人情面子	
二级编码	加强关系	顾及关系
一级编码（频次）	维护下属面子（8）	顾及领导面子（4）　　顾及他人面子（3）
访谈片段	如避免与员工的冲突。遇到一些比较敏感的事情时，不好直接跟员工说，这时候用沉默就可以避免尴尬。另外，可能会在一些不太好的事件上沉默，尤其是在公众场合，可能是关于员工的事，沉默可以顾全下属的面子（男，中层，外资企业，47）【维护下属面子】亲社会型领导沉默 顾及下属的面子或者说想维持管理的氛围和秩序，尤其是我们做人事的，与同事、上下级的关系很重要。不仅仅是我，你看我们公司的绩效考核也遇到这样的问题，考核时几乎每个经理都对员工评价很好，只要是不犯大错的一律是好话。但是你说下面这些人一点问题都没有吗？肯定有，这些经理也知道，但是他们大都不会真实地写下来，领导其实不是怕员工，但是领导要顺利开展工作，必须要员工配合（男，中层，国有企业，10）【维护下属面子】亲社会型领导沉默 小事的话暗示一下就算了，没必要伤害员工面子。而且这也是一种宽容，我认为，领导应该有能容忍员工犯小错的这样一种态度，每个人都会有做不好的时候，能算的就算了，不用什么都说出来，这样大家相处都会舒服一些（男，高层，国有企业，11）【维护下属面子】亲社会型领导沉默 他虽然是你下属，但是因为是上面派过来的，你完全没办法，说了也没用，所以干脆就保持沉默（男，中层，国有企业，52）【顾及领导面子】防御型领导沉默 总经理的话，任何事情都是归他管，所以他没有什么顾忌，随便发表意见。但如果是副总经理，则有比较多的顾虑，不想踩到别人的界线上去（女，基层，国有企业，28）【顾及他人面子】防御型领导沉默	
三级编码	权威取向	
二级编码	权威敏感	权威崇拜　　　　　　权威顺从
一级编码（频次）	弄清各种权力关系（3）	权威无错（4）　全能权威（3）　听从权威（5）
访谈片段	领导其实不是怕员工，但是领导要顺利开展工作，必须要员工配合，我只是强调一个领导可能会顾忌一些关系，尤其是那些有背景的员工（男，中层，国有企业，10）【弄清各种权力关系】防御型领导沉默 还有这么一种情况，有些时候可能领导之间有冲突，肯定不好对下级直接表态。这时候就常会默认，不表态。下属一看，就能知道领导意思（男，高层，国有企业，2）【弄清各种权力关系】权谋型领导沉默	

续表

社会文化因素			
三级编码	权威取向		
二级编码	权威敏感	权威崇拜	权威顺从
一级编码（频次）	弄清各种权力关系（3）	权威无错（4）　全能权威（3）	听从权威（5）
访谈片段	尤其是职位比较高时，如果他已经发表了观点，大家都知道他想怎么做以后，都会按一个方案走，尤其是一些组织领导想鼓励这种竞争的氛围，领导不会说太多，这样可以在其中看到员工的一些行为特征、员工的个性及了解员工的想法，这样更便于领导对人员的安排，选拔和创造竞争的氛围，如果领导说错了，员工会觉得他凭什么做我领导，就会影响员工对他的信任（男，基层，国有企业，33）【权威无错】权谋型领导沉默 有些我不能满足或者答复不了的问题，我也可能选择不回答。因为回答做不到，可能会影响我在下级中的权威（男，中层，外资企业，13）【全能权威】权谋型领导沉默 有时候领导不表达意见更多的考虑是想倾听员工的看法，听听他们的意见，给他们更广阔的思路。要不然领导一开始就定调，先入为主，那下面的人就不敢说，或者没办法说（男，高层，国有企业，2）【听从权威】亲社会型领导沉默 作为一个领导，如果想要听取员工的意见，他自己首先就要沉默，否则一开始就说出了自己的想法，就已经定了调，员工就不敢再发表意见（女，中层，外资企业，8）【听从权威】亲社会型领导沉默 有时候可能领导一句无心的话，被下属拿着鸡毛当令箭。高层少表态很重要（男，高层，民营企业，45）【听从权威】防御型领导沉默		

	区域文化	
三级编码		
二级编码	内陆地区	沿海地区
一级编码（频次）	内陆务虚，重视等级关系（5）	沿海务实，公平透明（5）
访谈片段	内陆等级的概念也比较深，职位高一级可能下面的人大都顺应着他，你说的一切都是正确的，没有任何辩驳的机会。南方或者沿海一带，他们更关注经济，更关注金融（女，基层，国有企业，23）【内陆务虚，重视等级关系】【沿海务实，公平透明】 我遇到的内陆的领导比较会摆谱，架子很大，比较重视形式；沿海的话，则比较务实，比较亲民，比较注重实际（男，基层，国有企业，39）【内陆务虚，重视等级关系】【沿海务实，公平透明】 尤其是南方沿海的企业跟内陆的企业比较起来，哪怕同样都是国有企业，内陆的企业留下来的这种人脉，比老国有企业留下的痕迹还得多（女，中层，国有企业，23）【内陆务虚，重视等级关系】【沿海务实，公平透明】 我们这边区的老总，职位很高，因为都是在南方，又是这种以职务为准的，你跟他谈工作时和不谈工作时都是一种比较轻松的气氛，但是在内陆民营企业，我们去谈的时候不一样（男，高层，外资企业，25）【内陆务虚，重视等级关系】【沿海务实，公平透明】	

领导个人因素			
三级编码	领导性格		
二级编码	谨慎		猜疑心	
一级编码（频次）	言多必失（6）	慎言慎行（4）	缺乏信任（5）	自我防卫（3）
访谈片段	领导也是比较谨慎吧，也知道言多必失，也有比较多的戒备心，尤其是职位比较高的，都不会说话说得太多（女，基层，国有企业，23）【言多必失】防御型领导沉默 不喜欢把自己过多地暴露给别人，就是特别谨慎，那他在很多事情上就会沉默（男，中层，国有企业，9）【慎言慎行】防御型领导沉默			

续表

领导个人因素			
三级编码	领导性格		
二级编码	谨慎		猜疑心	
一级编码（频次）	言多必失（6）	慎言慎行（4）	缺乏信任（5）	自我防卫（3）
访谈片段	领导沉默是一种谨慎、负责任的表现，不轻易地承诺、表态；因为如果随口说出来了却做不到怎么办（男，高层，国有企业，14）【慎言慎行】防御型领导沉默 好的员工是应该有领悟能力的，我有自己的看法和意见却没有明确地说出来，是希望他们自己去揣摩，以考验下级的立场与判断（男，高层，外资企业，42）【缺乏信任】考验型领导沉默 很多事情，领导也不会去说，它主要是看下属怎么做。从领导的角度来说，通过看下属怎么做，就能明白下属实际的想法是怎样的，就能够据此判断下属跟我是不是一条心，或者说我们两个是不是志同道合的人（女，基层，国有企业，23）【缺乏信任】考验型领导沉默 有时候他们需要自己去揣摩领导意图，我认为有些事情领导是不能说出来的，只能靠下属自己去领悟（女，高层，民营企业，44）【自我防卫】防御型领导沉默			
三级编码	领导个人权力距离导向①			
二级编码	强调权力差距		下属无能论	
一级编码（频次）	拉开距离（7）	维护自身权威（4）	保持信息不对称（8）	
访谈片段	沉默可以适当拉开与员工的距离，有时候我不喜欢花很多时间处理员工一些"很笨"的问题，那么我会用沉默来暗示他们我不喜欢或者不想让他们再来问我。久而久之，可以拉开一定距离，那么我就可以少一些被他们的乱七八糟的事情烦着的情况，也就有更多的时间来专心处理更重要的工作（女，中层，外资企业，7）【拉开距离】权谋型领导沉默 有时候和下属的距离太近，他就不会怕你。而且拉开距离可以避免下级用一些不经过大脑思考的问题来麻烦你（女，高层，民营企业，50）【拉开距离】权谋型领导沉默 他这个领导，原先是在国有企业工作，要求有这样的一种权威性、神秘性的东西摆在这里，权威的体现往往就是在沉默这里（男，高层，外资企业，31）【维护自身权威】权谋型领导沉默 太不沉默了，也不好，大家都知道你喜欢什么，想要什么，你自己的权威性的东西在哪呢（男，高层，民营企业，15）【维护自身权威】防御型领导沉默 例如，我部门操作一个项目，过程中我还会与我的上级进行沟通，如果下属频繁地问我高层对这个项目的具体态度等沟通细节，我有可能会不回答，一方面因为我是上级，我主动告诉你可以，但我回答这些问题，好像我在给你汇报一样，另一方面保持信息的不对称，我有掌控的空间，同时也能增加我的权威（男，中层，外资企业，13）【保持信息不对称】权谋型领导沉默 有时候对下级保持沉默是为了掌控一些信息，别人不知道我却知道，能够更好地控制局面（男，高层，外资企业，42）【保持信息不对称】权谋型领导沉默			
三级编码	领导职位层级			
二级编码	基层、中层、高层			
一级编码（频次）	层级不同，扮演角色不同，承担责任不同（10）			
访谈片段	可能同样是一件事情，不同层级的领导看问题的角度不一样，反应也不一样。高层领导可能肩负着把握舆论的作用，所以他可能会从上而下地去引导一些正面的信息，所以在事件的负面影响上肯定就会有一定的沉默。而越到基层可能就越注重实际操作的东西，所以可能就会实际一些（男，中层，国有企业，10）			

---

① 权力距离一般作为一种文化情境因素，应用于跨文化研究；领导个人权力距离导向一般作为个体的价值观因素。

续表

领导个人因素			
三级编码	领导职位层级		
二级编码	基层、中层、高层		
一级编码（频次）	层级不同，扮演角色不同，承担责任不同（10）		
访谈片段	等级越高的领导管的人越多，他可以选择的人越多，最终是要选择一个眼神就能够明白他的想法，或者说能替他把事办好的人，即通过简单的表达就能懂他的意思的人。他也不想说太多，让人抓住他的把柄，这样风险就越大，所以说这种情况下，你能理解我的意思，我就开心，你领会不了我的意思，我就不找你了（女，中层，国有企业，23） 管理是有层级的，因为本来就有管理层级的这种信息不对称，还有权责不一致，会影响沉默的发生（男，基层，国有企业，33） 处于高层的领导跟处于中层、基层的领导是有差异的，他们掌握的资源、看问题的角度还有他们说出来的话，影响都是不同的。这个也会影响沉默，而且会有很大程度的影响（男，高层，民营企业，3）		
三级编码	领导个人经验		
二级编码	过往经验		不断学习
一级编码（频次）	工作时间（5）　情境判断（3）		成熟度（6）　自身修行（5）
访谈片段	就是工作了那么多年，一直到现在这个位置，经历了各种各样的事情，久而久之就会形成一种直觉，知道什么事该说什么事不该说，也知道什么时候对着什么人可以说，对着什么人不可以说（男，中层，民营企业，56）【工作时间】 与做领导的时间有关，做领导时间久了，可能有些东西不愿意说得比较直白（男，基层，国有企业，39）【工作时间】 （影响沉默的）最关键因素是个人的实践和在工作中、在与人接触中逐渐积累起来的经验，然后结合所在的情境进行判断（男，高层，民营企业，48）【情境判断】 主要影响是自己对环境、情景的一个判断，就是沉默或者不沉默的代价是怎样的。这种判断跟自己的工作经验有关，或者与接触的某类书籍、阅读面有关（男，中层，国有企业，4）【情境判断】 领导的经验及领导的成熟度很重要，成熟的领导会很好地运用沉默；领导水平高的领导，会旁敲侧击，不用说出来也能掌握信息或者控制下属（男，高层，国有企业，11）【成熟度】 我觉得沉默是一种领导艺术，高层次的领导应该有这种能力，拿捏好说话的分寸。我的很多前辈就在这方面很有经验，知道什么时候该用沉默，怎样利用沉默去化解问题。我也向这个方向努力（女，高层，民营企业，50）【成熟度】 有些领导自己经历了很多，已经有很高的领导修行，这时候就可以用这样的方式，原则性、实质性的问题不说，只讲无关紧要的话，我认为这是高层次的领导沉默（男，高层，国有企业，1）【自身修行】 向一些前辈或者比较成功的上级领导学习，加强自身修行（男，中层，国有企业，12）【自身修行】		
组织因素			
三级编码	组织氛围		
二级编码	组织内部气氛		组织追求
一级编码（频次）	沉默气氛（4）　中庸气氛（3）　竞争气氛（3）		和谐追求（4）　公平追求（3）
访谈片段	领导本身就在一个沉默的企业里，他的上级都沉默，可能他就沉默了（男，中层，国有企业，9）【沉默气氛】		

续表

组织因素				
三级编码	组织氛围			
二级编码	组织内部气氛		组织追求	
一级编码（频次）	沉默气氛（4）	中庸气氛（3）	竞争气氛（3）	和谐追求（4）	公平追求（3）
访谈片段	譬如说这是一个激进的组织还是一个中庸的组织，也会对此产生影响。如果组织的生态环境本身比较中庸，那么很多时候领导就更趋向于沉默（男，高层，国有企业，3）【中庸气氛】 我们这种企业竞争性就不强，因为是央企，相对比较稳定，在员工压力不大的情况下，我多一事不如少一事。然后就不会（说）（女，中层，国有企业，23）【竞争氛围】防御型领导沉默 我们这个外资企业很追求业绩，业绩要求很高。竞争压力很大，有什么都坦诚地说出来（男，中层，外资企业，24）【竞争氛围】 我们的企业是追求和谐的，追求平衡的，所以在与员工的接触当中，我会尽可能地维持与下级的关系，在一些不是涉及很大影响的事件上，说的话可能会有那么一种选择，尽量说些好的方面，避免谈及负面的、不好的事情（男，高层，国有企业，11）【和谐追求】亲社会型领导沉默 像我刚才说的，我们企业这种现象不是很普遍，因为我们企业文化倡导"公平"和"公正"，要求员工和管理者尽可能透明地展开工作，虽然没有说不允许有话不明说，但不提倡。就是说，我们企业文化提倡有事能够尽量沟通好。我认为企业文化中的沟通文化非常关键（男，高层，民营企业，15）【公平追求】				

	上下级关系①			
三级编码	上下级关系①			
二级编码	情感连结		对领导的顺从		生活融入
一级编码（频次）	知根知底（4）	了解程度（3）	忠诚（4）	信任（4）	私下来往（6）
访谈片段	如果和下级关系特别好，那选择沉默可能没什么意义（男，中层，国有企业，20）【知根知底】 我们对下面的员工有两种方式，一种是我们一直培养起来的，我们比较严格，他有什么错误，我们会直截了当地指出来，他也会比较习惯我们的批评。另一种就是有的员工不是我们一直培养起来的，或者中途招进来的，像这种我们有时候不好太直接指出，就会沉默（男，中层，民营企业，41）【知根知底】 例如，事情很小，我们也比较了解这个下属的做事方式，可能大家之间相对来说比较熟悉，那我可以直接就把它否决掉，直接给他指令。还有一种下属，可能我们不是很了解，他提的东西是跟我相反的，或者不是一致的，这种时候就肯定沉默，那就让他讲，目的是在他讲的过程中把他的思路调整过去，调整得跟我一致（男，中层，外资企业，31）【了解程度】 我希望下面的人跟我是一条心的，我们的想法都是接近的，这样我们合作起来就会比较愉快，而且成功率也会比较高（女，中层，国有企业，23）【忠诚】防御型领导沉默 还有这个就是看下属，看这个下属是否值得信赖（女，高层，民营企业，17）【信任】 如果合适的下属，我可能会跟他多说两句，即便他知道我的真实想法。如果在我觉得这个下属并没有把握信得过的情况下，我就不会让他知道我自己的这个想法（女，中层，国有企业，23）【信任】 关系近一些会不一样，如有的员工逢年过节时候一下，或者从家里带点特产，其实不值钱，但心里感觉比较温暖，比较尊重我。有时对待可沉默可不沉默的问题上，就不沉默。有些员工技术能力比较强，认为不需要捧着领导。那你不理我，我也不理你（男，高层，民营企业，15）【私下来往】 公司内部一些人跟领导的关系比较好，走得比较近，不管是工作原因还是比较能说得来，比较近，他肯定会跟你说得比较直白；有一些可能跟领导关系比较一般，或者平时跟领导不太接触的，这种情况下他肯定说话就比较注意，比较谨慎（男，基层，国有企业，39）【私下来往】				

---

① 该维度的编码参考了 Chen 等（2009）提出的上下级关系的多维结构定义：A. 情感依恋，是指主管与下属双方的情感联结、理解和一方在任何情况下都愿意关心另一方；B. 生活融入，是指主管和下属对彼此私人生活或家人生活的融入程度；C. 对主管的顺从，是指下属对主管的顺从和献身程度。这三个子维度各有条目，共12个条目。

续表

下属因素			
三级编码	下属的能力		
二级编码	工作能力	悟性	
一级编码（频次）	无需指导，可以自行承担工作（8）	揣摩上意（5）　｜　自我反省（3）	领悟能力（8）
访谈片段	下属有足够的能力做事。下属如果有能力，领导很多时候不需要明言。沉默可能会导致员工不知所措，这涉及员工的素质或者说悟性的高低（男，高层，国有企业，1）【无需指导，可以自行承担工作】 　　我要这样做，事先肯定是对这个员工有一定了解的，知道他应该具备这个能力。我对那些刚出社会的、没什么经验的年轻人会说得多一些，在安排任务工作时，可能会教他们一些方法，让他们知道怎么做；对一些已经有经验的员工，我就经常沉默，因为我觉得他们到这个层次，很多时候是可以自己决定一些事情的，可能我需要做的就是他们做好了方案，提些意见或者最后拍板，很少说再像对年轻人那样什么都仔细去教（男，中层，国有企业，10）【无需指导，可以自行承担工作】 　　可能这个人本身做事就有一套，有的时候直接给他一个方向就行，不用讲太多。有的时候这个人可能需要告诉他多一点（男，高层，国有企业，16）【揣摩上意】 　　我认为员工自己是有悟性的，很多事情即便上司不说，他也能够自己领悟。因为员工是有悟性的，所以他自己能从中领会到自己在哪些地方做得不对、做得不够好或者领导不满意，然后他自己去改正，下次就有经验了，不会再犯（男，中层，外资企业，51）【揣摩上意】 　　我有自己的看法和意见却没有明确地说出来，是希望某些事情能够由他们低调或灵活处理，而不是单纯的授权与执行（男，高层，外资企业，42）【揣摩上意】 　　有些信息是不方便说出来的，需要下属自己去揣摩（男，高层，其他，58）【揣摩上意】 　　即使员工有表现不好的地方，如果员工意识到的话肯定也会有愧疚的心情，在这种情况下我就不会直接去批评他（女，中层，外资企业，8）【自我反省】 　　领导不会说话说得太多。如果下属领会不了他（她）的意图，那么你很快就不在他（她）的团队里面（女，中层，国有企业，23）【领悟能力】 　　例如，领导说了一半的话，我就应该清楚他的想法或者意图。否则，领导是不会喜欢用你的。因为我要说很清楚，你才懂得怎么去查，那首先来说你是个很笨的下属（女，中层，国有企业，23）【领悟能力】 　　有时候领导会直接让员工去执行一些东西，要员工自行去领会意图。领会不到，你也别问（男，高层，民营企业，3）【领悟能力】 　　你现在跟他讲，他不明白、领悟不到的就保持沉默（男，高层，外资企业，25）【领悟能力】 　　我认为有些事情领导是不能说出来的，只能靠着下属自己去领悟（女，高层，民营企业，44）【领悟能力】
三级编码	下属的态度		
二级编码	积极性		主动性
一级编码（频次）	努力工作（3）	发挥能动性（3）	抓住机会采取行动（3）
访谈片段	我对这些员工自然有我的了解，我对他们的能力和主动性都是很有信心的，所以我才不在这件事的安排上说太多，而是由他们自己来提出解决办法，既是考验，也是锻炼（女，高层，外资企业，5）【抓住机会采取行动】考验型领导沉默/亲社会型领导沉默 　　对本身很努力、很积极工作的员工，我们也不想讲太多（男，中层，民营企业，41）【努力工作】亲社会型领导沉默 　　好的员工是应该有积极性的，我有自己的看法和意见却没有明确地说出来，是希望他们自己去揣摩，以考验下级的立场与判断（男，高层，外资企业，42）【发挥能动性】考验型领导沉默

续表

下属因素			
三级编码	下属的个性特征		
二级编码	承受能力		性格
一级编码（频次）	忍耐力（4）	素质（3）	敏感（3）	有心计（4）
访谈片段	我们在这个时候常常需要考虑到一个员工的忍耐能力。不说或者保持沉默就是为了要通过一个过渡期，让大家有充分准备了，才找适当的时间来说（男，高层，国有企业，2）【忍耐力】亲社会型领导沉默　　80后、90后只是泛指，可能有的人是很有自己主意的，这个时候，就算不沉默直接指派任务给他，他可能都不会觉得很高兴，会觉得你限制了他的发展（男，高层，民营企业，27）【忍耐力】亲社会型领导沉默　　对一些素质比较高的员工，我一般会沉默。我相信他们有这个能力领会我的意思，也有能力自己去完成任务；对一些比较笨的员工，我就不太会沉默，因为一沉默，他反而会不知所措，出差错的可能性也越大（男，高层，民营企业，48）【素质】亲社会型领导沉默　　因为我现在的这个厂是个制造业的小厂而已，一般来说员工的素质都不算高，如果要让他们去猜我，我估计他们会不知所措（男，高层，民营企业，53）【素质】亲社会型领导沉默　　如果是针对平时的沟通，当然有自己的喜好，如果这个员工，什么事情都比较敏感，那我就尽量要避免这些敏感信息，怕他有影响（男，中层，外资企业，24）【敏感】亲社会型领导沉默　　如果下属是比较大度的，或者无所谓的那种，可能领导批评他或者说一些事也不会对他有影响；如果下属是比较敏感的，会计较在意他人的评价，这时候说他就不好。另外，还要看这个下属是不是很坦诚的那种人，如果这个人本身有心计或者喜欢搬弄是非，领导沉默也会多（男，中层，外资企业，47）【敏感】【有心计】防御型领导沉默/亲社会型领导沉默			

四、访谈结果分析

（一）领导沉默的普遍性

55位被访者均认为日常工作中存在领导沉默的现象，表示经常沉默的有15人，占27.27%；偶尔表现出沉默的有26人，占47.27%；很少出现沉默行为的有11人，占20.00%。另外有3位没有明确表示，整体来说，领导沉默普遍存在于各组织中。

（二）影响领导沉默的因素

1. 领导沉默的影响因素

访谈数据显示，领导沉默的影响因素共有四大类，分别为社会文化因素、领导个人因素、组织因素和下属因素。

1）社会文化因素包括高语境文化、中庸思维、人情面子、权威取向和区域文化五方面。前四个变量在本章都有综述，这里不再赘述。在访谈中，笔者发现区域文化对领导沉默存在影响。被访者虽然大多数是沿海地区企业的领导，由于很多被访者所在组织的子公司或分公司遍布内陆与东南沿海，被访者往往是以东南沿海与内陆作为对比，笔者在整理访谈资料时也沿袭了这一说法。具体编码情况如图 3-1 所示。

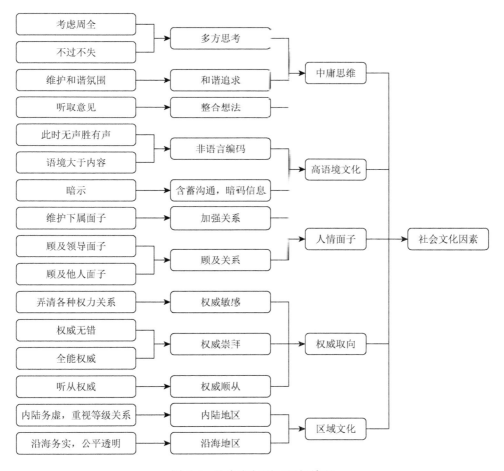

图 3-1　社会文化因素三级编码

区域文化是指区域成员通过开展实践活动而创造出来的物质财富和和精神财富的总和（双传学，2006）。由于自然地理环境、历史传承、宗教信仰、多样性的方言和经济发展不平衡等，中国的区域文化差异很大（赵向阳等，2015）。不同文化背景中的人们在观念、态度、行为上也存在一定的差异。

社会文化因素的小结如下。

在高语境文化情境下，组织中的领导在对下级的沟通中，普遍表现出不明言、"模糊表达"、暗示等行为现象，访谈资料显示，其对领导沉默五个维度均有显著的正向影响。

具有中庸思维的领导在面对问题时倾向于多方考虑，其最重要的一个表现就是慎言，慎言的领导一方面会表现出亲社会型领导沉默，另一方面也表现出防御型和考验型领导沉默。

在人情面子、他人取向和关系取向的文化影响下，领导的慎言既表现为亲社会型领导沉默，也有考验型、防御型、威风型及权谋型领导沉默。在具有权威取向的组织，领导的言语具有巨大的影响力，由于领导担心自己的言语被误读、曲解和被利用，其慎言行为也越发普遍；不仅如此，领导一旦发言，员工就不敢轻易表达或者坚持自己的看法。

被访者普遍认为，在东南沿海地区，领导更务实，更强调竞争、公平和透明对等的文化，领导在企业中更注重和下属的直接语言沟通；而内陆组织更偏向务虚，更强调"人情面子"、"差序文化"和"一把手文化"，领导需要顾忌的问题更多，更喜欢隐晦表达。

2）领导个人因素主要包括领导性格、领导个人权力距离导向、领导职位层级、领导个人经验四方面。性格是影响领导风格的重要因素，也是研究的热点。笔者在领导风格影响因素的研究回顾中多有提及。

影响领导沉默的性格因素主要有谨慎和猜疑心，谨慎是指对外界事物或自己言行的密切注意，以免产生不利影响或不幸的后果。既有积极的一面，也有消极的一面。

领导个人权力距离导向，主要内容包括强调权力差距、下属无能论两个方面。其中，前者又有拉开距离、维护自身权威两个方面的内容，后者主要包括保持信息不对称。

关于高领导个人权力距离导向的概念及研究状况在本章访谈部分已有论述，这里不再重复。高领导个人权力距离导向可能会使领导保持与下属的距离，倾向于减少与下属的沟通，或者不表达自己的看法。

领导职位层级，主要分为基层、中层、高层。不同层级的领导在心理状态和工作需求等方面存在较大差异，这种差异使得不同层级的领导存在不同的领导行为（姜昭，2011）。Song 等（2014）从首席执行官（chief executive officer，CEO）、高层、中层三个管理层级探讨中国企业首席执行官领导行为与高层经理支持对中层经理的工作绩效的多层次交互影响作用。管理层级差异对领导行为影响的研究成果不多。

职位层级与经验有关，但不是绝对相关。有些领导的经验丰富，但是职位层级不高，有些职位层级很高，但其经验未必高于低层级的领导。一般情况下，可以做出正确的归因、具有良好的反省能力、经历丰富的领导，其晋升的可能性越高。从这个意义上说，经验又与职位层级相关。但是，不管是在现实中，还是在学术研究中，笔者都发现能力从来不是晋升的唯一标准，甚至不是重要的标准，而机会和领导的人际关系能力才是决定一个人晋升与否的关键。因此，笔者将经验与管理层级区分开来。

领导个人经验主要分为"直接经验"与"间接经验"。直接经验和其从事管理工作的时间及所经历的事件有关。一般而言，从事管理工作的时间越长，其得到的历练越多；同时，在管理工作中经历越丰富，经历过的事件越多、越复杂，其经验就越丰富。

间接经验与领导的学习能力有关，也与其自身修行有关。学习分为两类，一是从书本上的学习，二是从自身的经验中学习。学习能力强的人不仅从直接经验得到锻炼提升，而且具有很强的提炼归纳能力，能够做出正确的归因；同时具有内省智慧，善于在不断的反省中锻炼成长。因此，领导的经验不仅仅取决于领导的工作年限与经历的事件，而且与其学习能力有关。

具体编码情况如图 3-2 所示。

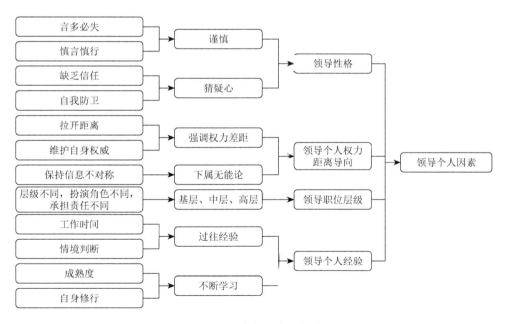

图 3-2　领导个人因素三级编码

3）组织因素主要有上下级关系和组织氛围两方面。上下级关系主要由对领导顺从和生活融入两个方面构成。对领导顺从又包括忠诚与信任两个方面的内容。生活融入主要由私下来往构成。

在我国情境下，上下级关系不同于西方的领导-成员交换理论所研究的关系，在 LMX 关系中，领导也会与下属建立不同质量的交换关系，从而采取差异化的管理方式和策略（Dansereau et al.，1975；Liden et al.，1997）。但是领导-成员交换反映的是工作角色内由工作互动发展而来的公平交换关系，严格限定于工作场合，只涉及与工作相关的交换，强调"公平匹配"，即下级的贡献（绩效）与领导回报之间的公平交换。

而上下级关系是指领导与下级之间较为私人的关系，包含工作之外的私人交往、情感互动与责任认知（Chen et al.，2009），同时涉及工作之外的活动，甚至与工作无关的活动，主要通过社会互动，如私下拜访、私人聚餐、礼物馈赠等方式发展而来，遵从人情法则（Law et al.，2000），彼此基于特殊连带或情感连带而形成较强的个人义务，此种关系主要通过与工作无关的社会互动发展而来，却会影响工作中的互动（郑伯壎，1995，1999）。

华人组织中的上下级"关系"对员工的亲组织行为（李宗波和陈红，2015）、员工沉默行为（李锐，2011）及员工绩效（桂兰和付博，2016）都产生了显著的影响。

华人组织中的领导可能会根据与下属关系的亲疏而对下属采取差别对待（郑伯壎，1999），杨国枢（2008）指出，"中国人在社交互动中是根据对方与自己的关系来决定如何对待对方及其他相关事项"。在互动与沟通方面，领导较喜欢与关系亲近的下级接触，分配资源时，对方与自己的关系属性常常是考虑如何分配的依据（郑伯壎，1995）。

而在双方的情感表现上，对关系亲近的下级，上下级之间不但具有亲密的感情，而且相互信赖、互具吸引力；而对关系疏远的下级，上下级之间的关系纯粹是因工作或契约而来，并无亲密的感情（Tsui and O'Reilly，1989；郑伯壎，1995；姜定宇和郑伯壎，2014）。

领导沉默与否往往考虑到员工和自己的关系，而这个关系主要是指领导与员工个人之间除工作之外的私人交往关系。在中国社会中，领导往往按照能力、忠诚和关系将员工分类，并对不同类型的员工采取不同的管理方式。如果员工与上级关系好，那么就会得到特殊的对待，领导对员工的批评和建议就会比较多，沉默就会比较少，反之，则沉默较多。

组织氛围。包括组织内部气氛和组织追求两个方面。其中，组织内部气氛主要包括沉默气氛、中庸气氛、竞争气氛三方面的内容。组织追求包括和谐追求和公平追求。

Campbell 和 Akers（1970）综合学界关于组织氛围的研究成果，认为已有的研究都包括四个核心维度，即个体的自主性；个体被赋予职位的结构程度；组织奖励指向；同事间的体谅、关怀和支持。

陈维政和李金平（2005）则认为已有的组织氛围研究可以归纳为12种维度，即人际关系与沟通；工作独立自主和挑战；组织科层性；领导与支持；决策参与；组织的物质资源；社会情绪支持；激励与报酬；成员个性与能力；创新；组织认同；顾客服务。

关于组织氛围维度的划分尚未达成一致的意见。大多数研究都从某一特定的组织氛围感知（公平、建言、人际等）进行研究。但不难看出，组织氛围在维度划分上主要是按照工作氛围（工作独立自主和挑战、组织科层性、决策参与、组织的物质资源、社会情绪支持、激励与报酬、创新、组织认同）、人际氛围（人际关系与沟通、领导与支持、成员个性与能力）及外部氛围（顾客服务）三大标准进行的，这三大标准之下又包含了具体的维度。

关于组织氛围对领导风格影响的研究成果非常多。其实，组织氛围同样影响领导沉默。就访谈资料看，组织氛围对基层领导的影响最大，并随着职位层级的升高而逐渐降低。组织因素三级编码如图3-3所示。

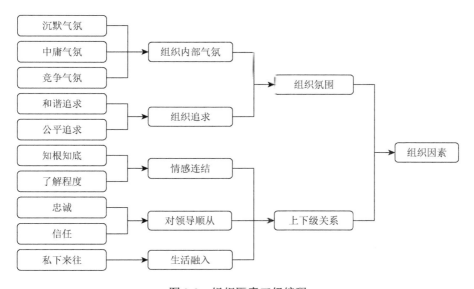

图3-3　组织因素三级编码

4）下属因素。领导沉默与否往往视下属的个人因素而定。下属的特征主要包括下属的能力、下属的态度、下属的个性特征三方面。下属的能力主要包括下属的工作能力和悟性两方面的内容。其中，工作能力主要是指下属无需指导，可以自行承担工作的能力。悟性主要包括揣摩上意、自我反省和领悟能力三方面的内容。

　　下属的态度主要包括下属的积极性、主动性两方面的内容。下属的个性特征主要包括承受能力、性格两方面的内容。下属因素是影响领导风格的非常重要的因素。

　　有关领导风格与员工行为的研究文献显示，领导风格在很大程度上对员工行为产生影响，但是员工行为也会反作用于领导风格，下属的绩效或能力、向上影响的行为会影响领导与下属建立关系的质量（Liden et al.，1997；Maslyn and Uhlbien，2001），以及这种关系质量反过来会影响员工的态度与行为（Eisenberger et al.，2010；Walumbwa et al.，2011）。

　　领导沉默与否往往也要视下属的个人因素而定。能力既包括工作能力，也包括下属的悟性。一个比较意思的现象是，笔者在领导沉默结果变量的研究中也同样发现了员工悟性。在现实中，员工悟性既有可能是领导沉默的影响因素，也有可能是领导沉默的结果变量（关于员工悟性的探讨详见第四章第二节）。"因材施教"是领导有效管理下属的方式，不过，视下属的情况而定的领导沉默既有考虑下属的能力、态度和接受程度及性格的亲社会型领导沉默，也有对那些令领导不满的下属进行警戒和惩罚的威风型领导沉默。下属因素三级编码如图 3-4 所示。

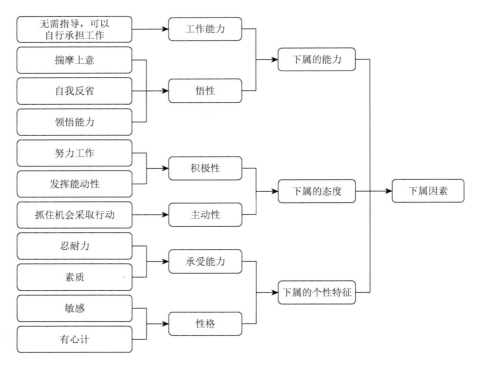

图 3-4　下属因素三级编码

2. 控制变量对领导沉默的影响

领导所处的层级不同，其沉默的频率也不同。领导沉默的频率呈现从高层到基层逐渐递减的现象（表 3-6）。高层领导出现沉默的概率高于中层领导，部分中层领导表示很少出现沉默行为，基层领导不会经常采取沉默行为。

表 3-6　领导沉默的职位层级差异统计

项目	高层领导		中层领导		基层领导	
	频数	百分比/%	频数	百分比/%	频数	百分比/%
总人数	21	100.0	24	100.0	10	100.0
经常	9	42.86	6	25.00	0	0.00
一般	11	52.38	8	33.33	7	70.00
很少	1	4.76	7	29.17	3	30.00
没有明确表示	0	0.00	3	12.50	0	0.00

编码数据显示不同层级领导沉默的影响因素基本相同，但是影响程度有异，详见表 3-7。

表 3-7　领导沉默影响因素（依据层级差异分类）

影响因素		高层领导（21）			中层领导（24）			基层领导（10）		
		频数	百分比/%	总百分比	频数	百分比/%	总百分比	频数	百分比/%	总百分比
社会文化因素	中庸思维	11	52.38	71.43%（15）	18	75.00	79.17%（19）	6	60.00	60.00%（6）
	高语境文化	9	42.86		3	12.50		0	0.00	
	人情面子	3	14.29		5	20.83		1	10.00	
	权威取向	4	19.05		4	16.67		2	20.00	
	区域文化	1	4.76		2	8.33		2	20.00	
领导个人因素	领导性格	7	33.33	76.19%（16）	8	33.33	83.33%（20）	2	20.00	40.00%（4）
	领导个人权力距离导向	9	42.86		6	25.00		0	0.00	
	领导职位层级	4	19.05		4	16.67		2	20.00	
	领导个人经验	9	42.86		10	41.67		0	0.00	
组织因素	上下级关系	4	19.05	28.57%（6）	9	37.50	41.67%（10）	4	40.00	50.00%（5）
	组织氛围	3	14.29		5	20.83		2	20.00	

续表

影响因素		高层领导（21）			中层领导（24）			基层领导（10）		
		频数	百分比/%	总百分比	频数	百分比/%	总百分比	频数	百分比/%	总百分比
下属因素	下属的能力	12	57.14	71.43%（15）	8	33.33	45.83%（11）	1	10.00	10.00%（1）
	下属的态度	4	19.05		3	12.50		0	0.00	
	下属的个性特征	6	28.57		2	8.33		0	0.00	

注：括号内数据为对应人数

虽然社会文化对不同层级领导的沉默行为均有影响。但比较而言，中层领导受社会文化因素的影响最大，中庸思维对中层领导的影响更是高达 75.00%。

相比于高层、中层领导，基层领导的沉默行为受领导个人因素的影响程度较低。这可能与基层领导的地位和角色有关，基层领导与普通员工的距离太近，其工作更多是执行和服从。很多被访者谈到，刚开始做领导时，事无巨细都要反复交代清楚，生怕遗漏什么问题。等工作完全熟悉后，也积累了相应的经验，沉默的行为就慢慢出现。

组织因素对领导沉默的影响。相比于高层、中层领导，上下级关系对基层领导的影响更大。与中层、基层领导相比，组织氛围对高层领导的影响较小。有高层领导表示，不管组织提倡什么，还是会按照自己的偏好来决定是否采取沉默行为。

下属因素对领导沉默的影响。职位越高，可供其选择的下属数量越多，其沉默的可能性也就越高。领导当然喜欢那些不需要自己明言就能领悟其意图的下属，对那些"不合上意"的下属，领导要么用沉默以示批评，要么懒得多费口舌，将其"冷冻"起来，不予重用。另外，高层领导的沉默行为较多，给下属以发挥的空间，或者给下属留面子，也有积极的一面。当然，这只是访谈数据情况，具体究竟是哪些影响因素最终影响领导沉默的哪些维度，影响的程度怎样，这要依靠后续进一步的量化研究。

第三节　领导沉默影响因素的问卷数据研究

一、变量选择与研究假设

通过访谈和编码对领导沉默的影响因素有了深刻的了解和认识，在此基础上，笔者编制结构化问卷，以进一步研究领导沉默影响因素。鉴于领导沉默影响因素太多，故而只抽取了访谈中提及率最高、对领导沉默影响也最大的三个因素，分别为中庸思维、上下级关系及领导个人权力距离导向进行问卷调查。

在本章的第一部分，本书回顾了有关中庸思维、上下级关系及领导个人权力距离导向的定义与相关研究，这里不再重复。访谈数据显示，中庸思维、上下级关系、领导人个权力距离导向对领导沉默有着较为显著的影响。故基于文献回顾和访谈编码情况，本书提出如下研究假设。

H3-1a：中庸思维显著影响领导沉默。

H3-1b：上下级关系显著影响领导沉默。

H3-1c：领导个人权力距离导向显著影响领导沉默。

H3-2a：中庸思维对领导沉默各维度的影响作用不同。

H3-2b：上下级关系对领导沉默各维度的影响作用不同。

H3-2c：领导个人权力距离导向对领导沉默各维度的影响作用不同。

二、测量量表的选择与调整

领导沉默影响因素量表的编制。笔者反复阅读访谈资料，以便充分了解被访谈者的意图，随后根据相应原则和方法对中庸思维、上下级关系及领导个人权力距离导向进行项目提取。

首先，将访谈资料中所有与中庸思维、上下级关系及领导个人权力距离导向有关的项目分别提取出来，把条目编入项目库 A_4。其次，还邀请另外三位组织行为学学者分别根据相同的访谈记录和标准进行提取，把符合要求的条目编入项目库 B_4。最后，对比和讨论两个项目库的差异，合并、补充及删除项目，将最后项目编入项目库 C_4，即为本次访谈的领导沉默影响因素项目库。笔者与三位组织行为学学者根据项目库 C_4 选取已有的成熟的量表，按照人们日常的口语使用规则和习惯对量表的表述进行修改和调整。

（一）领导个人权力距离导向

关于领导个人权力距离导向问卷，笔者主要采用 Dorfman 和 Howell（1988）开发的成熟问卷，该问卷一共有 6 个题项，具有较好的信度效度，问卷包括"领导做决策时不需要征询下属的意见"；"对待下属时，领导常常有必要使用权威和权力"；"领导应较少征求下属的看法""领导应当避免与下属有工作之外的交往"；"下属不应该不同意管理层作出的决策"；"领导不应该安排重要的任务给下属"。笔者按照人们日常用语习惯和编码数据对量表进行调整，增加了"对领导的教诲，下属应静静聆听"。具体量表详见表 3-8。

表 3-8　领导个人权力距离导向量表

请基于自身的经历,对下列表述的认可程度打分	非常不同意	不同意	不确定	同意	非常同意
1. 公司内的主要决策应由领导决定,不需要与下属商议	1	2	3	4	5
2. 与下属打交道时,领导需要经常运用他的职权	1	2	3	4	5
3. 领导应尽量少征询下属的意见	1	2	3	4	5
4. 领导应与下属保持距离,在工作之外少与下属接触	1	2	3	4	5
5. 下属不应该对领导所做的决定表示异议	1	2	3	4	5
6. 领导不应将重要的任务委托给下属	1	2	3	4	5
7. 对领导的教诲,下属应静静聆听	1	2	3	4	5

（二）上下级关系

关于上下级关系主要参考 Law 等（2000）开发的上下级关系量表,该量表具有较好的信度与效度,包括以下 6 个题项:"在假期或下班后,我会打电话给我的直线上司或拜访他/她";"我的直线上司会邀请我到他/她家吃午餐或晚餐";"在某些特殊的时候,如我的直线上司的生日,我一定会拜访他/她,并送礼物给他/她";"我总是主动地与我的直线上司分享我的观点、问题、需要和感受";"我关心并且能较好地理解我的直线上司的家庭和工作状况";"当存在观点冲突的时候,我一定会支持我直线上司的观点"。笔者根据编码资料和人们的日常用语习惯调整上述问卷,并编制了新的问题,形成了具有 8 个题项的测量量表,详见表 3-9。

表 3-9　上下级关系量表

请基于您对下属的认知,对下列表述的认可程度打分	非常不同意	不同意	不确定	同意	非常同意
1. 在工作过程中,我与下属彼此相互信任	1	2	3	4	5
2. 存在分歧时,下属会支持我的观点	1	2	3	4	5
3. 我与下属互相了解对方的工作方式	1	2	3	4	5
4. 与下属交流时,我觉得非常轻松愉悦	1	2	3	4	5
5. 我会运用职权,帮助下属解决工作上的重大难题	1	2	3	4	5
6. 我会牺牲自己的利益,帮助下属摆脱工作上的困境	1	2	3	4	5
7. 我和下属在工作上的关系相当良好	1	2	3	4	5
8. 工作之外,我与下属经常接触	1	2	3	4	5

（三）中庸思维

关于中庸思维，本书参照吴佳辉和林以正（2005）编制的中庸思维问卷。该问卷一共 15 个题项，结合编码资料选取 6 个题项："意见讨论时，我会兼顾相互争执的意见"；"做决定时，我会考量各种可能的状况"；"我会在他人的意见后，调整我原来的想法""我会试着在自己与他人的意见中，找到一个平衡点"；"我通常会以委婉的方式表达具有冲突的意见"；"做决定时，我通常会为了顾及整体的和谐，而调整自己的表达方式"，形成以下量表，详见表 3-10。

表 3-10 中庸思维量表

请基于个人观点，对下列表述的认可程度打分	非常不同意	不同意	不确定	同意	非常同意
1. 在意见表达时，我会听取所有人的意见	1	2	3	4	5
2. 做决定时，我会考虑各种可能的状况	1	2	3	4	5
3. 我会试着将他人的意见融入自己的想法中	1	2	3	4	5
4. 我会试着在自己与他人的意见中，找到一个平衡点	1	2	3	4	5
5. 我通常会以委婉的方式表达具有冲突的意见	1	2	3	4	5
6. 做决定时，我通常会为了顾及整体的和谐，而调整自己的表达方式	1	2	3	4	5

三、预测试

形成上述问卷后，笔者请 6 位企业界人士帮忙审核问卷，根据其意见修订问卷。并进行预测试，回收了 90 份有效的问卷。

运用 SPSS 19.0 软件对样本数据进行分析，结果显示，Cronbach's α 系数为 0.742，大于 0.7，证明该总量表具有较好的内部一致性，其中，领导个人权力距离导向量表的 Cronbach's α 系数为 0.753，上下级关系量表的 Cronbach's α 系数为 0.698，中庸思维量表的 Cronbach's α 系数为 0.573。

探索性因子分析。KMO 值为 0.677，Bartlet's 球形度检验的显著性水平 Sig. = 0.000，说明适合进行因子分析。虽然取样适当性 KMO 的度量略小于 0.7，但仍可接受，笔者判断可能是样本量太少而导致的。

据此认为，领导沉默影响因素的量表能够较好地反映所要测量的内容，适合作为正式研究的测试工具，可以大规模地发放。

四、数据的收集与分析

鉴于只有组织中的管理者最了解其本身的沉默行为到底受什么因素的影响，因此，此次只向企业管理者发放问卷。笔者在中山大学管理学院的高级管理人员工商管理硕士、工商管理硕士和高级经理人发展课程学员共发放 550 份问卷，回收 450 份，回收率为 81.82%，回收情况良好。回收后根据以下两个标准剔除无效问卷：一是问卷没有完整填写的，二是问卷出现大量相同答案或明显随意回答的。剩余有效问卷 410 份，有效问卷率为 74.55%。

五、样本数据的分析

（一）样本的描述性统计分析

性别方面，男性 277 人，占 67.56%，女性 133 人，占 32.44%。

年龄方面，25 岁以下的 10 名，占 2.44%；25～30 岁的 92 名，占 22.44%；31～35 岁的 122 名，占 29.76%；36～40 岁的 67 名，占 16.34%；41～45 岁的 70 名，占 17.07%；46～50 岁的 31 名，占 7.56%；50 岁以上的 18 名，占 4.39%。整体来说,85.61%的样本年龄在 25～45 岁,年龄在 45 岁以上的占比仅为 11.95%。一般需要一定的工作资历才能晋升至管理职位，因此，25 岁以下的领导占比较少。高级管理人员工商管理硕士、工商管理硕士群体很少有 50 岁以上的领导入读，这是 50 岁以上领导样本相对较少的原因。

学历方面，本科/大专占 54.63%，硕士占 34.15%，高中/中专占 7.07%，博士占 4.15%。就管理层级而言，中层领导略多于基层领导和高层领导。

工龄方面，除 3 年以下样本较少外，其他样本分布均匀。

组织性质方面,国有企业及民营企业所占比例较大,分别为 35.12%和 51.95%。各组织发展阶段的样本分布较为均匀。成长阶段和成熟阶段的企业所占的比例较大，分别为 36.34%和 36.83%。行业竞争度均在中等及以上（问卷有此内容，但表 3-11 未涉及）。领导样本的描述性统计详见表 3-11。

表 3-11　领导样本的描述性统计（$N = 410$）

控制变量	题项	频数	百分比/%	累计百分比/%
性别	男	277	67.56	67.56
	女	133	32.44	100.00
年龄	25 岁以下	10	2.44	2.44
	25～30 岁	92	22.44	24.88

续表

控制变量	题项	频数	百分比/%	累计百分比/%
年龄	31～35 岁	122	29.76	54.64
	36～40 岁	67	16.34	70.98
	41～45 岁	70	17.07	88.05
	46～50 岁	31	7.56	95.61
	50 岁以上	18	4.39	100.00
学历	高中/中专	29	7.07	7.07
	本科/大专	224	54.63	61.70
	硕士	140	34.15	95.85
	博士	17	4.15	100.00
工龄	3 年以下	15	3.66	3.66
	3～5 年	54	13.17	16.83
	6～10 年	108	26.34	43.17
	11～15 年	103	25.12	68.29
	16～20 年	46	11.22	79.51
	20 年以上	84	20.49	100.00
现组织工龄	3 年以下	90	21.95	21.95
	3～5 年	92	22.44	44.39
	6～10 年	102	24.88	69.27
	11～15 年	50	12.20	81.47
	16～20 年	24	5.85	87.32
	20 年以上	52	12.68	100.00
职务	基层领导	129	31.46	31.46
	中层领导	160	39.03	70.49
	高层领导	121	29.51	100.00
从事管理岗位时间	3 年以下	122	29.76	29.76
	3～5 年	109	26.58	56.34
	6～10 年	102	24.88	81.22
	11～15 年	48	11.71	92.93
	16～20 年	11	2.68	95.61
	20 年以上	18	4.39	100.00

控制变量	题项	频数	百分比/%	累计百分比/%
部门规模	5 人以下	85	20.73	20.73
	5~10 人	130	31.71	52.44
	11~20 人	71	17.32	69.76
	20 人以上	124	30.24	100.00
组织规模	1~49 人	44	10.73	10.73
	50~99 人	58	14.15	24.88
	100~200 人	70	17.07	41.95
	201~500 人	81	19.76	61.71
	501~1000 人	41	10.00	71.71
	1000 人以上	116	28.29	100.00
组织性质	民营企业	213	51.95	51.95
	国有企业	144	35.12	87.07
	政府及事业单位	53	12.93	100.00
组织发展阶段	初创阶段	41	10.00	10.00
	成长阶段	149	36.34	46.34
	成熟阶段	151	36.83	83.17
	衰退/再生阶段	69	16.83	100.00
组织所在地区	沿海地区	334	81.46	81.46
	内陆地区	76	18.54	100.00

（二）样本的正态分布检验

问卷的偏度（skewness）系数绝对值均小于 2，峰度（kurtosis）系数绝对值均小于 5，问卷所有题项均通过正态检验。样本数据的正态分布情况详见表 3-12。

表 3-12　样本数据的正态分布情况（$N = 410$）

题号	最小值	最大值	平均值	标准差	正态分布的偏度		正态分布的峰度	
					系数	标准误差	系数	标准误差
CM1	1	5	3.17	1.098	−0.444	0.121	−0.921	0.240
CM2	1	5	2.73	1.056	0.203	0.121	−1.000	0.240
CM3	1	5	3.26	0.982	−0.381	0.121	−0.831	0.240
CM4	1	5	3.67	0.848	−0.963	0.121	0.776	0.240

续表

题号	最小值	最大值	平均值	标准差	正态分布的偏度		正态分布的峰度	
					系数	标准误差	系数	标准误差
CM5	1	5	3.66	0.851	−0.958	0.121	0.474	0.240
CM6	1	5	3.07	0.987	−0.137	0.121	−0.960	0.240
CM7	1	5	3.61	1.020	−0.536	0.121	−0.693	0.240
CM8	1	5	3.47	1.058	−0.563	0.121	−0.609	0.240
CM9	1	5	3.55	0.976	−0.430	0.121	−0.644	0.240
CM10	1	5	3.38	0.964	−0.516	0.121	−0.728	0.240
CM11	1	5	3.07	0.901	−0.104	0.121	−0.955	0.240
CM12	1	5	2.84	0.991	0.166	0.121	−1.086	0.240
CM13	1	5	2.62	0.965	0.364	0.121	−0.641	0.240
CM14	1	5	3.08	1.003	−0.226	0.121	−1.029	0.240
CM15	1	5	2.76	1.012	0.379	0.121	−0.819	0.240
CM16	1	5	2.36	0.915	0.724	0.121	0.073	0.240
CM17	1	5	2.35	0.924	0.529	0.121	−0.020	0.240
CM18	1	5	2.46	0.951	0.514	0.121	−0.249	0.240
CM19	1	5	2.46	0.986	0.502	0.121	−0.446	0.240
CM20	1	5	2.43	1.019	0.583	0.121	−0.420	0.240
CM21	1	5	2.81	0.961	0.146	0.121	−0.951	0.240
CM22	1	5	2.64	0.904	0.337	0.121	−0.700	0.240
CM23	1	5	2.80	0.947	0.142	0.121	−0.964	0.240
CM24	1	5	2.52	0.936	0.583	0.121	−0.153	0.240
CM25	1	5	2.38	0.816	0.677	0.121	0.400	0.240
CM26	1	5	2.52	0.899	0.578	0.121	−0.074	0.240
CM27	1	5	2.60	0.898	0.415	0.121	−0.261	0.240
LD14	1	5	3.74	0.831	−0.923	0.121	1.072	0.240
LD15	1	5	2.62	1.004	0.615	0.121	−0.363	0.240
LD16	1	5	2.93	0.956	0.070	0.121	−1.064	0.240
LD17	1	5	2.16	0.765	1.167	0.121	2.393	0.240
LD18	1	5	2.34	0.906	0.713	0.121	0.172	0.240
LD19	1	5	2.24	0.894	0.917	0.121	0.831	0.240
LD20	1	5	2.07	0.746	1.228	0.121	3.071	0.240
LS6	1	5	3.83	0.598	−1.165	0.121	3.341	0.240
LS7	1	5	3.51	0.690	−0.351	0.121	0.329	0.241

续表

题号	最小值	最大值	平均值	标准差	正态分布的偏度		正态分布的峰度	
					系数	标准误差	系数	标准误差
LS8	1	5	3.76	0.661	−1.025	0.121	1.981	0.240
LS9	1	5	3.64	0.660	−0.696	0.121	1.014	0.240
LS10	1	5	3.78	0.655	−0.887	0.121	1.878	0.240
LS11	1	5	3.55	0.729	−0.902	0.121	1.239	0.240
LS12	1	5	3.86	0.569	−1.291	0.121	4.375	0.240
LS13	1	5	3.42	0.833	−0.661	0.121	−0.093	0.240
SC8	2	5	3.92	0.654	−0.552	0.121	0.983	0.241
SC9	1	5	4.00	0.606	−0.928	0.121	3.271	0.241
SC10	1	5	3.86	0.697	−1.028	0.121	2.389	0.241
SC11	1	5	3.93	0.641	−0.942	0.121	2.845	0.241
SC12	1	5	3.87	0.720	−1.034	0.121	2.406	0.241
SC13	1	5	3.83	0.694	−0.868	0.121	1.993	0.241

注：CM1～CM3 测量防御型领导沉默；CM4～CM9 测量亲社会型领导沉默；CM10～CM14 测量考验型领导沉默；CM15～CM20 测量权谋型领导沉默；CM21～CM27 测量威风型领导沉默；LD14～LD20 测量领导个人权力距离导向；LS6～LS13 测量上下级关系；SC8～SC13 测量领导的中庸思维

（三）问卷样本的信度和效度分析

领导沉默测量量表由黄桂等（2015）开发而成，具有较高的信度和效度。问卷的 Cronbach's α 系数为 0.892＞0.80，表明该量表具有较高的信度。

在 410 份有效问卷样本中抽取 205 份进行探索性因子分析，数据的比例分布与总体数基本保持一致。问卷样本的描述性统计分析见表 3-13。

表 3-13　问卷样本的描述性统计（探索性因子分析 $N=205$）

控制变量	题项	频数	百分比/%
性别	男	145	70.7
	女	60	29.3
年龄	25 岁以下	6	2.9
	25～30 岁	46	22.4
	31～35 岁	67	32.7
	36～40 岁	30	14.6
	41～45 岁	29	14.2
	46～50 岁	17	8.3
	50 岁以上	10	4.9

续表

控制变量	题项	频数	百分比/%
学历	高中/中专	3	1.5
	本科/大专	112	54.6
	硕士	81	39.5
	博士	9	4.4
工龄	3 年以下	8	3.9
	3～5 年	29	14.1
	6～10 年	52	25.4
	11～15 年	51	24.9
	16～20 年	23	11.2
	20 年以上	42	20.5
现组织工龄	3 年以下	54	26.3
	3～5 年	48	23.4
	6～10 年	45	22.0
	11～15 年	24	11.7
	16～20 年	8	3.9
	20 年以上	26	12.7
职务	基层领导	64	31.2
	中层领导	82	40.0
	高层领导	59	28.8
从事管理岗位时间	3 年以下	67	32.7
	3～5 年	47	22.9
	6～10 年	58	28.3
	11～15 年	20	9.8
	16～20 年	5	2.4
	20 年以上	8	3.9
部门规模	5 人以下	47	22.9
	5～10 人	62	30.2
	11～20 人	35	17.1
	20 人以上	61	29.8
组织规模	1～49 人	33	16.1
	50～99 人	26	12.7
	100～200 人	30	14.6
	201～500 人	31	15.1
	501～1000 人	20	9.8
	1000 人以上	65	31.7

续表

控制变量	题项	频数	百分比/%
组织性质	民营企业	110	53.7
	国有企业	71	34.6
	政府及事业单位	24	11.7
组织发展阶段	初创阶段	19	9.3
	成长阶段	74	36.1
	成熟阶段	86	41.9
	衰退/再生阶段	26	12.7
组织所在地区	沿海地区	174	84.9
	内陆地区	31	15.1

KMO 值为 0.863＞0.7，Bartlett's 球形度检验结果显著（$\chi^2 = 1985.751$，Sig. = 0.000），可以进行因子分析。

本书采用主成分分析法和具有 Kaiser 标准化的正交旋转法，经过 6 次迭代后收敛，21 个项目归为 5 个因子，共同解释了总变异量的 65.537%，剔除因子载荷绝对值小于 0.5 及交叉负荷的题项，保留 19 个题项，最终经 5 次迭代后收敛，归为 4 个因子，具体结果见表 3-14。

表 3-14 影响因素量表 KMO 及 Bartlett's 球形度检验（精简题项）

取样足够多的 Kaiser-Meyer-Olkin 度量	0.863
Bartlett's 球形度检验近似卡方	1862.499
df	171
Sig.	0.000

探索性因子分析结果与预期因子维度划分在总体上保持一致，可以分为领导个人权力距离导向、上下级关系、中庸思维 3 个维度。

上下级关系在探索性因子分析中出现 2 个维度，这与原先的设计思路一致，在上下级关系中，一方面是工作关系，另一方面是生活关系。探索性因子分析结果详见表 3-15。

表 3-15 探索性因子分析结果

项目	因子载荷				因子名称	Cronbach's α
	1	2	3	4	方差	
LD15	0.759				领导个人权力距离导向（20.435%）	0.883
LD16	0.659					

续表

项目	因子载荷				因子名称	Cronbach's α
	1	2	3	4	方差	
LD17	0.845				领导个人权力距离导向（20.435%）	0.883
LD18	0.849					
LD19	0.841					
LD20	0.789					
LS6			0.764		上下级工作关系（16.362%）	0.852
LS7			0.809			
LS8			0.796			
LS9			0.633			
LS12			0.599			
SC8		0.644			中庸思维（18.207%）	0.841
SC9		0.666				
SC10		0.736				
SC11		0.786				
SC12		0.686				
SC13		0.778				
LS11				0.740	上下级生活关系（8.716%）	0.535
LS13				0.658		

注：LD15～LD20 测量领导个人权力距离导向；LS6～LS9、LS11～LS13 测量上下级关系；SC8～SC13 测量领导的中庸思维

（四）验证性因子分析

在项目精简和维度划分阶段，对因子结构的分析本质上是探索性的。但是探索性因子分析不能对最终因子结构的总体拟合优度进行量化，所以需要重新抽取一个样本，进行验证性因子分析。本书利用剩余的 205 份问卷进行验证性因子分析。

根据探索性因子分析结果将模型设定为 M_A。采用 AMOS17.0 对模型 M_A 进行估算，验证性因子分析结果表明部分因子负荷低于 0.5。删除因子负荷较低的 3 个项目，保留 16 个项目，构建模型 M_B，再次进行验证性因子分析。模型的拟合程度得到提高，模型可以接受。

因子信度分析方面，3 个因子的组合信度（CR）均大于标准阀值 0.6，Cronbach's α 均大于标准阀值 0.7，因此可判断各因子均具有较高的信度（表 3-16）。

表 3-16　M_B 模型的验证性因子分析结果

潜变量	测量题项	标准化负荷	CR	AVE	Cronbach's α
领导个人权力距离导向	LD15	0.556	0.8671	0.5707	0.865
	LD17	0.745			
	LD18	0.795			
	LD19	0.846			
	LD20	0.801			
上下级关系	LS6	0.833	0.86	0.5523	0.856
	LS7	0.690			
	LS8	0.726			
	LS9	0.727			
	LS12	0.732			
中庸思维	SC8	0.591	0.8639	0.52	0.856
	SC9	0.709			
	SC10	0.743			
	SC11	0.766			
	SC12	0.713			
	SC13	0.772			

M_B 拟合优度指标值：$\chi^2 = 232.363$，$df = 101$，$RMSEA = 0.080$，$GFI = 0.871$，$NFI = 0.865$，$IFI = 0.919$，$CFI = 0.918$

注：LD15、LD17~LD20 测量领导个人权力距离导向；LS6~LS9、LS12 测量上下级关系；SC8~SC13 测量领导的中庸思维

　　潜变量的平均方差抽取量基本大于标准阈值 0.5，所以可以判断各潜变量具有良好的聚合效度。

　　各变量的平均方差抽取量均大于各变量与其他变量相关系数的平方，表明各变量之间具有良好的区分效度（表 3-17）。

表 3-17　影响因素辨别效度检验

项目	LD	LS	SC
领导个人权力距离导向（LD）	0.775		
上下级关系（LS）	−0.168	0.743	
中庸思维（SC）	−0.250	0.719	0.721

六、控制变量对领导沉默及影响因素的影响

　　方差分析结果显示，性别、年龄、部门规模、从事管理岗位时间、组织规模等控制变量对领导沉默各维度均无显著差异。

学历、工龄、现组织工龄、职务显著影响领导沉默。

样本的学历不同，其沉默行为也不同。不同学历的样本在防御型、威风型和权谋型领导沉默行为方面呈现显著的差异，而在亲社会型、考验型领导沉默方面未表现出明显差异（表3-18）。

表3-18　学历与领导沉默方差分析（N=410）

学历	样本占比/%	领导沉默		防御型领导沉默		权谋型领导沉默		威风型领导沉默	
		均值	标准差	均值	标准差	均值	标准差	均值	标准差
高中/中专	7.07	3.303	0.520	2.966	0.593	3.201	0.985	0.985	0.985
本科/大专	54.63	2.972	0.510	3.074	0.316	2.669	0.770	0.770	0.770
硕士	34.15	3.051	0.509	3.250	0.845	2.701	0.782	0.782	0.782
博士	4.15	3.168	0.629	3.569	0.752	2.863	0.881	0.881	0.881
F值		4.114**		3.369*		3.405*		3.975**	
Sig.		0.007		0.019		0.018		0.008	

*表示 $p<0.05$，**表示 $p<0.01$

工龄不同的样本在威风型和权谋型领导沉默的表现也不同，而在亲社会型、防御型、考验型领导沉默方面未表现出明显差异。其中，工龄在15年以内的样本，随着工龄的增加，权谋型和威风型领导沉默逐步增多，工龄在15年以上的样本，随着工龄增加，权谋型和威风型领导沉默行为反而逐步减少（表3-19）。

表3-19　工龄与领导沉默方差分析（N=410）

工龄	样本占比/%	权谋型领导沉默		威风型领导沉默	
		均值	标准差	均值	标准差
3年以下	3.66	2.511	0.694	2.581	0.621
3~5年	13.17	2.528	0.843	2.765	0.735
6~10年	26.34	2.889	0.830	2.792	0.834
11~15年	25.12	2.864	0.963	2.974	0.903
16~20年	11.22	2.605	0.785	2.578	0.759
20年以上	20.49	2.577	0.785	2.641	0.684
F值		2.714*		2.508*	
Sig.		0.020		0.030	

*表示 $p<0.05$

不同现组织工龄的样本在威风型领导沉默方面呈现出显著的差异，现组织工龄在 3～5 年、6～10 年的样本表现出较多的威风型领导沉默（表 3-20）。

表 3-20　现组织工龄与领导沉默方差分析（$N = 410$）

现组织工龄	样本占比/%	威风型领导沉默	
		均值	标准差
3 年以下	21.95	2.643	0.743
3～5 年	22.44	2.941	0.748
6～10 年	24.88	2.940	0.839
11～15 年	12.20	2.697	0.820
16～20 年	5.85	2.595	1.014
20 年以上	12.68	2.516	0.703
F 值		3.649**	
Sig.		0.003	

**表示 $p < 0.01$

方差分析结果显示，不同职务的领导在领导沉默维度上存在较大差异，尤其是在考验型、权谋型和威风型领导沉默方面。中层领导样本表现出更多的是考验型、权谋型和威风型领导沉默。其次是高层领导样本，最后是基层领导样本（表 3-21）[1]。

表 3-21　职务与防御型领导沉默方差分析（$N = 410$）

职务	样本占比/%	领导沉默		考验型领导沉默		权谋型领导沉默		威风型领导沉默	
		均值	标准差	均值	标准差	均值	标准差	均值	标准差
基层领导	31.46	2.910	0.490	2.916	0.784	2.562	0.779	2.610	0.669
中层领导	39.03	3.165	0.577	3.156	0.794	3.002	0.958	2.958	0.951
高层领导	29.51	2.981	0.433	3.122	0.651	2.534	0.759	2.697	0.669
F 值		9.638**		4.408*		13.969**		7.669**	
Sig.		0.000		0.018		0.000		0.001	

*表示 $p < 0.05$，**表示 $p < 0.01$

总之，领导职位层级、领导个人经验影响整体领导沉默，问卷数据结果与访谈结果基本一致，但有微小的差异，这也有待于今后的进一步深入研究（表 3-22）。

----

[1] 这一结论与第二章的结论并不完全一致。在领导沉默维度的研究中，笔者将高层领导分为高层正职与高层副职，而在领导沉默影响因素的问卷中并没有区分高层正职与高层副职，只是统称为高层。这可能是差异产生的原因。

表 3-22　控制变量与领导沉默关系汇总

类别	领导沉默	防御型领导沉默	亲社会型领导沉默	考验型领导沉默	权谋型领导沉默	威风型领导沉默
学历	√	√			√	√
工龄					√	√
现组织工龄						√
职务	√			√	√	√

七、变量间的相关分析

相关系数矩阵显示，各变量之间的相关系数非 0，各变量之间的相关系数的显著性如下。

1）领导沉默与中庸思维、上下级关系、领导个人权力距离导向呈显著正相关。

2）防御型领导沉默与上下级关系及中庸思维呈显著正相关。

3）亲社会型领导沉默与上下级关系及中庸思维呈显著正相关。

4）考验型领导沉默与领导个人权力距离导向及上下级关系呈显著正相关。

5）权谋型领导沉默与领导个人权力距离导向及上下级关系呈显著正相关。

6）威风型领导沉默与领导个人权力距离导向呈显著正相关，与中庸思维呈显著负相关。

变量间的相关性分析详见表 3-23。

表 3-23　变量间的相关性分析（$N=410$）

项目	领导沉默	防御型领导沉默	亲社会型领导沉默	考验型领导沉默	权谋型领导沉默	威风型领导沉默	领导个人权力距离导向	上下级关系	中庸思维
领导沉默	1								
防御型领导沉默	0.364**	1							
亲社会型领导沉默	0.446**	0.256**	1						
考验型领导沉默	0.760**	0.110*	0.342**	1					
权谋型领导沉默	0.801**	0.204**	0.041	0.487**	1				
威风型领导沉默	0.815**	0.55	0.128**	0.519**	0.529**	1			
领导个人权力距离导向	0.486**	−0.85	−0.079	0.259**	0.526**	0.544**	1		
上下级关系	0.115*	0.113*	0.273**	0.107*	0.049	−0.045	−0.129**	1	
中庸思维	0.106*	0.181**	0.328**	0.054	−0.055	−0.105*	−0.203**	0.519**	1

*表示 $p<0.05$，**表示 $p<0.01$

八、变量之间的回归分析

对上述变量进行了多重共线性检验，数据显示，各自变量之间相关系数均低于 0.8，说明各变量之间的多重共线性在可容忍的范围之内。

由于相关分析结果只能作为是否存在多重共线性的参考，在进行正式的回归分析之前，为了避免自变量之间的相关性过高而产生的共线性问题，需先对自变量做容忍度（tolerance）、方差膨胀因子（variance inflation factor，VFI）分析。结果显示，各个自变量的容忍度值均介于 0～1，不存在过小的问题；同时各变量的方差膨胀因子值均小于 10，说明各变量之间多重共线性可以容忍，可以进行回归分析（表 3-24）。

表 3-24　自变量的多重共线性检验

项目	领导个人权力距离导向	上下级关系	中庸思维
容忍度	0.794	0.971	0.995
方差膨胀因子	1.259	1.030	1.005

根据方差分析结果，本书选定学历、现组织工龄、职务、组织所在地区为控制变量。

对模型中的变量进行回归分析，主要包括以下内容。

1）对领导沉默和各影响因素的关系进行回归分析。

2）对防御型领导沉默行为和各影响因素的关系进行回归分析。

3）对亲社会型领导沉默行为和各影响因素的关系进行回归分析。

4）对考验型领导沉默行为和各影响因素的关系进行回归分析。

5）对权谋型领导沉默行为和各影响因素的关系进行回归分析。

6）对威风型领导沉默行为和各影响因素的关系进行回归分析。

（一）领导沉默影响因素回归分析

由模型 2 可知，中庸思维的 β 值为 0.112，Sig.为 0.017，小于 0.05，说明中庸思维对领导沉默有显著正向预测作用；上下级关系的 β 值为 0.096，Sig.为 0.046，小于 0.05，说明上下级关系对领导沉默有显著正向预测作用；领导个人权力距离导向的 β 值为 0.332，Sig.为 0.000，小于 0.01，说明领导个人权力距离导向对领导沉默有显著正向预测作用。简而言之，领导沉默作为一个整体构念受中庸思维、上下级关系及领导个人权力距离导向的正向影响（表 3-25）。

表 3-25　领导沉默与影响因素的回归分析（$N=410$）

项目	模型 1				模型 2			
	β 值	标准化β 值	t 值	Sig.	β 值	标准化β 值	t 值	Sig.
（常数项）	3.165**	—	20.221	0.000	1.260**	—	4.922	0.000
学历	0.016	0.020	0.411	0.681	0.055	0.071	1.657	0.098
职务	0.033	0.049	0.998	0.319	0.025	0.037	0.876	0.382
中庸思维	—	—	—	—	0.112*	0.126*	2.396	0.017
上下级关系	—	—	—	—	0.096*	0.105*	1.997	0.046
领导个人权力距离导向	—	—	—	—	0.332**	0.519**	12.007	0.000
R^2	0.029				0.293			
修正的 R^2	0.022				0.283			
F 值	4.086**				27.880**			
Sig.	0.007				0.000			

*表示 $p<0.05$，**表示 $p<0.01$

（二）防御型领导沉默影响因素回归分析

由模型 2 可知，中庸思维的 β 值为 0.263，Sig. 为 0.004，小于 0.01，说明中庸思维对防御型领导沉默有显著正向预测作用；上下级关系的 β 值为 0.037，Sig. 为 0.669，大于 0.05，说明上下级关系对防御型领导沉默无显著预测作用（表 3-26）。

表 3-26　防御型领导沉默和中庸思维、上下级关系的回归分析（$N=410$）

项目	模型 1				模型 2			
	β 值	标准化β 值	t 值	Sig.	β 值	标准化β 值	t 值	Sig.
（常数项）	2.533**	—	12.471	0.000	1.317**	—	3.433	0.001
学历	0.183**	0.151	3.082	0.002	0.194**	0.160**	3.301	0.001
中庸思维	—	—	—	—	0.263**	0.172**	2.882	0.004
上下级关系	—	—	—	—	0.037	0.026	0.428	0.669
R^2	0.023				0.058			
修正的 R^2	0.020				0.051			
F 值	9.501**				8.354**			
Sig.	0.002				0.000			

**表示 $p<0.01$

（三）亲社会型领导沉默影响因素回归分析

由模型 2 可知，中庸思维的 β 值为 0.271，Sig.为 0.000，小于 0.01，说明中庸思维对亲社会型领导沉默有显著正向预测作用；上下级关系的 β 值为 0.117，Sig.为 0.043，小于 0.05，说明上下级关系对亲社会型领导沉默有显著正向预测作用（表 3-27）。

表 3-27　亲社会型领导沉默和中庸思维、上下级关系的回归分析（$N=410$）

项目	模型 1				模型 2			
	β 值	标准化 β 值	t 值	Sig.	β 值	标准化 β 值	t 值	Sig.
（常数项）	3.357**	—	37.369	0.000	1.877**	—	8.451	0.000
中庸思维	—	—	—	—	0.271**	0.254**	4.421	0.000
上下级关系	—	—	—	—	0.117*	0.117*	2.032	0.043
R^2	0.012				0.125			
修正的 R^2	0.009				0.118			
F 值	4.872*				19.310**			
Sig.	0.028				0.000			

*表示 $p<0.05$，**表示 $p<0.01$

（四）考验型领导沉默影响因素分析

由模型 2 可知，领导个人权力距离导向的 β 值为 0.253，Sig.为 0.000，小于 0.01，说明领导个人权力距离导向对考验型领导沉默有显著正向预测作用；上下级关系的 β 值为 0.186，Sig.为 0.004，小于 0.01，说明上下级关系对考验型领导沉默有显著正向预测作用（表 3-28）。

表 3-28　考验型领导沉默和领导个人权力距离导向、上下级关系的回归分析（$N=410$）

项目	模型 1				模型 2			
	β 值	标准化 β 值	t 值	Sig.	β 值	标准化 β 值	t 值	Sig.
（常数项）	3.237**	—	19.115	0.000	1.886**	—	5.905	0.000
职务	0.102*	0.105	2.156	0.032	0.089	0.092	1.958	0.051
领导个人权力 距离导向	—	—	—	—	0.253**	0.272**	5.751	0.000
上下级关系	—	—	—	—	0.186**	0.140**	2.927	0.004

续表

项目	模型 1				模型 2			
	β 值	标准化 β 值	t 值	Sig.	β 值	标准化 β 值	t 值	Sig.
R^2	0.030				0.113			
修正的 R^2	0.023				0.102			
F 值	4.140**				10.261**			
Sig.	0.007				0.000			

*表示 $p < 0.05$，**表示 $p < 0.01$

（五）权谋型领导沉默影响因素分析

由模型 2 可知，领导个人权力距离导向的 β 值为 0.667，Sig.为 0.000，小于 0.01，说明领导个人权力距离导向对权谋型领导沉默有显著正向预测作用（表 3-29）。

表 3-29　权谋型领导沉默和领导个人权力距离导向的回归分析（$N = 410$）

项目	模型 1				模型 2			
	β 值	标准化 β 值	t 值	Sig.	β 值	标准化 β 值	t 值	Sig.
（常数项）	3.062**	—	12.272	0.000	1.120**	—	4.879	0.000
学历	−0.039	−0.030	−0.595	0.552	0.024	0.019	0.470	0.639
现组织工龄	−0.012	−0.020	−0.326	0.745	−0.007	−0.012	−0.255	0.799
职务	0.004	0.004	0.061	0.951	−0.006	−0.005	−0.117	0.907
领导个人权力距离导向	—	—	—	—	0.667**	0.623**	16.057	0.000
R^2	0.013				0.398			
修正的 R^2	0.003				0.390			
F 值	1.351				53.332**			
Sig.	0.250				0.000			

**表示 $p < 0.01$

（六）威风型领导沉默影响因素分析

由模型 2 可知，中庸思维的 β 值为 0.019，Sig.为 0.759，大于 0.05，说明中庸思维对威风型领导沉默无显著预测作用；领导个人权力距离导向的 β 值为 0.531，Sig.为 0.000，小于 0.01，说明领导个人权力距离导向对威风型领导沉默有显著正向预测作用（表 3-30）。

表 3-30　威风型领导沉默和中庸思维、领导个人权力距离导向的回归分析（ *N* = 410 ）

项目	模型 1				模型 2			
	β 值	标准化 β 值	*t* 值	Sig.	β 值	标准化 β 值	*t* 值	Sig.
（常数项）	3.517**	—	12.958	0.000	1.854**	—	4.942	0.000
学历	−0.060	−0.051	−0.989	0.323	−0.005	−0.004	−0.103	0.918
工龄	−0.039	−0.069	−0.988	0.324	−0.040	−0.071	−1.211	0.227
现组织工龄	−0.030	−0.060	−0.980	0.328	−0.023	−0.045	−0.884	0.377
职务	0.102	0.100	1.679	0.094	0.095	0.092	1.851	0.065
中庸思维	—	—	—	—	0.019	0.013	0.307	0.759
领导个人权力距离导向	—	—	—	—	0.531**	0.539**	12.864	0.000
R^2	0.047				0.333			
修正的 R^2	0.033				0.319			
F 值	3.348**				24.992**			
Sig.	0.003				0.000			

**表示 $p < 0.01$

九、领导沉默各维度与影响因素的回归结果

综合上述 6 个回归分析，本书得出如下结论。

1）领导沉默作为一个整体构念受中庸思维、上下级关系及领导个人权力距离导向的正向影响。

2）防御型领导沉默受中庸思维显著正向影响。

3）亲社会型领导沉默受上下级关系及中庸思维显著正向影响。

4）考验型领导沉默受领导个人权力距离导向及上下级关系显著正向影响。

5）权谋型领导沉默受领导个人权力距离导向显著正向影响。

6）威风型领导沉默受领导个人权力距离导向显著正向影响。

领导沉默影响因素对比详见表 3-31。

表 3-31　领导沉默影响因素对比

项目	领导沉默	防御型领导沉默	亲社会型领导沉默	考验型领导沉默	权谋型领导沉默	威风型领导沉默
领导个人权力距离导向	+			+	+	+
上下级关系	+		+	+		
中庸思维	+	+	+			

注：+ 表示自变量对因变量的影响为正向的；空白表示自变量对因变量的影响不显著

第四节　主要结论和未来展望

一、访谈研究结论

通过对 55 份有效访谈数据的分析，本书得出以下结论。

（一）领导沉默普遍存在

领导沉默普遍存在于组织中，几乎所有被访者都认为组织中普遍存在领导沉默。不同层级的领导沉默的程度有异，高层领导会更倾向于表现出沉默行为，基层领导则不会经常表现出沉默行为。

（二）领导沉默影响因素（访谈研究结论）

访谈数据显示，领导沉默受四大类因素的影响，具体包括 14 个子因素，分别为领导个人因素（即领导性格、领导个人权力距离寻向、领导职位层级、领导个人经验）、下属因素（即下属的能力、下属的态度、下属的个性特征）、组织因素（即上下级关系、组织氛围）、社会文化因素（即中庸思维、高语境文化、人情面子、权威取向及区域文化）。

这四大类因素中，社会文化因素和领导个人因素对领导沉默的所有维度均产生影响，组织因素影响防御型、亲社会型、考验型、威风型领导沉默，下属因素影响威风型和亲社会型领导沉默。

虽然对不同层级的领导者而言，其沉默的影响因素基本相同，但在影响程度方面则存在较大差异。社会文化因素对中层领导的影响最大。领导个人因素对高层领导的影响最大，对基层领导的影响最小，中层领导则介于高层领导与基层领导之间。组织因素对基层领导的影响最大，对高层领导的影响最小，中层领导则介于高层领导与基层领导之间。下属因素对高层领导的影响最大，对基层领导的影响最小，中层领导则介于高层领导与基层领导之间。

当然，这只是访谈数据情况，具体到哪些影响因素最终对领导沉默的哪些维度产生影响，影响的程度如何，这要依靠后续进一步的量化研究。

二、问卷调查研究结论

（一）变量的选取

访谈研究所发现的影响因素非常多，笔者最终选取了中庸思维、上下级关系、领导个人权力距离导向这三个变量进行问卷调查研究。选择所依据的标准是：①变量对领导沉默的影响程度；②变量的研究意义与价值；③变量的针对性和问卷测量的可操作性。

（二）问卷数据结论

　　中庸思维、上下级关系和领导个人权力距离导向3个变量既影响整体的领导沉默，也对领导沉默的各维度产生影响。中庸思维显著正向影响防御型和亲社会型领导沉默；上下级关系显著正向影响亲社会型、考验型领导沉默；领导个人权力距离导向显著正向影响考验型、权谋型、威风型领导沉默（图3-5）。

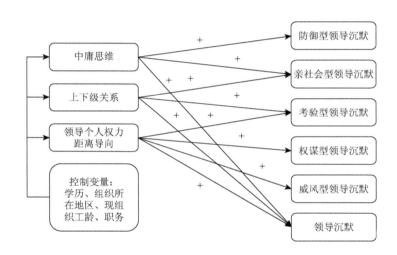

图 3-5　领导沉默的影响因素问卷调查研究结果

三、理论启示

　　国内学者在运用基于西方文化背景下的管理理论进行跨样本研究时，发现原有的理论不能完全解释中国的问题和现象，需要增加中国文化的维度和元素，如中庸思维、人情面子、关系、德行垂范、影响力、个性化关怀、智力激发、关系支持、典型示范、无为而治等，不一而足。

　　这样的修补固然有利于我们加深对中国文化的了解与认识，但是，我们在将中国文化的概念定义加诸西方理论研究的同时，可能会就此迷失掉中国文化概念本身的内涵与外延。必须重新审视我们的研究，重新审视基于西方文化背景下产生的理论和研究变量。

作为中国情境下的领导沉默影响因素必然与其生长的文化环境存在不可分割的联系。因此，有必要对领导沉默影响因素进行质性研究，以此构建领导沉默影响因素模型。

四、管理实践的启示

领导沉默作为组织沉默的重要部分，在组织中十分普遍，其影响因素复杂多样，本书通过访谈研究和问卷调查研究探讨领导沉默影响因素，有助于人们从整体上了解组织中领导沉默的形成及特征。

对组织而言，了解领导沉默影响因素有助于修正组织中的领导沉默行为。中庸思维有利于领导搁置自己的想法，多方考虑，不偏不倚。这不仅有利于促使员工建言和员工成长，而且还有助于领导建立审慎的思维习惯。

在讲究人情关系面子的文化背景下，组织应当鼓励上下级之间建立健康、良好的私人的关系，而不仅仅只是保持工作方面的联系；但是同时又要限制"小圈子"文化，将上下级关系控制在合适的"度"内。

高领导个人权力距离导向与权威取向有着密不可分的关系，其之所以得以维持和存在，员工的权威取向是其必不可少的支撑和依托。

我国情境下的企业领导大都有着较高的个人权力距离导向，领导不可避免地具有与下属保持距离，减少沟通的倾向。因此，对组织而言，建立听取下属意见和建议的制度至关重要。

在高语境文化的影响下，领导常常有话不直说，不明说，而是采取迂回曲折的方式，这既可能给组织带来沟通不畅的消极影响，同时也会给组织带来鼓励员工建言，培养锻炼下属的积极影响。对组织而言，如何建立完善沟通制度，是一个值得深入思考的问题，也是一个亟待解决的问题。

研究数据表明，员工个人因素及上下级关系是领导沉默影响因素的重要部分，也就是说，领导沉默行为是与员工行为互相作用的结果。员工对领导沉默的接纳和容忍也是领导沉默得以维系的原因之一。对组织的设计者而言，减少消极的领导沉默，不仅要从组织因素和领导因素入手，也要从员工方面入手。

了解领导沉默产生的原因，有利于我们从源头上发现、减少其不利的一面，鼓励、引导其积极的一面，虽然这是一项知易行难的工作，但是，毕竟，"知"是我们解决问题的第一步，"行"则贵在执行力。

五、不足与改进之处

1）在样本方面。笔者对 55 位领导进行了访谈，样本容量尚可。但样本集中于珠三角地区，年龄多集中于 30～45 岁，学历也集中在本科及以上。因此，样本可能存在一定的局限。这就给结论的普适性带来疑问。因此，在后续的研究中需要进一步扩大样本的多样性。

2）在量表方面。本书所用的问卷是根据访谈数据编制的，测量量表是采用自陈式主观评价的测量方法，问卷中部分问题较为敏感，被访者可能会受社会称许的影响，问卷数据未必反映被访者真实的想法。

3）在数据分析方面。领导沉默的影响因素非常庞杂，牵涉的变量比较多，加之受能力、时间和精力的限制，本书只是选择了访谈研究中的部分因素进行量化研究。且在数据收集中，是以类别尺度对控制变量进行划分，所以只能通过方差分析来检验其对各变量是否存在显著的影响，而部门、行业等变量种类较多，对其进行归类后不能确保分析的准确性。

六、未来的研究方向

领导沉默影响因素是一个庞大而复杂的体系，本书只是掀开了其一角。因此，未来应努力修正和完善领导沉默影响因素的量表，完善领导沉默影响因素框架，尤其需要加强对中国文化因素方面的研究，以完善现有的模型。

参 考 文 献

陈京丽. 2007. 中国高语境文化的儒家思想根源探究[J]. 西安建筑科技大学学报（社会科学版），（4）：16-19.

陈维政，李金平. 2005. 组织气候研究回顾及展望[J]. 外国经济与管理，（8）：18-25.

陈藻，陈晨. 2009. 政府公共部门组织沉默行为的成因及干预对策[J]. 领导科学，（20）：10-12.

陈之昭. 2006. 面子心理的理论分析与实际研究（1988 年）[C]//翟学伟. 中国社会心理学评论（第二辑）. 北京：社会科学文献出版社.

成中英. 2006. 脸面观念及其儒学根源（1986 年）[C]//翟学伟. 中国社会心理学评论（第二辑）. 北京：社会科学文献出版社.

杜玲毓，孙健敏，尹奎，等. 2017. 变革型领导从何而来?变革型领导的形成机理[J]. 中国人力资源开发，（11）：87-97.

段锦云，钟建安. 2005. 组织中的进谏行为[J]. 心理科学，（1）：69-71.

冯友兰. 1986. 三松堂全集[M]. 郑州：河南人民出版社.

桂兰，付博. 2016. 上下级关系实践对员工工作绩效影响的跨层分析[J]. 社会科学战线，（4）：62-72.

何轩. 2009. 互动公平真的就能治疗"沉默"病吗？——以中庸思维作为调节变量的本土实证研究[J]. 管理世界，（4）：128-134.

胡超. 2009. 高语境与低语境交际的文化渊源[J]. 宁波大学学报（人文科学版），22（4）：51-55.

黄光国. 2004. 面子：中国人的权力游戏[J]. 决策与信息，（10）：34-35.

黄桂，付春光，关新华. 2015. 组织中领导沉默维度的建构与测量[J]. 管理世界，（7）：122-129.

黄桂，付春光，谈梦洁. 2013. 企业领导沉默行为探究[J]. 学术研究，（7）：70-78.

黄前进. 2007. 基于情商的中国企业高层魅力型领导行为研究[D]. 清华大学硕士学位论文.

姜定宇，张菀真. 2010. 华人差序式领导与部属效能[J]. 本土心理学研究，33（6）：109-177.

姜定宇，郑伯壎. 2014. 华人差序式领导的本质与影响历程[J]. 本土心理学研究，（12）：285-357.

姜昭. 2011. 国外领导理论的研究缺憾及其发展趋向[J]. 中国科技论坛，（4）：156-160.

金耀基. 2002. "面"、"耻"与中国人行为之分析（1988 年）[C]//金耀基. 金耀基自选集. 上海：上海教育出版社.

孔子. 2006. 论语[M]. 北京：北京出版社.

老子. 2001. 道德经[M]. 北京：中国对外经济贸易出版社.

李超平，李晓轩，时勘，等. 2006. 授权的测量及其与员工工作态度的关系[J]. 心理学报，38（1）：99-106.

李锐，凌文辁，柳士顺. 2012. 传统价值观、上下属关系与员工沉默行为——一项本土文化情境下的实证探索[J]. 管理世界，（3）：127-140，150.

李锐. 2011. 辱虐式领导对员工沉默行为的作用机制[J]. 经济管理，33（10）：70-77.

李亦园. 2008. 和谐与均衡：民间信仰中的宇宙诠释（1988 年）[C //杨国枢，黄光国，杨中芳. 华人本土心理学上册. 重庆：重庆大学出版社.

李宗波，陈红. 2015. 上下属关系对员工知识分享行为的影响：组织认同和集体主义导向的作用[J]. 管理工程学报，29（3）：30-38.

林语堂. 1994. 中国人[M]. 郝志东，沈益红译. 上海：学林出版社

刘超，刘军，朱丽，等. 2017. 规则适应视角下辱虐管理的成因机制[J]. 心理学报，49（7）：966-979.

刘军，陈麟瓒，戴维. 2015. 领导为什么选择沉默——自我效能与心理安全机制的研究[J]. 学术研究，（9）：81-88，160.

刘善仕，凌文辁. 2004. 家长式领导与员工价值取向关系实证研究[J]. 心理科学，（3）：674-676.

马喜迎. 2010. 高新技术企业组织沉默与员工满意度关系研究[D]. 西南财经大学硕士学位论文.

毛畅果. 2016. 员工为何沉默：领导权力距离倾向与员工调控焦点的跨层次交互作用[J]. 心理科学，39（6）：1426-1433.

毛翠云，侯文静，林香. 2018. 自我概念视角下家长式领导对员工沉默的影响机制研究[J]. 领导科学，（5）：20-23.

孟慧. 2003. 企业管理者大五人格特质、特质目标定向和变革型领导[D]. 华东师范大学博士学位论文.

邵汉明. 2003. 中国文化研究二十年[M]. 北京：人民出版社.

史青. 2009. 变革型领导行为的组织内部情境因素分析[J]. 生产力研究，（17）：71-73.

双传学. 2006. 区域文化刍论[J]. 江苏社会科学，（6）：189-194.

唐德根，章放维. 2005. 两种会话方式与高低语境文化[J]. 东南大学学报（哲学社会科学版），（5）：91-94，128.

唐贵瑶，李鹏程，李骥. 2012. 国外授权型领导研究前沿探析与未来展望[J]. 外国经济与管理，34（9）：73-80.

王辉，武朝阳，张燕，等. 2008. 领导授权赋能行为的维度确认与测量[J]. 心理学报，40（12）：1297-1305.

王永丽，邓静怡，任荣伟. 2009. 授权型领导、团队沟通对团队绩效的影响[J]. 管理世界，（4）：119-127.

韦慧民，龙立荣. 2011. 认知与情感信任、权力距离感和制度控制对领导授权行为的影响研究[J]. 管理工程学报，25（1）：10-17.

吴佳辉，林以正. 2005. 中庸思维量表的编制[J]. 本土心理学研究，（20）：247-300.

吴梦颖，彭正龙. 2017. 破坏性领导对员工沉默的影响：角色困境与环境不确定性的作用分析[J]. 科学学与科学技术管理，38（7）：167-180.

吴明隆. 2008. 问卷统计分析实务——SPSS 操作与应用[M]. 重庆：重庆大学出版社.

徐玮伶，郑伯壎，黄敏萍. 2002. 华人企业领导人的员工归类与管理行为[J]. 本土心理学研究，（18）：51-94.

徐长江，时勘. 2005. 变革型领导与交易型领导的权变分析[J]. 心理科学进展，（5）：672-678.

杨国枢. 1982. 心理学研究的中国化：层次与方向[C]//杨国枢，文崇一. 社会及行为科学研究的中国化. 中央研究院民族学研究所.

杨国枢. 1993. 中国人的社会取向：社会互动的观点[C]//杨国枢，余安邦. 中国人的心理与行为——理念与方法篇. 台北：桂冠图书公司.

杨国枢. 2004. 中国人心理与行为的本土化研究[M]. 北京：中国人民大学出版社.

杨国枢. 2008. 华人社会取向的理论分析[C]//杨国枢，黄光国，杨中芳. 华人本土心理学（上册）. 重庆：重庆大学出版社.

杨中芳，彭泗清. 2008. 人际交往中的人情与关系：构念化与研究方向[C]//杨国枢，黄光国，杨中芳. 华人本土心理学（下册）. 重庆：重庆大学出版社.

杨中芳. 2010. 一个中庸、各自表述[J]. 本土心理学研究，（34）：159-165.

易明，罗瑾琏，王圣慧，等. 2018. 时间压力会导致员工沉默吗——基于 SEM 与 fsQCA 的研究[J]. 南开管理评论，21（1）：203-215.

曾仕强. 2005. 中国式管理[M]. 北京：中国社会科学出版社.

霍尔 E T. 2010. 超越文化[M]. 北京：北京大学出版社.

翟学伟. 2004. 人情、面子与权力的再生产——情理社会中的社会交换方式[J]. 社会学研究，（5）：48-57.

翟学伟. 2005. 中国人的脸面观模型（1995 年）[C]//翟学伟. 中国社会心理学评论（第二辑）. 北京：社会科学文献出版社.

张桂平，廖建桥. 2009. 用"圈子"文化管理员工沉默行为[J]. 中国人力资源开发，（6）：29-31.

张鹏程，刘文兴，卫武. 2010. 家长式领导和组织价值观对成员知识活动的影响机理[J]. 管理科学，23（2）：77-85.

赵向阳，李海，孙川. 2015. 中国区域文化地图："大一统"抑或"多元化"?[J]. 管理世界，（2）：101-119，187-188.

郑伯壎，周丽芳，樊景立. 2000. 家长式领导量表：三元模式的构建与测量[J]. 本土心理学研究，（14）：3-64.

郑伯壎. 1995. 家长权威与领导行为之关系：一个台湾民营企业主持人的个案研究[J]. 民族学研究所集刊，（79）：119-173.

郑伯壎. 1999. 企业组织中上下属的信任关系[J]. 社会学研究，（2）：24-39.

郑伯壎. 2006. 差序格局与华人组织行为[J]. 中国社会心理学研究，（2）：1-52.

郑晓涛，柯江林，石金涛，等. 2008. 中国背景下员工沉默的测量信任对其的影响[J]. 心理学报，（2）：219-227.

郑晓涛，俞明传，王琦，等. 2017. 中国背景下员工力量和申诉体系有效性对员工申诉行为的影响——基于三个决策阶段的整体考察[J]. 珞珈管理评论，（3）：33-48.

郑晓涛，郑兴山，石金涛. 2006. 透视员工沉默[J]. 企业管理，（12）：100-101.

钟明. 2001. 金刚经·坛经[M]. 太原：书海出版社.

周浩，龙立荣. 2005. 恩威并施，以德服人——家长式领导研究述评[J]. 心理科学进展，（2）：227-238.

周建涛，廖建桥. 2012. 权力距离导向与员工建言：组织地位感知的影响[J]. 管理科学，6（1）：35-44.

周建涛. 2013. 权力距离导向对员工沉默的作用机制研究[D]. 华中科技大学博士学位论文.

周路路，张戌凡，赵曙明. 2011. 领导—成员交换、中介作用与员工沉默行为——组织信任风险回避的调节效应[J]. 经济管理，33（11）：69-75.

朱瑜，谢斌斌. 2018. 差序氛围感知与沉默行为的关系：情感承诺的中介作用与个体传统性的调节作用[J]. 心理学报，50（5）：539-548.

Ahearne M，Mathieu J，Rapp A. 2005. To empower or not to empower your sales force? An empirical examination of influence of leaderhip empowerment behavior on customer satisfaction and performance[J]. Journal of Applied Psychology，90（5）：945-955.

Argyris C，Schön D A. 1978. Organizational Learning：A Theory of Action Perspective[M]. Massachusetts：Addison-Wesley.

Arnold J A，Arad S，Rhoades J A，et al. 2000. The empowering leadership questionnaire：the construction and validation of a new scale for measuring leader behaviors[J]. Journal of Organizational Behavior，21（3）：249-269.

Aryee S，Sun L Y，Chen Z X G，et al. 2008. Abusive supervision and contextual performance：the mediating role of emotional exhaustion and the moderating role of work unit structure[J]. Management and Organization Review，

4（3）：393-411.

Ashforth B E，Humphrey R H. 1995. Labeling processes in the organization: constructing the individual[C]//Cummings L L，Staw B W. Research in Organizational Behavior. Greenwich：JAI Press.

Barling J，Weber T，Kelloway E K. 1996. Effects of transformational leadership training on attitudinal and financial outcomes：a field experiment[J]. Journal of Applied Psychology，81（6）：827-832.

Bass B M. 1985. Leadership and Performance Beyond Expectations[M]. New York：Free Press.

Bass B M. 1995. Theory of transformational leadership redux[J]. The Leadership Quarterly，6（4）：463-478.

Bono J E，Judge T A. 2004. Personality and transformational and transactional leadership：a meta-analysis[J]. Journal of Applied Psychology，89（5）：901-910.

Bowen F，Blackmon K. 2003. Spirals of silence：the dynamic effects of diversity on organizational voice[J]. Journal of Management Studies，40（6）：1393-1417.

Broch H. 1982. Die Schlafwandler（The Sleepwalkers）[M]. Stockholm：Alba.

Bryman A. 1992. Charisma and leadership in organizations[J]. Handbook of Organization Studies，39（4）：1056-1059.

Buzzanell P M. 1994. Gaining a voice：feminist organizational communication theorizing[J]. Management Communication Quarterly，7（4）：339-383.

Byrne A，Dionisi A M，Barling J，et al. 2014. The depleted leader：the influence of leaders' diminished psychological resources on leadership behaviors[J]. Leadership Quarterly，25（2）：344-357.

Cameron K S，Arran C. 2004. Contributions to the discipline of positive organizational scholarship[J]. American Behavioral Scientist，47（6）：731-739.

Campbell F L，Akers R L. 1970. Organizational size，complexity，and the administrative component in occupational associations[J]. Sociological Quarterly，11（4）：435-451.

Chen Y，Friedman R，Yu E，et al. 2009. Supervisor-subordinate guanxi：developing a three-dimensional model and scale[J]. Management and Organization Review，5（3）：375-399.

Collins J. 2001a. Good to Great：Why Some Companies Make The Leap and Others Don't[M]. New York：Harper Business.

Collins J. 2001b. Level 5 leadership. the triumph of humility and fierce resolve[J]. Harvard Business Review，79（1）：66-76，175.

Dansereau F，Graen G，Haga W J. 1975. A vertical dyad linkage approach to leadership within formal organizations：a longitudinal investigation of the role making process[J]. Organizational Behavior and Human Performance，13（1）：46-78.

Detert J R，Schroeder R G，Mauriel J J. 2000. A framework for linking culture and improvement initiatives in organizations[J]. Academy of management Review，25（4）：850-863.

Dorfman P W，Howell J P. 1988. Dimensions of national culture and effective leadership patterns：hofstede revisited[J]. Advances in International Comparative Management，10（3）：127-150.

Dunning D. 1995. Trait importance and modifiability as factors influencing self assessment and self-enhancement motives[J]. Personality and Social Psychology Bulletin，21（12）：1297-1306.

Duval T S，Silvia P J. 2002. Self-awareness，probability of improvement，and the self-serving bias[J]. Journal of Personality and Social Psychology，82（1）：49-61

Dyne L V，Ang S，Botero I C. 2003. Conceptualizing employee silence and employee voice as multidimensional constructs[J]. Journal of Management Studies，40（6）：1359-1392.

Edmondson A C. 2003. Speaking up in the operating room：how team leaders promote learning in interdisciplinary action teams[J]. Journal of Management Studies，40（6）：1419-1452.

Eisenberger R, Karagonlar G, Stinglhamber F, et al. 2010. Leader-member exchange and affective organizational commitment: the contribution of supervisor's organizational embodiment[J]. Journal of Applied Psychology, 95 (6): 1085-1036.

Emmons R A. 1984. Factor analysis and construct validity of the narcissistic personality inventory[J]. Journal of Personality Assessment, 48 (3): 291-300.

Exline J J, Geyer A L. 2004. Perceptions of humility: a preliminary study[J]. Self and Identity, 3 (2): 95-114.

Fan Y. 2002. Questioning guanxi: definition, classification and implications[J]. International Business Review, 11 (5): 543-561.

Farh J L, Tsui A S, Xin K, et al. 1998. The influence of relational demography and guanxi: the Chinese case[J]. Organization Science, 9 (4): 471-487.

Festinger L. 1950. Informal social communication[J]. Psychological Review, 57 (5): 271-282.

Gilligan C. 1982. In a Different Voice: Psychology Theory and Women's Development[M]. Cambridge: Harvard University Press.

Groves K S. 2005. Linking leader skills, follower attitudes, and contextual variables via an integrated model of charismatic leadership[J]. Journal of Management, 31 (2): 255-277.

Hakimi N, Knippenberg D V, Giessner S. 2010. Leader empowering behavior: the leader's perspective[J]. British Journal of Management, 21 (3): 701-716.

Harris K J, Harvey P, Kacmar K M. 2011. Abusive supervisory reactions to coworker relationship conflict[J]. The Leadership Quarterly, 22 (5): 1010-1023.

Hautala T M. 2006. The relationship between personality and transformational leadership[J]. Journal of Management Development, 85 (8): 777-794.

Hofstede G. 1980. Motivation, leadership, and organization: do american theories apply abroad[J]. Organization Dynamics, 9 (1): 42-63.

Hofstede G. 2001. Culture's Consequences[M]. Beverly Hills: Sage.

Hoogh A H B D, Hartog D N D, Koopman P L, et al. 2005. Leader motives, charismatic leadership, and subordinates' work attitude in the profit and voluntary sector[J]. Leadership Quarterly, 16 (1): 17-38.

Howell J M, Shamir B. 2005. The role of followers in the charismatic leadership process: relationships and their consequences[J]. Academy of Management Review, 30 (1): 96-112.

Hu H C. 1944. The Chinese concepts of 'face'[J]. American Anthropologist, 46 (1): 45-64.

Hwang K K. 1987. Face and favor: the Chinese power game[J]. American Journal of Sociology, 92 (4): 944-974.

Kiewitz C, Restubog S L D, Zagenczyk T J, et al. 2012. Sins of the parents: Self-control as a buffer between supervisors' previous experience of family undermining and subordinates' perceptions of abusive supervision[J]. The Leadership Quarterly, 23 (5): 869-882.

Kirkbride P S, Tang S F Y, Westwood R I. 1991. Chinese conflict preferences and negotiating behaviour: cultural and psychological influences[J]. Organization Studies, 12 (3): 365-386.

Kirkman B L, Chen G, Farh J L, et al. 2009. Individual power distance orientation and follower reactions to transformational leaders: a cross-level, cross-cultural examination[J]. Academy of Management Journal, 52 (4): 744-764.

Kirkman B L, Lowe K B, Gibson C B. 2006. A quarter century of culture's consequences: a review of empirical research incorporating Hofstede's cultural values framework[J]. Journal of International Business Studies, 37 (3): 285-320.

Konczak L J, Stelly D J, Trusty M L. 2000. Defining and measuring empowering leader behaviors: development of an upward feedback instrument[J]. Educational and Psychological Measurement, 60（2）: 301-313.

Law K S, Wong C S, Wang D X, et al. 2000. Effect of supervisor-subordinate guanxi on supervisory decisions in China: an empirical investigation[J]. International Journal of Human Resource Management, 11（4）: 751-765.

Lawrence P R, Nohria N. 2002. Driven: How human nature shapes our choices[M]. San Francisco: Jossey-Bass.

Leach D J, Wall T D, Jackson P R. 2003. The effect of empowerment on job konwledge: a empirical test involving operators of complex techbology[J]. Journal of Occupational and Organizatioanal Psychology, 76（1）: 27-52.

LePine J A, van Dyne L. 1998. Predicting voice behavior in work groups[J]. Journal of Applied Psychology, 83（6）: 853-868.

LePine J A, van Dyne L. 2001. Voice and cooperative behavior as contrasting forms of contextual performance: evidence of differential relationships with big five personality characteristics and cognitive ability[J]. Journal of Applied Psychology, 86（2）: 326-336.

Liden R C, Sparrowe R T, Wayne S J. 1997. Leader-member exchange theory: the past and potential for the future[J]. Research in Personnel and Human Resources Management, 15: 47-119.

Lim T S. 1994. Facework And Interpersonal Relationships in: The Challenge Of Facework: Cross-Cultural and Interpersonal Issues[M]. New York: State University of New York Press.

Manning T T. 2002. Gender, managerial level, transformational leadership and work satisfaction[J]. Women in Management Review, 17（5）: 207-216.

Maslyn J M, Uhlbien M. 2001. Leader-member exchange and its dimensions: effects of self-effort and other's effort on relationship quality[J]. Journal of Applied Psychology, 86（4）: 697-708.

Milliken F J, Morrison E W, Hewlin P E. 2003. An exploratory study of employee silence: issues that employees don't communicate upward and why[J]. Journal of Management Studies, 40（6）: 1453-1476.

Moorhead G, Montanari J R. 1986. An empirical investigation of the groupthink phenomenon[J]. Human Relations, 39（5）: 399-410.

Morris J A, Brotheridge C M, Urbanski J C. 2005. Bringing humility to leadership: antecedents and consequences of leader humility[J]. Human Relations, 58（10）: 1323-1350.

Morrison E W, Milliken F J. 2000. Organizational silence: a barrier to change and development in a pluralistic world[J]. Academy of Management Review, 25（4）: 706-731.

Nielsen R, Marrone J A, Slay H S. 2010. A new look at humility: exploring the humility concept and its role in socialized charismatic leadership[J]. Journal of Leadership and Organizational Studies, 17（1）: 33-43.

Offermann L R, Hellmann P S. 1997. Culture's consequences for leadership behavior: national value in action[J]. Journal of Cross-Culture Psychology, 28（28）: 342-351.

Ou Yi. 2012. CEO Humility and its relationship with middle manager behaviors and performance: examining the CEO-middle manager interface[D]. Doctorial Dissertation, Arizona State University.

Owens B P, Hekman D R. 2012. Modeling how to grow: an inductive examination of humble leader behaviors, contingencies, and outcomes[J]. Academy of Management Journal, 55（4）: 787-818.

Owens B P, Johnson M D, Mitchell T R. 2013. Expressed humility in organizations: implications for performance, teams, and leadership[J]. Organization Science, 24（5）: 1517-1538.

Park C M, Keil M. 2009. Organizational silence and whistle-blowing on IT projects: an integrated model[J]. Decision Sciences, 40（4）: 901-918.

Pawar B S, Eastman K K. 1997. The nature and implications of contextual influences on transformational leadership: a conceptual examination[J]. Academy of Management Review，22（1）：80-109.

Pearce C L，Sims H P，Cox J F，et al. 2003. Transactors，transformers and beyond：a multimethod development of a theoretical typology of leadership[J]. Journal of Management Development，22（4）：273-307.

Pearce C L，Sims H P. 2002. Vertical versus shared leadership as predictors of the effectiveness of change management teams：an examination of aversive，directive，transactional，transformational，and empowering leader behaviors[J]. Group Dynamics：Theory，Research，and Practice，6（2）：172-197.

Piderit S K，Ashford S J. 2003. Breaking silence：tactical choices women managers make in speaking up about gender-equity issues[J]. Journal of Management Studies，40（6）：1477-1502.

Pinder C C，Harlos K P. 2001. Employee silence：quiescence and acquiescence as responses to Perceived in justice[J]. Research in Personnel and Human Resource Management，（20）：331-369.

Premeaux S F，Bedeian A G. 2003. Breaking the silence：the moderating effects of self-monitoring in predicting speaking up in the workplace[J]. Journal of Management Studies，40（6）：1537-1562.

Prussia G E，Anderson J S，Manz C C. 1998. Self-leadership and performance outcomes：the mediating influence of self-efficacy[J]. Journal of Organizational Behavior，19（5）：523-538.

Roberts K H，O'Reilly G A. 1974. Failures in upward communication in organizations：three possible culprits[J]. Academy of Management Journal，17（2）：205-215.

Romanowska J，Larsson G，Theorell T. 2014. An art-based leadership intervention for enhancement of self-awareness，humility，and leader performance[J]. Journal of Personnel Psychology，13（2）：97-106.

Ryan K D，Oestreich D K. 1991. Driving Tear Out of The Workplace：How to Overcome The Invisible Barriers to Quality，Productivity，and Innovation[M]. San Francisco：Jossey-Bass.

Saunders D M，Sheppard B H，Knight V，et al. 1992. Employee voice to supervisors [J]. Employee Responsibilities and Rights Journal，5（3）：241-259.

Song L J，Zhang X J，Joshua J B. 2014. A multilevel analysis of middle manager performance：the role of CEO and top manager leadship[J]. Management and Organization Review，10（2）：275-297.

Sosik J J. 2005. The role of personal values in the charismatic leadership of corporate managers：a model and preliminary field study[J]. The Leadership Quarterly，16（2）：221-244.

Sparrowe R T. 1995. The effects of organizational culture and leader-member exchange on employee empowerment in the hospitality industry[J]. Hospitality Research Journal，（2）：422-459.

Srivastava A，Bartol K M，Locke E A. 2006. Empowering leadership in management teams：effects on knowledge sharing，efficacy，and performance[J]. Academy of Management Journal，49（6）：1239-1251.

Standish N G. 2007. Humble Leadership：Being Radically Open to God's Guidance and Grace[M]. Herndon：Alban Institute.

Tangney J P. 2000. Humility：theoretical perspectives，empirical findings，and directions for future research[J]. Journal of Social and Clinical Psychology，19（1）：70-82.

Tangney J P. 2002. Humility[C]//Sngder C R. Handbook of Positive Psychology. Cary：Oxford University Press.

Tepper B J，Duffy M K，Henle C A，et al. 2006. Procedural injustice，victim precipitation，and abusive supervision[J]. Personnel Psychology，59（1）：101-123.

Tepper B J. 2000. Consequences of abusive supervision[J]. Academy of Management Journal，43（2），178-190.

Tepper B J. 2007. Abusive supervision in work organizations：review，synthesis，and research agenda[J]. Journal of Management，33（3）：261-289.

Thomas K W，Velthouse B A. 1990. Congnitive elements of empowerment：an interpretive model of intrinsic task motivation[J]. Academy of Management Review，15（4）：666-681.

Tsang E W K. 1998. Can guanxi be a source of sustained competitive advantage for doing business in China[J]. Academy of Management Executive, 12（2）: 64-73.

Tsui A S, O'Reilly C A. 1989. Beyond simple demographic effects: the importance of relational demography in superior-subordinate dyads[J]. Academy of Management Journal, 32（2）: 402-423.

van Dijke M, de Cremer D, Msyer D M, et al. 2012. When does procedural fairness promote organizational citizenship behavior? Integrating empowering leadership types in relational justice models[J]. Organizational Behavior and Human Decision Processes, 117（2）: 235-248.

van Dyne L, Pierce J L. 2004. Psychological ownership and feelings of possession: three field studies predicting employee attitudes and organizational eitizenship behavior[J]. Journal of Organizational Behavior, 25（4）: 439-459.

Vera D, Rodriguez-Lopez A. 2004. Humility as a source of competitive advantage[J]. Organizational Dynamics, 33（4）: 393-408.

Walumbwa F O, Cropanzano R, Goldman B M. 2011. How leader-member exchange influences effective work behaviors: social exchange and internal-external efficacy perspectives[J]. Personnel Psychology, 64（3）: 739-770.

Wofford J C, Goodwin V L, Whittington J L. 1998. A field study of a cognitive approach to understanding transformational and transactional leadership[J]. The Leadership Quarterly, 9（1）: 55-84.

Wu T Y, Hu C. 2009. Abusive supervision and employee emotional exhaustion dispositional antecedents and boundaries[J]. Group and Organization Management, 34（2）: 143-169.

Zhang W, Wang H, Pearce C L. 2014. Consideration for future consequences as an antecedent of transformational leadership behavior: the moderating effects of perceived dynamic work environment[J]. The Leadership Quarterly, 25（2）: 329-343.

第四章　领导沉默的结果变量及作用机制

在研究了领导沉默的维度、事件/话题及领导沉默影响因素之后，本章将聚焦于领导沉默效能（即结果变量）的研究。通过对 44 个样本的访谈和编码，笔者发现领导沉默的结果变量主要包括个体层面和组织层面两大部分。个体层面主要涉及员工情绪体验、员工成长、员工悟性、工作绩效、工作积极性、主管信任、员工建言、领导决策、领导权威 9 个变量；组织层面主要包括上下级关系和组织氛围 2 个变量。鉴于领导沉默对员工的影响最直接，也是企业领导最为关心的问题，所以在量化研究阶段最终选取了员工成长、员工建言、主管信任和员工悟性 4 个变量。前 3 个变量量表是根据成熟量表修订而来，最后一个变量量表是根据访谈资料开发的。通过对 664 份有效问卷进行分析，发现领导沉默可以正向影响员工悟性和员工建言。同时，主管信任在领导沉默和其他 3 个结果变量间起中介作用。

第一节　理　论　回　顾

黄桂等（2013）认为领导沉默会产生如下影响，如避免失言导致的不良后果，有利于维护上下级之间的关系和树立领导权威，也揭示了领导沉默既有积极的一面，也有消极的一面。消极方面是指引起员工的恐慌和猜疑，降低沟通效率。积极方面是指促进员工建言，促使员工自我反省等。但是，该研究并没有对此进行深入的研究。

虽然领导沉默是一个新的研究概念，可资借鉴的研究成果很少，但是，有关领导风格效能的研究可以为本书提供有益的启迪。

本书既梳理了像辱虐管理这种具有消极效能的领导理论，也梳理了如变革型、魅力型、谦卑型领导等具有积极效能的领导理论。同时，也回顾了如家长式、差序式等既有积极效能也有消极效能的领导理论，以便为领导沉默效能的研究提供理论指导。

一、领导效能

（一）领导效能研究

领导理论是最受学者青睐的研究问题之一，在领导理论中，又以授权型、谦卑型、辱虐型、交易型、变革型及魅力型领导理论受到的关注较多。

领导效能是现代领导学的重要研究内容之一，是衡量领导进行领导活动的尺度，是判断领导成功与否的标准，也是判断领导有效性的重要指标。

关于领导效能内涵和维度学界还没有达成共识，大体上分为员工个人层面、领导层面、组织和团队层面等不同的研究角度。

Fiedler 等（1976）认为领导效能可以用下属的任务绩效和群体的任务绩效来衡量。Bass（1990）指出把下属对工作任务的情绪反应、对领导的信任和信心等作为领导效能的测量指标。House 和 Howell（1992）则认为领导效能的评价维度取决于提高部属的工作满意度，激发部属工作动机与领导被部属接纳的程度。刘建军（2003）提出领导效能是指领导在实施领导过程中的行为能力、工作状态和工作结果。

Cooper 和 Gadam（2009）认为领导效能涵盖了服务质量和财务绩效，而在个体层面上则包括工作满意度和组织承诺。Derue 等（2011）从内容、层次和对象 3 个方面对领导效能进行界定，内容方面是从产出形式的角度研究领导效能，如情绪、态度和行为等；层次方面是指领导发挥作用的层面，包括个体、队伍、团队和组织 4 个层面；对象方面是指有效性的评价指标是针对领导而言（如对领导的满意程度），还是针对其他对象而言（如团队绩效）。

综上本书认为领导效能是领导行为对下属、团队、组织及领导本人所产生的影响，可以说是结果变量的代名词。

鉴于在第三章已经对变革型领导、交易型领导、魅力型领导、家长式领导、差序式领导、授权型领导、谦卑型领导及辱虐管理进行了概念定义，此不赘述。本章重点介绍上述领导风格效能的研究情况，以期为领导沉默效能的研究提供有益的参考。

（二）变革型领导效能研究

变革型领导效能的研究成果十分丰富。大量个体层面的研究表明，变革型领导不同程度地影响工作满意度、离职倾向、组织公民行为、工作投入、工作绩效、员工创造力、组织承诺、员工建言等个体层面变量（Yammarino et al.，1993；周浩和龙立荣，2012；刘景江和邹慧敏，2013；Braun et al.，2013；Kovjanic et al.，2013；Wang et al.，2013；Carter et al.，2014）。

团队层面的研究显示，变革型领导能够显著地影响团队绩效、团队创新（Eisenbeiss et al.，2008；陈建勋，2011；Braun et al.，2013；Chi and Huang，2014）及团队建言（段锦云等，2017）。

组织层面的研究表明，变革型领导不同程度地影响组织绩效、组织创新、组织学习（Jung et al.，2003；Aragón-Correa et al.，2007；王凤彬和陈建勋，2011；Colbert et al.，2014）。变革型领导效能详见表 4-1。

表 4-1　变革型领导效能

结果变量		研究者（年份）
个体	工作满意度	Braun 等（2013）；隋杨等（2012）；史青（2010）
	离职倾向	Bycio 等（1995）；Tse 等（2013）
	组织公民行为	Carter 等（2014）；仲理峰等（2013）
	工作投入	Kovjanic 等（2013）
	工作绩效	Yammarino 等（1993）；隋杨等（2012）；仲理峰等（2013）
	员工创造力	Wang 等（2013）；刘景江和邹慧敏（2013）；Gumusluoglu 和 Ilsev（2009）；Pieterse 等（2010）
	组织承诺	史青（2010）；李磊等（2012）
	员工建言	周浩和龙立荣（2012）；段锦云和黄彩云（2014）；吴隆增等（2011）
团队	团队绩效	Braun 等（2013）；Chi 和 Huang（2014）；陈建勋（2011）；吴志明和武欣（2006）
	团队创新	Eisenbeiss 等（2008）；Liu 和 Phillips（2011）；刘小禹等（2011）
	团队建言	段锦云等（2017）
组织	组织绩效	Colbert 等（2014）；王凤彬和陈建勋（2011）；鞠芳辉和万松钱（2008）
	组织学习	Aragón-Correa 等（2007）；Garcia-Morales 等（2008）
	组织创新	Aragón-Correa 等（2007）；Jung 等（2003）；Garcia-Morales 等（2008）

（三）交易型领导效能研究

个体层面的研究表明，交易型领导不同程度地影响工作绩效、工作满意度、组织承诺、离职倾向、组织公民行为、员工创造性（Scott and Bruce，1994；Judge and Piccolo，2004；吴敏，2005；郭桂梅和段兴民，2008；魏峰等，2009）。

团队层面的研究表明，交易型领导能够显著地影响团队凝聚力、团队创新、团队绩效（Podsakoff and Todor，1985；Howell and Avolio，1993；Sosik et al.，1997；Schaubroeck et al.，2007）。

组织层面的研究显示，交易型领导有利于组织学习、组织创新、组织绩效（刘晖等，2012）。交易型领导效能详见表 4-2。

表 4-2　交易型领导效能

结果变量		研究者（年份）
个体	工作满意度	吴敏（2005）；Judge 和 Piccolo（2004）
	组织承诺	吴敏（2005）
	离职倾向	吴敏（2005）
	组织公民行为	吴敏（2005）
	工作绩效	Judge 和 Piccolo（2004）
	员工创造性	Scott 和 Bruce（1994）；郭桂梅和段兴民（2008）；魏峰等（2009）

续表

	结果变量	研究者（年份）
团队	团队凝聚力	Podsakoff 和 Todor（1985）
	团队创新	刘小禹等（2012）
	团队绩效	Podsakoff 和 Todor（1985）；Howell 和 Avolio（1993）；Schaubroeck 等（2007）；Sosik 等（1997）
组织	组织学习	刘晖等（2012）
	组织创新	刘晖等（2012）
	组织绩效	杨慧军和扬建君（2015）

（四）魅力型领导效能研究

个体层面的研究表明，魅力型领导不同程度地影响工作满意度、主管信任、工作绩效、组织公民行为、自我效能感、员工创造力等个体层面变量（Ehrhart and Kein，2001；叶余建等，2007；王华强和袁莉，2016）。

关于团体层面的研究显示，魅力型领导能显著地影响团队合作、团队创新、团队绩效、团队凝聚力（Dionne et al.，2004；刘惠琴和张德，2007；Michaelis et al.，2009；董临萍等，2010）。

而在组织层面，有学者证实魅力型领导能够正向影响组织绩效（Flynn and Staw，2004）。魅力型领导效能详见表 4-3。

表 4-3　魅力型领导效能

	结果变量	研究者（年份）
个体	工作满意度	Ehrhart 和 Kein（2001）；董临萍等（2010）
	主管信任	Erez 等（2008）
	工作绩效	Jacobsen 和 House（2001）
	组织公民行为	Babcock-Roberson 和 Strickland（2010）；叶余建等（2007）
	自我效能感	叶余建等（2007）
	组织承诺	吴维库等（2008）
	员工创新	张鹏程等（2011）
	员工创造力	王华强和袁莉（2016）
	离职意向	Babcock-Roberson 和 Strickland（2010）
团队	团队合作	de Cremer 和 var Knippenberg（2002）
	团队创新	Michaelis 等（2009）；刘惠琴和张德（2007）
	团队绩效	董临萍等（2010）
	团队凝聚力	Dionne 等（2004）
组织	组织绩效	Flynn 和 Staw（2004）；杜运周和李毛毛（2012）

（五）授权型领导效能研究

大量个体层面的研究显示，授权型领导不同程度地影响员工绩效水平、创造力、知识共享行为、建言行为、主管信任、创新行为、员工任务行为、工作满意度、组织承诺及角色内（外）行为等个体层面变量（Konczak et al.，2000；Ahearne et al.，2005；Zhang and Bartol，2010；谢俊和汪林，2014；张瑞娟等，2014；Fong and Snape，2015；孙圣兰和吕洁，2016；李燕萍等，2018）。

团队层面的研究发现，授权型领导能够显著地影响团队效能、团队绩效、团队效率、团队组织承诺、团队知识分享水平、团队创造力、上下级关系（Kirkman and Rosen，1999；Pearce and Sims，2002；Srivastava et al.，2006；王永丽等，2009；林晓敏等，2014；李燕萍等，2018；Arnold et al.，2000；Xue et al.，2011；Zhang and Bartol，2010；薛会娟，2013；张瑞娟等，2014）。

关于组织层面的效能，Birdi 等（2008）发现企业的授权实践有利于组织绩效的提升，Carmeli 等（2011）发现 CEO 的授权型领导风格能够促进组织绩效的提升。

总之，授权型领导效能的研究以个体层面的研究成果最多，并且多集中于授权型领导对员工积极行为的影响，这与授权型领导本身的特征有关。详见表 4-4。

表 4-4　授权型领导效能

	结果变量	研究者（年份）
个体	员工绩效水平	Srivastava 等（2006）
	创造力	Zhang 和 Bartol（2010）
	工作满意度	Konczak 等（2000）；Vecchio 等（2010）；Fong 和 Snape（2015）；Aheame 等（2005）；张瑞娟等（2014）
	主管信任	谢俊和汪林（2014）
	组织承诺	Konczak 等（2000）；Fong 和 Snape（2015）
	知识共享行为	Srivastava 等（2006）
	创新行为	Chen 等（2014）；孙圣兰和吕洁（2016）
	角色内行为	Raub 和 Robert（2010）
	角色外行为	Zhang 和 Bartol（2010）；Raub 和 Robert（2010）
	员工任务行为	谢俊和汪林（2014）
	建言行为	薛贤等（2015）；李燕萍等（2018）
团队	团队绩效	Srivastava 等（2006）；王永丽等（2009）；林晓敏等（2014）
	团队效率	Arnold 等（2000）
	团队组织承诺	Kirkman 和 Rosen（1999）
	团队知识分享水平	Xue 等（2011）
	团队创造力	Zhang 和 Bartol（2010）；薛会娟（2013）
	团队效能	Pearce 和 Sims（2002）；李燕萍等（2018）
	上下级关系	张瑞娟等（2014）
组织	组织绩效	Birdi 等（2008）；Carmeli 等（2011）

（六）谦卑型领导效能研究

关于谦卑型领导效能的研究几乎都是正面的，其中，关于谦卑型领导对下属影响的研究成果比较多，包括明确下属的职业发展路径、增强下属的心理自由、提升下属的工作投入程度（Owens and Hekman，2012）、提升下属的自我效能感和奉献意愿、增强对领导者的认同（Nielsen et al.，2010）等。近年来，也有学者关注谦卑型领导对促进员工创造力及提升员工绩效（雷星晖等，2015；罗瑾琏等，2015；王艳子等，2016；陈翼然等，2017）方面的作用。同时，谦卑型领导有利于建立支持型领导-下属关系（Morris et al.，2005）及形成与下属的双向反馈，并且会影响魅力型领导行为的有效性（Nielsen et al.，2010）。谦卑型领导正向影响员工抑制性建言（张亚军等，2017）。

从团队层面看，谦卑型领导行为和团队效能显著正相关，谦卑型领导行为显著正向影响团队绩效、团队承诺（廖冰等，2017）。

从组织层面看，谦卑型领导能够促使组织更好地成长（Collins，2001；Gardner et al.，2005），并致力于将组织打造成为具有鼓励组织学习、更好地为顾客服务及有效适应改变的特征的组织（Vera and Rodriguez-Lopez，2004）。谦卑型领导效能详见表4-5。

表4-5　谦卑型领导效能

	结果变量	研究者（年份）
个体	工作满意度	Tierney 等（1999）；罗瑾琏等（2015）
	工作绩效	罗瑾琏等（2015）
	主管信任	Owens 和 Hekman（2012）；Cropanzano 等（2007）
	下属职业发展	Owens 和 Hekman（2012）
	工作投入	Owens 和 Hekman（2012）
	心理安全感	Edmondson（1999）
	组织认同感	Lord 和 Brown（2001）；Dutton 等（2010）
	创造力、创新	雷星晖等（2015）；王艳子等（2016）；陈翼然等（2017）
	员工抑制性建言	张亚军等（2017）
	支持型领导-下属关系	Morris 等（2005）
团队	团队绩效、团队承诺	廖冰等（2017）
组织	组织成长	Collins（2001）；Vera 和 Rodriguez-Lopez（2004）；Gardner 等（2005）
	组织氛围	Morris 等（2005）

资料来源：笔者根据文献自行整理

（七）辱虐管理效能研究

绝大多数研究都认为辱虐管理效能是负面的，大量个体层面的研究表明，辱虐管理会显著地影响下属的工作满意度、组织承诺、组织公民行为、离职意向、主管信任、心理情绪、工作绩效、员工反生产行为等个体层面的变量（Tepper，2000；Tepper et al.，2004，2008；Aryee et al.，2007；吴隆增等，2009；刘军等，2009；李育辉等，2016；马吟秋等，2017）。也有研究显示，当辱虐管理处于中等程度并开始逐渐加深时，员工的反生产行为是逐渐降低的（许勤等，2015）。

辱虐管理在团队层面、组织层面的效能研究较少，一些实证研究表明辱虐管理会负向地影响组织绩效（Hmieleski and Ensley，2007）。详见表4-6。

表4-6　辱虐管理效能

	结果变量	研究者（年份）
个体	工作满意度	Tepper（2000）；Tepper 等（2004）
	组织承诺	Aryeev 等（2007）
	主管信任	吴隆增等（2009）
	组织公民行为	吴隆增等（2009）；Aryee 等（2007）；Xu 等（2012）
	离职意向	Tepper 等（2008）
	员工建言	李锐等（2009）；吴维库等（2012）
	报复行为	Tepper 等（2008）；Bamberger 和 Bacharach（2006）
	心理情绪	Tepper（2007）；刘军等（2009）；吴宗佑（2008）；李育辉等（2016）
	中等程度以上的辱虐，减低员工反生产行为	许勤等（2015）
	工作绩效	Harris 等（2007）；吴隆增等（2009）；Hoobler 和 Hu（2013）；李育辉等（2016）
组织	组织绩效	Hmieleski 和 Ensley（2007）

资料来源：笔者根据文献自行整理

（八）家长式领导效能研究

家长式领导对员工个体的影响。家长式领导个体效能的研究主要有两个方向

（Gao et al.，2012）：一是家长式领导的 3 个维度通过各自相应的中介变量来影响结果变量（樊景立和郑伯壎，2000；吴敏等，2007；魏蕾和时勘，2010；Chou，2012）；二是这 3 个维度通过相同的中介变量来发挥作用（Chen et al.，2014；Wu et al.，2012）。也有学者认为家长式领导对员工的工作态度影响远大于对员工工作绩效的影响（王甜等，2017）。

学者对仁慈领导、德行领导所产生的效能看法较为一致，他们认为仁慈、德行领导会对组织承诺、工作满意度、部属认同感等工作态度和组织公民行为、工作绩效等工作行为产生显著的正向影响（郑伯壎等，2000，2003；Cheng et al.，2004；邱功英和龙立荣，2014；Chen et al.，2014；杨五洲等，2014）。

而有关威权领导的效能研究结论则几乎是相互矛盾的：有学者研究发现领导的威权行为会对下属服从产生正向影响（Cheng et al.，2004；Farh et al.，2006），与员工的工作满意度、部属对领导的忠诚与信任、组织承诺成负相关（郑伯壎等，2000；吴宗祐，2008）。郑伯壎等（2002）发现威权领导显著降低下属对上级的信任感、忠诚度，对下属的组织承诺并没有显著的影响（李超平等，2007；周婉茹等，2010）。也有学者发现威权领导与下属的工作绩效无关，与组织公民行为呈正相关或负相关（Chen et al.，2014）。有学者认为威权式领导影响下属前瞻行为，领导信任起中介作用，下属权威主义取向起调节作用（李锐和田晓明，2014）。

对团队层面的影响。对此问题学界并没有形成一致的意见，尤其关于威权领导和德行领导方面。有研究发现团队创新绩效不受威权领导和德行领导的显著影响，仁慈领导通过心理授权间接提高团队创新绩效（陈璐等，2013）。有学者发现仁慈领导、德行领导提升团队绩效，威权领导降低团队绩效（高昂等，2014）。有学者认为威权领导是团队成员沟通与交流的障碍，对团队成员的行为整合产生负效应。仁慈、德行领导有助于团队成员的合作交流，对团队行为整合有正效应（逄晓霞等，2012）。

对组织层面的影响。有学者认为家长式领导的 3 个维度都有利于促进组织学习（于海波等，2009）。威权领导不利于组织创新，却能促进创新的有效实施；而仁慈领导有利于组织创新，却不利于创新的有效实施（傅晓等，2012）。

家长式领导的跨文化研究。Uhl-Bien 等（1990）和 Aycan 等（2000）研究发现，家长式领导与领导-成员关系、职业发展、领导-成员交换关系、工作满意度和工作参与等变量呈正相关。Uhl-Bien 等（1990）的研究证实，家长式领导行为适用于日本情境；Aycan 等（2000）研究发现除了中国外，印度、巴基斯坦、德国、美国等国家都存在家长式领导作风，但是不同文化背景下的家长式领导的效能存在较大的差异。

详见表 4-7。

表 4-7　家长式领导效能

结果变量		研究者（年份）
个体	工作绩效	樊景立和郑伯壎（2000）；吴宗佑等（2002）；傅晓等（2012）
	工作满意度	Uhl-Bien 等（1990）；樊景立和郑伯壎（2000）；吴宗佑等（2002）
	员工创造力	蒋琬和顾琴轩（2015）
	工作投入	Uhl-Bien 等（1990）；魏蕾和时勘（2010）；杨五洲等（2014）
	员工建言	周建涛和廖建桥（2012）；邱功英和龙立荣（2014）
	主管信任/忠诚	李鑫（2006）
	组织公民行为	樊景立和郑伯壎（2000）；郑伯壎等（2002，2003）；Cheng 等（2004）；Chen 等（2014）
	下属前瞻行为	李锐和田晓明（2014）
	部属职涯高原	曾垂凯（2011）
团队	团队成员创造力	陈璐等（2013）
	团队效能	陈璐等（2010）
	团队绩效	张新安等（2009）；高昂等（2014）
组织	组织绩效	鞠芳辉和万松钱（2008）
	组织学习	周浩和龙立荣（2008）；于海波等（2009）
	组织创新	傅晓等（2012）

（九）差序式领导效能研究

差序式领导对员工个体的影响。郑伯壎（1995）提出，差序式领导的归类标准受制于传统文化价值与市场条件的影响力，而以关系、忠诚及才能为主，使得企业领导对员工形成一定的差序认知结构，进而实施差序管理，有助于组织效能的提升。被归类的员工，会表现出不同的态度和行为，属于领导"自己人"的部属会有更高的角色服从性、工作满足感和组织承诺、更低的离职率。姜定宇和张菀真（2010）研究发现，差序式领导能够提升下属的工作绩效及程序公平认知，权力距离可以调节差序式领导和主管公平认知。具体如图 4-1 所示。

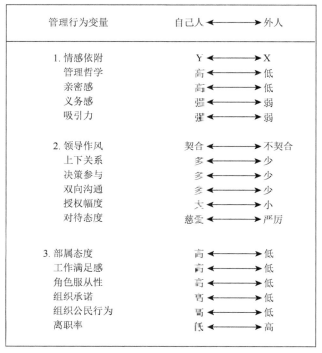

图 4-1　差序式领导效能

资料来源：杨国枢等，2008

后续有研究显示，差序式领导正向影响员工的创新行为（袁凌等，2016）、利社会行为（陶厚永等，2016），对员工的离职倾向产生负向的影响（石冠峰和雷良军，2016）。

团队层面的研究显示，差序式领导可以正向预测团队绩效和团队知识分享（姜定宇等，2012）、对员工个人与团队的创造力均有显著的正向影响（王磊和杜贝贝，2017）。差序式领导效能详见表 4-8。

表 4-8　差序式领导效能

	结果变量	研究者（年份）
个体	工作绩效	姜定宇和张菀真（2010）
	主管公平感知	姜定宇和张菀真（2010）
	离职倾向	王磊（2013）；石冠峰和雷良军（2016）
	员工创造力	王磊（2015）；王磊和杜贝贝（2017）；袁凌等（2016）
	角色服从性	郑伯壎（1995，1999）
	组织承诺	郑伯壎（1995，1999）
	组织公民行为	郑伯壎（1995，1999）
	利社会行为	陶厚永等（2016）

续表

	结果变量	研究者（年份）
团队	团队绩效	姜定宇等（2012）
	团队知识分享	姜定宇等（2012）
	团队创造力	王磊（2015）；王磊和杜贝贝（2017）

资料来源：笔者根据文献自行整理

二、评价

变革型领导、交易型领导、魅力型领导、授权型领导、谦卑型领导、辱虐管理、家长式领导和差序式领导的效能都包括个体、团队和组织 3 个层面，其中，个体层面包括员工态度、行为和上下级关系。相比于授权型、谦卑型领导等领导风格效能，家长式领导和差序式领导风格效能则包含了一些像"下属前瞻行为""认同效法""角色服从性""主管忠诚"等本土元素。可见，领导风格效能在不同文化背景下具有一定差异性。详见表 4-9。

表 4-9　领导风格效能汇总

效能		变革型领导风格效能	交易型领导风格效能	魅力型领导风格效能	授权型领导风格效能	谦卑型领导风格效能	辱虐型领导风格效能	家长式领导风格效能	差序式领导风格效能
个体层面	工作满意度	√	√	√	√	√	√	√	
	组织认同					√			
	主管信任			√	√	√	√	√	
	主管公平感知								√
	心理安全感					√			
	负向的心理情绪						√		
	离职倾向	√	√	√			√		√
	自我效能感			√					
	组织公民行为	√		√	√		√	√	√
	工作投入度	√	√			√		√	
	员工的反生产行为						√		
	知识共享行为				√				
	角色内行为				√				√
	角色外行为				√				
	员工创新			√	√			√	√
	工作绩效	√	√	√	√		√	√	
	组织承诺	√	√	√	√		√		√

续表

	效能	变革型领导风格效能	交易型领导风格效能	魅力型领导风格效能	授权型领导风格效能	谦卑型领导风格效能	辱虐型领导风格效能	家长式领导风格效能	差序式领导风格效能
个体层面	组织公平感								
	下属职业发展					√			
	下属前瞻行为							√	
	部署职涯高原							√	
	员工建言	√			√	√	√	√	
团队层面	团队绩效	√	√	√	√			√	√
	团队凝聚力		√	√					
	团队合作			√		√		√	
	团队创新	√	√	√	√			√	√
	团队效率				√				
	团队组织承诺				√				
	团队知识分享水平				√				√
组织层面	组织绩效	√	√	√	√		√	√	
	支持型上下级关系				√	√		√	
	组织学习	√	√						
	组织创新	√							
	组织成长					√			
	组织氛围					√			

　　总之，变革型领导、授权型领导风格效能是积极的；辱虐管理的风格效能是消极的；差序式领导风格效能既有积极的，也有消极的。家长式领导风格效能则因维度的不同而不同。德行领导和仁慈领导的风格效能都是积极的，威权领导的风格效能究竟是积极还是消极的，学界并没有达成共识。

　　与上述领导风格效能相比，领导沉默效能有如下两大特点：一是维度不同，其效能也不同；二是即便是同一沉默维度，其效能往往表现出积极与消极的两个方面。这是领导沉默效能的复杂之处，也是其魅力之处。对领导沉默效能的研究有利于我们在具体的管理实践中把握其规律，更好地发挥其积极作用，减少其消极作用。

第二节　领导沉默效能的访谈研究

　　本书通过对 44 个样本的访谈与编码，总结出领导沉默效能，建立领导沉默效能模型。

一、访谈样本

本书采用目的型抽样方法,选取具有丰富工作经验的在职人员作为访谈样本。样本数量以理论饱和(theoretical saturation)原则为准,即不断地抽取样本直到样本不再提供新的信息为止。样本的基本情况是,14 名基层领导、14 名中层领导和16 名高层领导。样本的年龄分布适合,25～50 岁均有涉及。样本来自的行业多样,传统行业与高新技术行业均有覆盖。样本的组织性质多样,包括民营企业、国有企业、外资和政府及其他事业单位,样本所处的部门多样。同时,样本学历均为本科/大专及以上,保证被访者能够充分理解本次访谈的问题,并对领导沉默有自己的感悟和理解,能够有效地传达自己的想法。样本之所以大部分选取管理者,而很少选择员工,是因为领导都是从员工成长起来的;在其成长的过程中对领导沉默效能有更加多元的认识。访谈样本的基本情况详见表 4-10。

表 4-10　访谈样本的基本情况统计($N= 44$)

项目	类别	数量	百分比/%	累计百分比/%
性别	男	29	65.91	65.91
	女	15	34.09	100.00
年龄	25～30 岁	5	11.37	11.37
	31～40 岁	27	61.36	72.73
	41～50 岁	12	27.27	100.00
学历	本科/大专	10	22.73	22.73
	硕士	31	70.45	93.18
	博士	3	6.82	100.00
工龄	3～5 年	2	4.54	4.54
	6～10 年	18	40.91	45.45
	11～15 年	11	25.00	70.45
	16～20 年	6	13.64	84.09
	20 年以上	7	15.91	100.00
现组织工龄	3 年以下	9	20.45	20.45
	3～5 年	10	22.73	43.18
	6～10 年	10	22.73	65.91
	11～15 年	12	27.27	93.18
	16～20 年	2	4.55	97.73
	20 年以上	1	2.27	100.00
职务	基层领导	14	31.82	31.82
	中层领导	14	31.82	63.64
	高层领导	16	36.36	100.00

项目	类别	数量	百分比/%	累计百分比/%
直接管辖人数	5 人以下	8	18.18	18.18
	5～10 人	10	22.73	40.91
	11～20 人	10	22.73	63.64
	20 人以上	16	36.36	100.00
公司规模	1～50 人	1	2.27	2.27
	51～99 人	3	6.82	9.09
	100～200 人	6	13.64	22.73
	201～500 人	8	18.18	40.91
	501～1000 人	7	15.91	56.82
	1000 人以上	19	43.18	100.00
组织性质	政府及其他事业单位	2	4.55	4.55
	民营企业	18	40.91	45.46
	外资企业	4	9.09	54.55
	国有企业	20	45.45	100.00

二、数据收集和访谈记录

访谈采取一对一或二对一的形式进行，访谈时间为 60～80 分钟。访谈选择在被访者方便和安静的地方进行，以保证访谈的有效性。

笔者提前向被访者发送访谈邀请函和访谈说明，以便被访者预先了解访谈内容。在访谈正式开始前，笔者先简要地向被方者描述此次访谈的重点和目标，确认被访者对访谈的内容和目的已有了初步的了解之后再进入正式访谈。

首先，确定其基本信息及确保其理解领导沉默的含义。对基层、中层及高层副职，笔者会询问其对上级领导沉默的感受及是否会对下级表现出领导沉默行为；如果是高层正职，则询问其是否对下级表现出领导沉默。在得到肯定的回答后，根据访谈对象的职务，有针对性地了解以下问题。

第一部分：了解被访者的上级对其所表现出的领导沉默行为。

1）列举上级故意不向您直接表达或者不明确表达其意见或观点的情形。

2）上级在哪些类别的话题或者事件不表态或者不明确表态？

3）您认为上级不表态或者不明确表态是出于何种考虑？

4）您的上级不表态或者不明确表态会对您造成什么影响？会对其他方面造成什么影响？

第二部分：了解被访者对其下级所表现出的领导沉默行为。

1）您是否存在对下级不明确表达或者不表达观点和看法的行为？请举例。

2）您会在哪些类别的事件或话题上不表达或不明确表达自己的意见和看法？

3）您对下级不表达看法或者不明确表态是出于何种考虑？

4）您认为您不表达看法或者不明确表态会给下级造成什么影响？会对其他方面造成什么影响？

基层领导、中层领导的问题包括第一和第二部分，基层领导的问题主要集中在第一部分，高层领导的问题主要集中在第二部分。

为了更好地了解领导沉默的结果变量，在访谈中笔者尽量引导被访谈者详细地描述自己所经历的事件，目的在于把握领导沉默的本质及领导沉默行为所造成的影响。

其次，在所有的访谈问题都完成后，笔者会继续提出一些开放性的问题，如"您对我们的研究有什么意见和建议，是否还有其他的观点或想法"等，以充实访谈内容。在整个访谈结束后，笔者请被访者对访谈中的关键信息和要点进行确认，以免信息的错失。

最后，访谈结束后，笔者及时整理和分析访谈资料，包括录入、编号、分类等，以保证资料的完整性和准确性。

三、编码和登录

在很多时候，被访者并不是对每一个问题都用直接的"是"或"否"来回答，并且他们所说的"是"或"否"也可能包含不一样的含义。

因此，在很多时候，笔者需要对下述情况做出判断，才能准确地对访谈内容进行归纳和分析。例如，在对"在日常工作中您的上级是否存在不明确表达观点或不表达自己观点的行为"这一问题进行编码时，遵循如下规则：当访谈对象说"有"此种现象，并且可以同时说出具体的依据和理由时，就将其编码为"有"；当其回答说"有"，但不能说出相应的依据或理由，或者对此表示不太确定时，就将其编码为"否"。

对不能用"是"或"否"来回答的问题（如您的上级不表态或者不明确表态会对您造成什么影响），本书对此进行逐级编码和登录。

编码过程如下。

（一）一级编码（开放式登录）

一级编码为开放式登录，笔者尽量搁置个人观点和已有研究的"定见"，以开放的心态，将所有资料依照初始的访谈状态进行登录，以便从访谈资料中发现某些概念类属，并进行命名，确定概念类属的属性和维度。在访谈资料中，笔者发现了很多"本土概念"，如"猜测、琢磨、失落、悟性、感恩"等。记上编号（J_1，J_2，…），这一步骤一共提取了 45 个表明领导沉默效能的项目；删除不符合领导沉默效能含义的项目后，把剩下的 43 个条目编入项目库 A_1。另外再请两位组织行为学和人力资源管理领域的学者根据相同的访谈记录，用同样的方法进行提取，把符合要求的条目编入项目库 B_1，项目库 B_1 有 41 个项目，以此来优化归类，保证编码的可信度。

（二）二级编码（关联式登录）

二级编码主要是发现和建立概念类属之间的联系，以展现访谈资料各部分的有机关联。

从一级编码的本土概念中，笔者发现了概念类属的联系，确定了相关类属，如"促进员工反思、激发员工创造性、提高员工独立解决问题的能力"等一级编码属于员工成长的概念范畴；"有利于工作的开展、不利于工作任务的完成、消耗时间"等一级编码属于工作绩效的概念范畴。并对上面的项目库 A_1 和 B_1 进行对比和讨论，根据讨论的结果合并相关联项目，剩余条目编入项目库 C_1。项目库 C_1 共有 30 条项目。

（三）三级编码（核心式登录）

三级编码是将所有已发现的概念类属经过系统分析后选择一个核心类属，并且集中分析那些与核心类属有关的上两级编码类属。笔者将上述一级和二级编码中的所有类属和类属关系都建立起来之后，在三级编码登录时将核心类属确定为领导沉默效能。领导沉默效能编码过程如表 4-11～表 4-21 和图 4-2、图 4-3 所示。

表 4-11　领导沉默结果变量编码（对员工的影响——员工情绪体验）

类别	对员工的影响								
三级编码	员工情绪体验								
二级编码	消极情绪					积极情绪			
一级编码（频次）	失落/沮丧（7）	困惑/志忑（7）	不知所措（4）	消极怠工（3）	埋怨/猜忌上级（10）	感恩（3）	羞愧（5）	猜测/琢磨（9）	反省（7）
访谈片段	你跟他提建议时，你经过深思熟虑后，希望他是说 yes，他没有明确答复，那肯定会失落，你会想是不是他不同意，会去猜，如果你对他很了解的话，会知道这可能是他不同意的表达方式，他可能是需要时间去消化，需要和别人去探讨。一方面是猜，一方面会怀疑，同时也会谅解，情绪也是很复杂的（国有企业，基层，男，4）【失落/沮丧】								

类别	对员工的影响								
三级编码	员工情绪体验								
二级编码	消极情绪					积极情绪			
一级编码（频次）	失落/沮丧（7）	困惑/忐忑（7）	不知所措（4）	消极怠工（3）	埋怨/猜忌上级（10）	感恩（3）	羞愧（5）	猜测/琢磨（9）	反省（7）
访谈片段	我的一个经验不足的下级，需要我一一指导，如果我沉默不表态，她自己会不知道怎么做（国有企业，基层，男，4）【不知所措】 我们组织架构调整，新来的领导，我跟他相处不到 6 个月，我会猜他怎么想，他沉默的时候，我会猜更多（国有企业，基层，男，4）【困惑/忐忑】 员工的话，要看员工的素质。比较聪明的员工，也不喜欢你跟他说太多，他认为你把领导的意图讲清楚就可以，有些领导老是支支吾吾的，我哪里知道怎么办（民营企业，高层，男，10）【不知所措】 有时领导会保持自己的神秘感，而不多说。我会苦恼，有时候也搞不懂领导的意思，但是也不敢问，就自己想办法解决（民营企业，中层，女，20）【困惑/忐忑】 我们分管的领导，是个比较有想法的人，他不会很直接地告诉我们，如我们请日本客户吃饭，他不会告诉你他心理预算是多少，然后就让你去点菜，我感觉他是有要求的，只能根据自己的判断能力，去做这件事情，当时刚做完，内心还是比较忐忑的（国有企业，中层，女，014）【困惑/忐忑】 你放手给新员工的话，有的员工是没有自己的规划，出来是一头雾水的，那样的话他就会学不到东西（民营企业，基层，男，33）【不知所措】 如果那件事情是不好的事情，如我上班看淘宝之类的，领导没有直接批评我，我就觉得，这是警示的作用，还蛮感激领导，不会直接批评我（民营企业，高层，女，7）【感恩】 领导对我的小错误比较包容，不直接说我，我觉得她还是挺好的（国有企业，基层，女，24）【感恩】 我比较欣赏的那位领导，他不会很直接地批评你，不会骂你，你自己去想哪里有问题，但是我会觉得压力很大，我觉得，我怎么会连这个事儿都没做好（国有企业，基层，男，18）【羞愧】 他们觉得这些你应该会了，你做过了，你应该拿满分，为何做九十几分，会觉得领导恨铁不成钢，自己很不好意思，也会努力去做得更好（外资企业，基层，女，3）【羞愧】 我们有些员工是比较消极的人，他们会觉得你的决策效率不高，就会想等，甚至是放弃（民营企业，高层，女，9）【消极怠工】 如果是抗拒的话，对下属而言，他会装作不懂或消极怠工（民营企业，中层，女，20）【消极怠工】 领导沉默的话，他牢骚会比较多，觉得领导不表态，我搁到一边去，事情就被耽搁（外资企业，中层，男，11）【埋怨/猜忌上级】 当下属觉察得出刻意回避时，多少会有领导对他们不够贴心信任的感觉，大方向都不给，设计出来的制度又说不行，结果双方都有怨气（民营企业，高层，女，1）【埋怨/猜忌上级】 领导可能出于某些原因不给具体的答复，有些同事会抱怨领导一直不给答案，这个方案不说行又说不行，半夜让你去改，第二天又不行，没给具体指示。可能还是要区分一下（国有企业，中层，男，17）【埋怨/猜忌上级】 领导表面挽留我，而实际上有备胎。我知道后，心里就觉得有点凉，当时我已经当面跟他说我不会走，但是他还是选了备胎，我觉得他对我不信任，他这种做法让我挺不开心，也会对他这个领导的认可降低很多（国有企业，中层，女，14）【埋怨/猜忌上级】 我之前某个老板会出于维护自己的权威而表示出沉默，他这样让我感觉不是很好，做得成功了他会觉得是自己的能力，如果做得不好，就会让我背黑锅（民营企业，高层，男，19）【埋怨/猜忌上级】

续表

类别	对员工的影响								
三级编码	员工情绪体验								
二级编码	消极情绪					积极情绪			
一级编码（频次）	失落/沮丧（7）	困惑/迷茫（7）	不知所措（4）	消极怠工（3）	埋怨/猜忌上级（10）	感恩（3）	羞愧（5）	猜测/琢磨（9）	反省（7）
访谈片段	例如，在布置一项工作时，他就告诉你说有那么一项东西，你做个方案。或者是你先弄，然后他有什么要求不会很明确地告诉你，都靠你先琢磨领导的意思，然后你先去做，做方案，做布置安排（国有企业，基层，女，16）【猜测/琢磨】 　　他会说，这个事情你别来问我，我就会想，他到底偏向哪个人，我要报那个人的话，应该以民主投票还是其他的方式，这时候还真的要去揣测（国有企业，基层，男，18）【猜测/琢磨】 　　我比较欣赏的那位领导，他不会很直接地批评你，不会骂你，你自己去想哪里有问题，但是我会觉得压力很大，我觉得，我怎么会连这个事儿都没做好（国有企业，基层，男，18）【反省】 　　如果他沉默的话，我就会想是不是自己哪里做错了，反思下自己（民营企业，高层，女，7）【反省】 　　另外就是沉默的一种，可能是他的能力或态度，其实一个人工作结果的好与不好，体现能力，想做或者不做，体现态度。所以，对这个员工要放弃时，就会考虑将他的绩效打差。好的员工收到这么差的绩效时会去反思自己，自己哪方面做得不好，这时也不是完全沉默，上级会对员工做适当的指引，看这个员工是否会朝着领导者的目标或期望在走。如果还是一意孤行，那只能告诉他要选择新的出路（民营企业，中层，男，8）【反省】								

表 4-12　领导沉默结果变量编码（主管信任）

三级编码	主管信任[①]			
二级编码	情感信任		认知信任	
一级编码（频次）	不够默契（3）	不够坦诚（5）	工作能力不够（4）	工作不负责任（3）
访谈片段	觉察得出刻意回避，多少会有领导对他们不够贴心的感觉（民营企业，高层，女，1）【不够默契】 　　可能会过滤掉一些会对员工本身有益，与职位变动、工作内容相关的内容，最后可能会让员工失去一些机会，还可能让员工觉得领导不够坦诚（外资企业，基层，女，3）【不够坦诚】			

---

　　① 虽然关于信任的维度有很多不同的划分方法，但是最终可以归为认知与情感两大类（Mcallister，1995）。信任作为一种心理状态，是认知上理性思考与情感上感性付出两者结合的产物，因而信任的两个基本维度就包括了理性的认知和非理性的情感。据此，组织中的人际信任可分为认知信任和情感信任两类。其中，认知信任基于对他人可信性与可靠性的信念。这是根据经验进行理性判断的结果，依据一定的理由相信对方的能力、正直、诚实、公正和可靠等个人特征。情感信任基于相互的关心与照顾，反映信任双方之间特定的情感联系。信任者认为信任对象真正关心自己的利益，从而产生情感的依恋与投入。情感付出常常是没有正当理由的，情感信任更多的是一种感性的表现。员工对主管的信任可能也有对其能力与人品等个人特征的理性认知及互动中情感联系强度两种不同的来源，从而分别形成认知信任和情感信任。

续表

三级编码	主管信任			
二级编码	情感信任		认知信任	
一级编码（频次）	不够默契（3）	不够坦诚（5）	工作能力不够（4）	工作不负责任（3）
访谈片段	这个领导有权谋思维，员工很多就摸不清他的想法，我觉得，他的沉默管理更多是让人摸不透，下面对他的评价不太理想（外资企业，高层，男，38）【不够坦诚】 例如，这个事情马上要决策、很着急，必须立马定，你选择沉默的话，下级会觉得你无能、没有担当，不负责任（国有企业，高层，女，34）【工作能力不够】 领导的这种沉默会让我觉得他自己没有主意，无法给我意见，我觉得是个人能力的问题，作为员工，我不太能接受（民营企业，基层，女，33）【工作能力不够】 在这个过程中，我就觉得很不满，你给不了我指导，出了问题，又推给我，所以我就离职了（国有企业，基层，男，4）【工作不负责任】			

表 4-13　领导沉默结果变量编码（员工成长）

三级编码	员工成长[①]		
二级编码	职业能力发展		
一级编码（频次）	提高独立解决问题能力（13）	激发创造性（14）	促进员工思考（10）
访谈片段	我可能会说大的思路或框架，让他自己去发挥，激发他的创造性，等他有了成果之后，再来提具体的要求（外资企业，中层，男，6）【激发创造性】 领导只给大方向，对人的综合能力的形成会比较好，就是你接了这个任务后，你要想各种方法应该怎样去做（国有企业，基层，男，18）【提高独立解决问题能力】 若所有事情我都给他明确的指示，他就没有成长和自己发挥的空间，他只是执行我的决策的机器，就不是独立的销售经理，而是我的一个助理（民营企业，高层，男，19）【提高独立解决问题能力】 给我个任务而已，目标就是招到人，我觉得也没必要再问他，我会倾向自己去找方法有一次上级没说具体的要求，让我来负责校园招聘题目的设计，这个过程就是逼着我去成长（国有企业，基层，女，23）【提高独立解决问题能力】 领导分配任务，没有给具体的指示，这时上进的人就会多想想，经过这种方式，我就会给有能力的人更多挑战性任务和机会（民营企业，中层，女，28）【激发创造性】 布置任务时沉默，聪明的人其实不需要你跟他说太多，可以节省彼此的时间，让他也有发挥的空间，可以让他变得更优秀（民营企业，高层，男，35）【激发创造性】 我先是选择了领导沉默，是想看她的主观能动性，想看她能做到什么程度，不要管太多，你管越多，她越没有发挥空间，就越没有主观能动性（国有企业，高层，男，34）【激发创造性】 例如，我们现在要做提高组织效益的事，然后这样一个任务就发下来了，你就得自己去分析，到底是想做什么，这也是你自己成长的时候。我觉得，领导沉默对员工的成长是有帮助的（外资企业，基层，女，3）【促进员工思考】 我的部下在谈论一些观点，因为他掌握的信息有限，分析比较片面，这时我会表示沉默，没有必要解释太多，让他们自己去思考，员工会找一些东西去验证，然后会考虑到我是正确的（国有企业，高层，男，22）【促进员工思考】 有员工主动性不强，我不会直接说他，而是会在大会上笼统地说大家要加强主动性，让他自己去悟，他自己可以意识到，然后主动来找你，这样他的意识才会真正有转变（国有企业，高层，男，34）【促进员工思考】		

---

① 员工成长分为4个维度：职业目标发展；能力发展；晋升机会；报酬增长。根据访谈情况，结合领导沉默的影响，领导沉默对员工的影响主要在职业发展方面。参考翁清雄和席酉民（2011）。

续表

三级编码	员工成长		
二级编码	职业能力发展		
一级编码（频次）	提高独立解决问题能力（13）	激发创造性（14）	促进员工思考（10）
访谈片段	为了让他们提升，我还是会保留一些想法，会提醒他们，让他们去看看有什么方法，去看下有什么方案，然后再一起讨论，试下哪个可行。什么事情都分析好、决定好，就没法让他们提升，还是要让他们去思考，才会有提高（外资企业，高层，男，38）【促进员工思考】		

表 4-14　领导沉默结果变量编码（员工建言）

三级编码	员工建言[①]	
二级编码	促进性建言	抑制性建言
一级编码（频次）	听取建议（6）	获取负面信息（5）
访谈片段	沉默可能是更多地为了倾听员工的意见，但是不是为了考验员工（民营企业，高层，女，7）【听取建议】 我沉默是为了更好地倾听员工的意见。我更喜欢主动的员工，希望他们能够自己向我提出他们的意见，而不是等我去主动告诉他们要怎么做（国有企业，男，中层，42）【听取建议】 主要就是先听他讲，不表态，知道你的情绪和想法是从哪里来的，在沉默中也不是板着脸，而是给他一种倾听的状态。在你讲的过程中，我才能获得更多的信息，但也不是从头到尾都沉默，等我摸到我需要的信息，我就去引导下面的谈话（外资企业，中层，男，11）【获取负面信息】 一般在开放式谈话，想要获取更多信息，如遇到一些临时或突发事件，临时解决要分析原因，要去救火，了解的信息越多，对背后的事实可以更好地把握，才可以了解事情的真相。这种就不要去打断他，尽量让员工去说（外资企业，高层，男，38）【获取负面信息】	

表 4-15　领导沉默结果变量编码（员工悟性）

三级编码	员工悟性		
二级编码	领导意图的敏感性	领导意图领会能力	
一级编码（频次）	对上级言行敏感（10）	对上级意图的把握能力（6）	与上级建立默契（8）
访谈片段	经历了领导沉默，我的感受是，我要学会去判断领导意图，在我判断不清楚的时候，那我就先按照指令去做好了，但如果理解了领导语外的东西，那就更好（国有企业，女，基层，13）【对上级言行敏感】 像我们那领导，一把手，经常说话说一半，他会觉得有悟性才能跟着他做事情，像有些事情，我们知道的前因后果其实没有他清楚，心里会猜想他是不是这个意思（国有企业，基层，女，24）【对上级言行敏感】 下面的员工都很乐意，一个就是说，这样的场合他们感到轻松，而且传递一些信息，让他们去思考，我有些观念在正式场合也不能做过多的解释，这时他们就更能理解领导的想法是正确的（国有企业，高层，男，22）【对上级言行敏感】 员工要善于总结归纳领导沉默的意图，并能举一反三，总之不犯同样的错误很重要（外资企业，中层，男，11）【与上级建立默契】		

---

① 建言行为：Liang 等（2012）根据建言内容提出了两个维度的行为结构，即促进性建言和抑制性建言。第一类行为主要是指为提高企业效率而提出新观点和新方法；第二类行为则是指对阻碍组织效率的问题（如有害的行为、不恰当的工作程序、规定、规范等）而提出的抑制性观点和措施。这一概念整合了以往的文献，清晰了员工建言的概念内涵。

续表

三级编码	员工悟性	
二级编码	领导意图的敏感性	领导意图领会能力
一级编码（频次）	对上级言行敏感（10）	对上级意图的把握能力（6）　与上级建立默契（8）
访谈片段	因为不熟悉新领导，他沉默的时候，我会猜很多，也会比较担心，而对老领导，我不需要怎么猜，已经有了一定的默契（民营企业，基层，男，4）【与上级建立默契】 等级越高的领导管的人多，他可以选择的人也越多，只需一个眼神就能够明白他的想法，或者说都能替他把事办好的人……领会不了他的意思，他就不找你（国有企业，基层，女，24）【对上级意图的把握能力】 也不是一次两次就能有这种很确切的体验，都是在互相的揣测中，逐步去明白他的动机是怎样的。有很多东西不是靠语言说出来的，而是靠你来我往，逐渐博弈，去了解他是怎样的态度（国有企业，基层，男，26）【对上级意图的把握能力】	

表 4-16　领导沉默结果变量编码（工作绩效）

三级编码	工作绩效		
二级编码	不利于工作完成		有利于工作完成
一级编码（频次）	消耗时间（6）	影响效果（5）	集中精力（5）
访谈片段	对领导来讲，我觉得可能会有一点点的风险，就是说我没有把事情讲得很清楚，只能靠员工去悟的话，事情呈现的结果或者效率都会有一定的风险（国有企业，基层，女，16）【影响效果】 消极的话，主要有两点，第一他不知道你在想什么，会去想多，会影响效率；第二会影响他的心态，会给他更大的压力，工作上也会分心。那工作效果可想而知（外资企业，高层，男，38）【影响效果】 我不太认同这种让下级去揣摩自己的意思的方式，我觉得工作中有什么想法的话应该多沟通，不沟通的话，不是很多人都很懂心理的，这是一种对时间和效率的浪费，你有什么想法跟下级说的话，处理事情会更方便、更便捷。平时工作如果经常采用这种行为的话，我觉得对工作开展就不太有利（民营企业，基层，女，33）【消耗时间】 领导沉默的话，他牢骚会比较多，觉得领导不表态，事情就会被耽搁（外资企业，中层，男，11）【消耗时间】 有时领导给你任务，会是出于某种组织或其他的原因，这时他不会告诉你做这个事情的真实动机，而是就让你去尝试做，到后面，你会发现，自己根本无法完成任务。领导把这作为一种策略来拖延时间或达到其他目的（国有企业，基层，女，13）【消耗时间】 领导的性格比较犹豫不决，在对待之前高层（下属）犯错的事情时，他就会先沉默，先放着，通过时间来慢慢磨那个人。我觉得他没有更好的办法，也比较无可奈何，除非他更强势，更有魄力，才可以去做更多的事情（民营企业，中层，女，28）【消耗时间】 上级有时为了顾及公司的制度，不会说得很透，我觉得也是必要的，我也理解这种做法，这种是有利于工作开展的。对公司潜移默化的东西的遵从，这种沉默的话还是有积极的作用，不能说得太透，专注任务，实际上有利于工作的开展（国有企业，基层，男，18）【集中精力】		

表 4-17　领导沉默结果变量编码（工作积极性）

三级编码	工作积极性	
二级编码	保护积极性	
一级编码（频次）	过滤不良信息（10）	委婉批评和表扬（4）
访谈片段	平时我跟一些经理接触，如我们这边的销售总监，他受上级很大的 challenge 的时候，如果没有过滤掉一些信息，直接传递给下级，就会降低下级的积极性（外资企业，基层，女，3）【过滤不良信息】	

续表

三级编码	工作积极性	
二级编码	保护积极性	
一级编码（频次）	过滤不良信息（10）	委婉批评和表扬（4）
访谈片段	总监保留了实际的信息，而夸大其词地告诉了技术人其他信息，其实是为了激励下属，给他一个推力，结果那个人第二天就把录音机翻出来了（民营企业，高层，男，39）【过滤不良信息】 跟他有关的话，就尽量从正面的角度跟他说这个事情。如果领导有批评的话，我传达的时候肯定要从另外一个角度，告诉他哪些事情没有做好，而不是把批评的情绪带给他。如果是比较客观的事情，还是要客观地传达给他。如果是领导的表扬或肯定的话，这个就可以完全传达给他听，保护员工的积极性（外资企业，中层，男，6）【委婉批评和表扬】	

表 4-18　领导沉默结果变量编码（对领导的影响——领导权威）

层次	对领导的影响		
三级编码	领导权威		
二级编码	增加权威		降低权威
一级编码（频次）	拉开距离（3）	立威（4）	不认可（4）
访谈片段	我之前的老板脾气比较燥，他不说话的时候，大家就会觉得，是不是哪里做错了。他不说话，以此来表达自己的威严。但这要看情况，有可能拉开和员工的距离（外资企业，基层，女，3）【拉开距离】 有些事情没必要说得太明白，领导觉得你应该自己可以领悟，这对彼此都是一种空间，沉默也是保持双方职业上的距离，有利于领导树立威望（民营企业，基层，男，25）【拉开距离】 领导通过沉默，可以掌握到更多的信息，进而强化其领导权力，还有助于提高领导话语权的分量，提高领导在员工中的地位（国有企业，高层，男，30）【拉开距离】 在一些不方便讲的事情上，我会沉默，可以体现领导应该有的威严，这种会好过直接的批评（国有企业，高层，男，29）【立威】 刚开始带团队时太民主，自己说的少，让员工说的多，比较难确立领导的威信，会让下面的人觉得你比较软弱，而且大家意见不同，你会比较难处理（国有企业，中层，女，20）【立威】 一是对领导威信的认可，沉默式的授权经常发生的话，我就没有必要找你商量，因为我还是要自己解决（民营企业，高层，男，36）【不认可】		

表 4-19　领导沉默结果变量编码（对领导的影响——领导决策）

三级编码	领导决策	
二级编码	理性评判各方建议	
一级编码（频次）	反思方案（4）	保持理智（3）
访谈片段	对我们来说的话，毕竟还是专业程度比较深一些，我觉得积极的多一些，如果觉得这方面有问题，会觉得我们的决策是不是有偏差。我们这边外资的老总还是比较职业的，拍脑袋的事情还是很少，凭感觉或个人脾气还是比较少的。他高层沉默，可能是我们哪些考虑有欠缺，而不是他高不高兴（外资企业，中层，男，11）【反思方案】 在遇到一些还未成熟的计划或者方案时，我会倾向于先沉默，然后让下属来讨论，我就尽可能地听取他们值得参考的意见，从而优化我的方案（民营企业，高层，男，41）【反思方案】 从领导来讲，可以让自己保持理智清醒，有利于公司的重大决策和发展，特别是当一把手的话，你必须负责任，少讲或不讲，好过讲了然后又实现不了（民营企业，高层，男，35）【保持理智】 沉默是重要的事情，需要的是冷静后的决策，相对而言，这样的决策会更准确（民营企业，高层，女，9）【保持理智】	

表 4-20　领导沉默结果变量编码（组织方面的影响——上下级关系）

层次	对组织方面的影响	
三级编码	上下级关系	
二级编码	有利于上下级关系	不利于上下级关系
一级编码（频次）	维持和谐（6）　　缓解矛盾（6）	产生隔阂（8）
访谈片段	我之前部门的领导属于中层管理者，他在员工犯错时，不会明确地说，他觉得现在的人跟以前的人不一样了，这一代人有这样的能力，没必要去点明。这也是为了维持关系，因为我们部门的人很看重团队（民营企业，高层，女，7）【维持和谐】 　　员工犯错时，我会比较委婉地说，不会直接指出他的问题，这样沟通起来会比较舒服（国有企业，基层，女，23）【维持和谐】 　　我遇到的上级，他们有些为了逃避矛盾会沉默，这也是化解危机的方法（民营企业，高层，男，10）【缓解矛盾】 　　做人力的话职业发展会有些受限，有些男同事就会想去业务部门，刚开始每个跟他提的同事，都会被他驳回，甚至在会议上直接点出来说他们想去其他部门。但后来去提的人越来越多，他也意识到这种直接把他人想法驳回的方式不太好，现在就不会直接驳回，也不会说不好，就签个名说，你拿去吧，一定程度可以缓和（上下级的）矛盾（国有企业，基层，女，24）【缓解矛盾】 　　他无法理解你的意图，这时我会去点拨他。用这种方式，也可能造成距离感，别人觉得你不好亲近（国有企业，高层，男，29）【产生隔阂】 　　沉默存在猜忌、信息不对称。信息不对称的话，就会让员工产生有隔阂的感觉（国有企业，中层，男，31）【产生隔阂】 　　会拉长和下级的距离，就是觉得领导的态度还是会变化的，因为我问你事情你态度都不明确，这是消极的。在上下级关系出现危机时更不能用沉默的方式，如员工对公司有误解时，沉默会把事情推到极端的境地（民营企业，高层，男，36）【产生隔阂】	

表 4-21　领导沉默结果变量编码（组织影响——组织氛围）

三级编码	组织氛围[①]	
二级编码	工作氛围	人际氛围
一级编码（频次）	制度健全（3）	人际和谐（3）
访谈片段	我刚才提到的保持职业距离，你太坦诚的话，在组织中的威望会比较难建立，也不是故意去装，但还是需要这样的一种威望，组织的纪律才有保障（民营企业，基层，男，25）【制度健全】 　　领导沉默，对公司而言，有利于保持公司的有序性（民营企业，高层，男，35）【制度健全】 　　一件事情，领导不具体回复，下面的负责人的压力承受度是不一样的，承受度比较低的话可能会造成内讧或者不和谐（国有企业，高层，男，32）【人际和谐】 　　领导喜欢树立威信，而故意沉默，氛围会比较沉重，大家会装模作样，氛围的和谐程度和透明性不太好（国有企业，中层，男，31）【人际和谐】 　　团队氛围，整体来说，负能量会多些，可能会存在冲突不和，下面对他的评价不太理想（外资企业，高层，男，38）【人际和谐】	

---

　　① 本书在维度划分上主要参照 3 类标准的划分，即工作氛围、人际氛围、外部氛围。这一分类标准是根据学界已有的研究成果总结而来的。

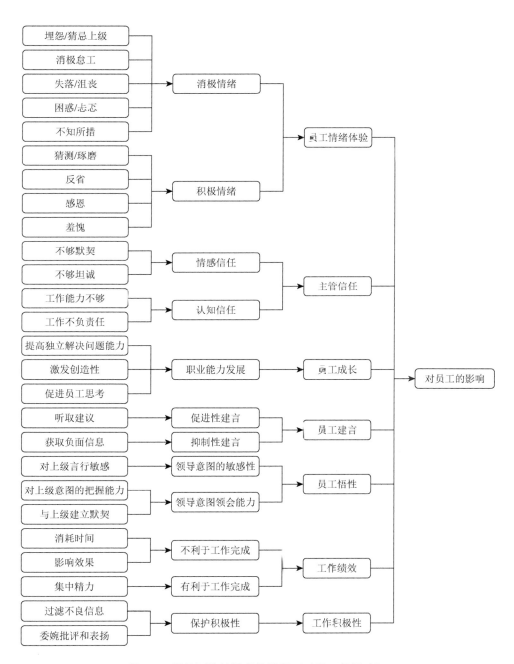

图 4-2　领导沉默结果变量编码（对员工的影响）

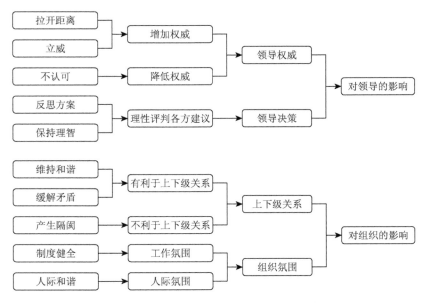

图 4-3　领导沉默结果变量编码（对领导与组织的影响）

四、访谈结果分析

（一）领导沉默效能

1. 领导沉默对员工情绪体验的影响

访谈资料显示，领导沉默会影响员工情绪体验。有 20 位被访者提到，在面对领导沉默时在情绪上的变化，有 88.63% 的被访者提到这种情绪变化包括失落/沮丧、困惑/忐忑、不知所措、感恩、羞愧、猜测/琢磨、埋怨/猜忌上级、消极怠工、反省。详见表 4-22。

表 4-22　领导沉默对员工情绪体验的影响

员工心理	频数	频率	一级编码	频数
员工情绪体验	39	88.63%	失落/沮丧	7
			困惑/忐忑	4
			不知所措	4
			感恩	3
			羞愧	5
			埋怨/猜忌上级	10

续表

员工心理	频数	频率	一级编码	频数
员工情绪体验	39	88.63%	消极怠工	3
			猜测/琢磨	9
			反省	7

在面对领导沉默时，刚开始会感到沮丧或困惑，也有的感觉羞愧和感恩，最后绝大多数被访者认为自己因此而得到了锻炼，能力也得到了提升。只有少数被访者对领导沉默始终不认可，领导沉默无法对其产生正向的影响。这可能与被访者都是管理者有关，一般而言，能够适应领导沉默的员工，其晋升的可能性也比较大。领导沉默对员工情绪体验的影响如图 4-4 所示。

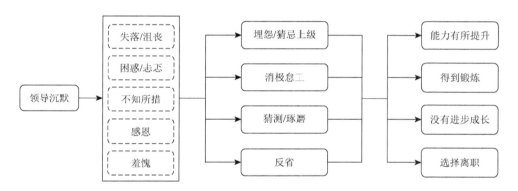

图 4-4 领导沉默对员工情绪体验的影响

2. 领导沉默对员工行为的影响

访谈资料显示，领导沉默首先影响员工情绪体验，进而影响员工成长、员工悟性、员工建言、工作绩效、主管信任、工作积极性。领导沉默的影响如图 4-5 所示。

3. 领导沉默效能阐述

领导沉默的结果变量主要可以分为个体层面和组织层面两大部分。个体层面包括对员工的影响和领导自身的影响两个方面，涵盖员工情绪体验、员工成长、员工悟性、工作绩效、工作积极性、员工建言、主管信任、领导决策、领导权威 9 个变量。对组织的影响包括上下级关系和组织氛围 2 个变量。

（1）领导沉默对员工的影响

1）员工情绪体验。员工在工作场所中的情绪体验可以分为积极情绪体验和消

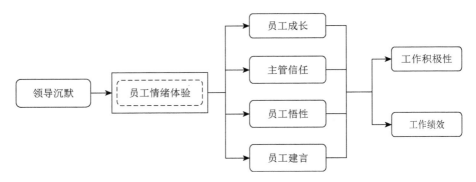

图 4-5　领导沉默的结果变量

极情绪体验两个方面，积极情绪通常伴随愉悦的主观体验，包括快乐、满意等各种令人开心的情绪（郭小艳和王振宏，2007），消极情绪是一种伴随着心情低落和不愉悦的主观体验，包括如焦虑、悲伤等各种令人生厌的情绪（Watson et al.，1988）。领导沉默一方面会导致员工产生消极的心理体验，如失落、沮丧、不知所措；另一方面也会导致员工产生积极心理的体验，如感恩、羞愧。

　　根据 Weiss 和 Cropanzano（1996）所提出的情感事件理论（affective events theory，AET），工作事件的体验会引发个体的情感反应，进而影响个体的态度与行为。而领导行为则是工作场所中影响下属情绪的重要事件（Dasborough，2006；孙旭等，2014）。

　　2）员工成长。员工成长包括提高独立解决问题能力、激发创造性、促进员工思考 3 个方面的内容。员工成长这个概念与学界已有的研究成果"职业成长"中的职业发展含义较为吻合。Graen 等（1997）认为，职业成长是个人沿着对自己更有价值的工作系列流动的速度，包括职业能力发展、职业目标进展和组织回报增长 3 个维度（Weng and McElroy，2017）。翁清雄和席酉民（2011）认为员工在工作流动和不流动时均会产生职业成长问题，职业能力发展是指工作对员工技能、知识、经验的促进程度。领导沉默先是提高了员工独立解决问题能力、激发创造性、促进员工思考，进而提升员工职业发展能力，最终促进了员工成长。

　　领导担负着给员工提供职业成长与发展所需资源和机会的责任（Hall et al.，1998），对员工的成长与发展起着至关重要的作用（Larsson et al.，2003），有学者发现上下级关系对员工的职业成长有促进作用（Law et al.，2000；Chen and Dean，2007），道德型领导对员工的职业成长有促进作用（唐春勇等，2015）。

　　3）员工建言。员工建言包括促进性建言与抑制性建言两方面的内容。促进性建言是指员工提出改善组织运作的想法和建议，抑制性建言是指员工对不利于组织发展的事件、行为等问题的表达。(Liang et al，2012)。领导沉默对促进性建言的影响主要是指领导虽然已有成熟的方案，但是还是搁置自己的想法，耐心听取员工的意见。领导沉默对抑制性建言的影响主要是指领导获取负面信息的能力，虚心听取来自不同方面的声音。

员工建言行为是个体主动自愿做出的以改善工作环境为目的的一种角色外行为，具有一定的挑战性和风险性（Morrison et al，2011）。西方已有研究表明，领导风格是促进员工建言的重要影响因素（Detert and Burris，2007；Liu et al.,2010)，国内学者也考察了变革型领导（段锦云和黄彩云，2014）、家长式领导（段锦云，2012）、道德领导（梁建，2014）、授权型领导（薛贤等，2015）等与员工建言之间的关系。

4）主管信任。主管信任主要包括情感信任与认知信任两个维度。领导沉默对主管的情感信任和认知信任均会产生影响，情感信任又包括觉得领导不够坦诚、与领导不够默契两个方面的内容；认知信任包括认为领导工作不负责任，认为领导工作能力不够两个方面的内容。

信任是一种心理状态，是出于对他人意图或行为的乐观预期而暴露自身弱点的心理状态（Rousseau et al.，1998）。根据一些学者（Mccauley and Kuhnert，1992）的研究，信任可分为水平信任和垂直信任两种，水平信任是指个体与同事之间的信任关系；垂直信任则是指个体与直接主管之间的信任关系。虽然学者提出了多种划分信任维度的方式，但是这些维度都可以归为认知类与情感类（Mcallister，1995；宝贡敏和徐碧祥，2006）。认知信任依据个人经验进行理性判断，从而相信对方的能力、诚实及可靠等个人特征。而情感信任是一种感性表现，反映双方之间的情感联结（韦慧民和龙立荣，2009）。

关于信任与领导风格的关系学界的研究成果颇丰。西方已有研究表明魅力型领导（Erez et al.，2008）、谦卑型领导（Owens and Hekman，2012）与主管信任的关系。国内学者也考察了授权型领导（谢俊和汪林，2014）、破坏型领导（吴隆增等，2009）、家长式领导（李鑫，2006）与主管信任的关系。

社会交换是建立在信任及善意的基础上，其本质就是一种基于好的行为会在将来某一时刻得到回报的信任（Blau，1964）。信任是维持与社会交换关系的关键和交换社会化的重要前提（Konovsky and Pugh，1994）。在奉行差序式领导的中国企业中，信任一直是关系的核心成分之一。信任不仅影响上下级之间的互动频率，也会对部属的工作表现有重要的影响（郑伯壎，1999）。已有的研究结果也显示，主管信任在领导行为和主管忠诚（李鑫，2006）、组织公民行为（张四龙等，2014）等变量中起中介作用。员工对主管越信任，回报的心理越强，越愿意在组织中发展，越愿意表现出积极的行为，越愿意为领导和组织做出努力。同时，信任也含有了解、认可和肯定的成分，在主管信任的情况下，员工的领悟力也会更高。

5）员工悟性。这是一个新概念。员工悟性包括对上级言行敏感、对上级意图的把握能力、与上级建立默契 3 个方面的内容，又可以归为领导意图的敏感性、领导意图领会能力两大类。面对领导沉默，下属首先学会的是对上级言行敏感，进而提升对上级意图的把握能力，最终与上级建立默契。

访谈资料显示，有 22 位被访者提到领导沉默对员工悟性的影响，也就是说，不管员工是否认可上级的沉默行为，员工都要极力领悟领导意图。但也有被访者因领导沉默而辞职，但是总体而言，这种情况比较少见。

在访谈资料的基础上，结合有关追随力的研究成果，本书提出了员工悟性的概念。员工悟性是指员工对上级意图的敏感程度、领悟能力。其中包括：①对上级的意图敏感；②当不明白领导意图时，不会与上级再次确认，而是自行领悟；③员工应该具有领悟上级意图的能力。

我国学者在员工追随力的验证研究中发现，西方的追随力特质不同于我国情境下的追随力特质，如认知悟性、执行技能（曹元坤和许晟，2013）、意图领会、积极执行等特质（周文杰等，2015）。认知悟性是指追随者具备善于认知和独立思考能力，执行技能主要表现在灵活地执行领导的决策指令等方面，意图领会主要表现在能够完全领会领导布置工作的潜在意图，积极执行是指追随者在执行领导指令的过程中体现出来的克服困难、精益求精的各种行为。

本书所提出的悟性与追随力中的悟性既有联系又有区别。联系是，两者都有对领导意图的领会和把握；区别是，员工悟性并不以追随或是认同领导为基础，不管员工是否追随领导，都要具有"把握领导意图"的诀窍。另外，追随力所包含的内容较多、较广；而悟性仅仅是指员工为了适应领导沉默而表现出的能力和特征，仅限于上下级之间。

员工悟性不同于情绪智力（Mayer and Salovey，1997），是指"个体监控自己及他人的情绪和情感，并识别、利用这些信息指导自己的思想和行为的能力"。Mayer 和 Salovey（1997）把情绪智力理论进一步完善并分为具有先后发展顺序的四个等级，即认识和表达情绪，将情绪融入思维，理解和分析情绪，有效地控制情绪。换言之，情绪智力是识别和理解自己与他人的情绪状态，并利用这些信息来解决问题和调节行为的能力。在某种意义上，情商是与认识、理解、控制和利用情绪的能力相关的。

情绪智力与员工悟性不同。首先，悟性的概念范畴主要适用在上下级沟通的过程中，而情绪智力的概念范畴更广，不仅包括对他人的情绪感知，还有对自己的情绪感知。其次，悟性强调的主要是员工表现出来的对领导意图的敏感与把握，而情绪智力则是强调对自己和他人情绪的感知与理解能力。最后，悟性强调对领导意图的把握，而情绪智力强调有效的情绪控制。

总之，员工悟性与上述概念不同，是一个新的构念。

6）工作绩效。工作绩效包括消耗时间、集中精力、影响效果 3 个方面的内容。工作绩效是指在某段特定的时间内，个体基于工作职能的活动或行为所产生的结果（Bernardin and Beatty，1984）。Borman 和 Motowidlo（1997）将工作绩效分为任务绩效（执行工作职责直接或间接的行为）和关系绩效（个体从事与特定工作无关的活动）。

访谈数据显示，领导沉默对员工工作绩效的影响更多地表现在任务绩效方面。领导沉默对工作绩效的影响是双向的，一方面领导沉默会增加管理成本，降低员工的工作绩效；另一方面又有助于集思广益，减少内耗，提高员工的工作绩效。

如何提高员工的工作绩效一直都是组织行为学领域的研究重点。领导风格是影响员工工作绩效的重要因素，学者已经证实，消极的领导风格如辱虐管理、威权领导会降低员工的工作绩效（于维娜等，2015；于桂兰等，2016），积极的领导风格如真实型领导、变革型领导会促进员工工作绩效的提升（Dvir et al.，2002；Peterson et al.，2012）

7）工作积极性。工作积极性包括过滤不良信息、委婉批评和表扬两个方面的内容。工作积极性是指个体对组织的目标明确，在执行任务时勇于克服困难并乐于接受挑战和变化的情感（Gubman，2004）。从领导的层面看，领导沉默对员工积极性的影响是正面的，领导利用沉默过滤不良信息，进行委婉批评和表扬，这有利于保护员工的积极性。从员工层面看，则有可能是积极的，也有可能是消极的。

Ayers（2007）提出有积极性的员工会自觉参与工作，因此管理者应该注重提高员工的工作积极性。毋庸置疑，领导行为会对员工的工作积极性产生巨大的影响，已有实证研究表明，领导的诚实性行为能够提高员工的工作积极性（施桂荣等，2002）。

领导沉默对员工个体影响小结。

领导沉默首先影响员工情绪体验。面对上级的沉默，不同的下级反应不同。有些下属会因此而产生抱怨甚至憎恨；有些员工则会产生感恩和奋发向上之情。

因此，领导沉默对员工的作用方向不同。对具有积极情感体验的员工而言，领导沉默很多时候会有助于其成长、调动其工作的积极性、增加悟性、提高工作绩效和改善上下级之间的关系，增进彼此之间的信任等。但对具有消极情感体验的员工而言，则产生完全相反的效果。

其原因可能与上下级关系、员工的个人特质、主管信任有关。不同的上下级关系，不同的信任关系不仅在很大程度上决定了领导是否对员工沉默，也决定了领导沉默的具体维度类型。我国企业管理者倾向于采取差序式领导方式，这无疑就决定了员工对领导沉默的态度和看法。

员工个人特质在一定程度上决定了员工对领导沉默的态度，如员工的情绪智力、归因方式及控制点等。不同特质的员工对领导沉默的识别度不同，归因不同，因而，领导沉默对其的影响也不同。

在领导与下属相互信任的关系下，不管领导表现出怎样的沉默，通常情况下，员工都倾向于做积极的归因；领导沉默对员工的影响基本上是积极的。反之，如果员工与其上级之间缺乏相互信任关系，则即便是立意甚好的领导沉默也会被误读与曲解，那么，在这种情况下，偏积极层面的领导沉默也会产生消极的影响。

（2）领导沉默对领导的影响

1）领导决策。领导决策包括反思方案、保持理智两个方面的内容，在此基础上有助于领导理性地判断各方意见，做出正确的决策。领导沉默有利于领导决策体现在两个方面，第一，领导可以利用沉默来听取下属的建议和想法，集合群体智慧，从而优化决策，第二，领导可以利用沉默来保持冷静，情绪稳定时所采取的决策往往更有效。

西蒙（2004）认为管理的本质就是决策，而决策过程是一个选择过程，决策过程可以划分为界定问题；明确目标，寻找为达到目标可供选择的各种方案；比较并评价这些方案；做出决策；在执行决策中进行检查和控制，以保证实现预定的目标这 5 个部分。

2）领导权威。领导权威包括拉开距离、立威、不认可 3 个方面的内容，又可以归为增加权威和降低权威两个方面的内容。领导沉默对领导权威的影响是双向的，一方面，领导利用沉默行为来拉开与下属的距离，来表达自己的威严，这有利于增加领导的权威；另一方面，领导沉默行为也可能导致员工对领导不认可，信任下降，这无疑又会损害领导的权威。

Bass（1985）认为领导权威是一种无形的感知，是员工对领导的主观判断和感觉象征，员工在被领导的过程中感知到领导的一些比较特殊的行为，这种行为往往对事物的发展起决定性作用。权威来源于领导在组织的职位或者员工对领导知识和才干的感知（Bass，1990）。

领导沉默对领导影响小结。

亲社会型领导沉默有利于领导听取下属的意见与建议，提升决策水平。领导不说出自己的观点，以听取下属的意见，既避免了一言堂的弊端，调动员工参与决策的积极性和热情；同时也有利于管理者广纳建言，博采众家之长，提高决策的质量和水平。

亲社会型领导沉默提升了领导权威。亲社会型领导沉默在广纳建言的同时也赢得了员工的拥护和爱戴，提升了决策质量，无形中也提升了领导的权威。

权谋型领导沉默往往让下属感觉到领导在耍手段，搞权术，或者给下属以不好相处的感知，从而降低对领导的认可，这无疑又降低了其权威。

（3）组织层面的结果变量

组织层面的结果变量主要包括上下级关系和组织氛围两个方面。关于这两个变量的概念在第三章领导沉默影响因素已有阐述。

上下级关系既是领导沉默的影响因素又是领导沉默的结果变量。限于篇幅，本书没有证明员工悟性、上下级关系、组织氛围和领导沉默之间既是前因变量，又是结果变量的关系。

组织沉默结果变量小结。

领导沉默一方面过滤、提炼和保留一些不利于组织团结、不利于调动员工积极性的信息，以保持组织的和谐氛围，如亲社会型领导沉默；另一方面，如防御型、考验型、威风型及权谋型领导沉默又会导致下属效仿，这无疑又会导致组织氛围的压抑和沉闷。

领导沉默的不同维度与上下级之间的关系不同。亲社会型领导沉默可以缓解上下级之间的矛盾，避免与员工的直接冲突。威风型领导沉默和权谋型领导沉默又会拉开领导与员工的距离，造成上下级之间的相互猜忌。

总之，领导沉默的效能是多样的、变动的，呈现出复杂多变的特征。从很多方面讲，领导风格效能的访谈研究结果的意义和启发远超过量化研究。

（二）领导沉默的总体评价

所有被访者都明确地表示领导沉默普遍存在于他们的日常工作中，且对领导沉默都有充分的理解和感悟。

访谈资料显示，在 44 位被访者中，有 24 位（占 54.54%）认为领导沉默效能利大于弊；有 10 位（22.73%）持中性态度，认为领导沉默效能利弊相当；有 10 位（22.73%）认为领导沉默效能弊大于利。在判断受访者的态度时，并非单纯地根据受访者"好"与"坏"的简单判断，而是根据被访者领导沉默结果变量的描述而进行综合判断。在所有的控制变量中，领导层级是唯一一个显著影响领导沉默效能判断的控制变量。

几乎所有的高层领导都认为领导沉默的效能是积极的，虽然他们在访谈中也提到领导沉默会带来消极影响，但他们更倾向于从正面的角度去评价领导沉默的整体作用。

38.46%的中层领导认为领导沉默的效能是积极的，38.46%的中层领导认为是中性的，23.08%的中层领导认为是消极的。

20.00%的基层领导认为是积极的，33.33%的基层领导认为是中性的，46.67%的基层领导认为是消极的。

不同层级的领导，其管理经验和体会不同，所处的职位也不同，对领导沉默影响的认识也存在差异。详见表 4-23。

表 4-23　　不同层级管理者对领导沉默的评价情况

职位（人数）	积极	中性	消极
高层领导（16）	100%（16）	0	0
中层领导（13）	38.46%（5）	38.46%（5）	23.08%（3）
基层领导（15）	20.00%（3）	33.33%（5）	46.67%（7）

第三节　领导沉默效能的问卷数据研究

一、变量选择与研究假设

（一）变量的选择

　　量化研究变量的选择。领导沉默的结果变量可以归为个体层面和组织层面两大方面，共 11 个变量。在这些变量中，提及率较高的变量包括员工成长（65.90%）、员工悟性（50%）、员工情绪体验（45.45%）、工作积极性（43.18%）、工作效率（40.91%）、工作绩效（38.64%）、上下级关系（38.64%）、主管信任（31.82%）、员工建言（25%）、领导权威（18.18%）。由于定性研究牵涉的变量太多，在量化研究阶段，笔者依据以下标准对领导沉默效能进行了筛选：一是访谈编码中出现频率较高的结果变量；二是哪些变量更具有研究意义和价值；三是变量的选择要有针对性及进行问卷调查的可行性。据此最终选取员工成长、员工悟性、主管信任、员工建言这 4 个变量来进行问卷调查。这几个变量的概念与领导沉默的关系在第二节领导沉默效能的访谈研究中已有详细的阐述。

　　基于文献回顾和访谈研究，本书提出如下研究假设。

（二）研究假设的提出

　　H4-1a：领导沉默显著负向影响主管信任。
　　H4-1b：领导沉默显著正向影响员工成长。
　　H4-1c：领导沉默显著正向影响员工悟性。
　　H4-1d：领导沉默显著正向影响员工建言。
　　H4-2a：领导沉默不同维度对主管信任的影响作用不同。
　　H4-2b：领导沉默不同维度对员工成长的影响作用不同。

H4-2c：领导沉默不同维度对员工悟性均有正向预测作用。

H4-2d：领导沉默不同维度对员工建言的影响作用不同。

H4-3a：主管信任在领导沉默部分维度和员工成长之间起中介作用。

H4-3b：主管信任在领导沉默部分维度和员工悟性之间起中介作用。

H4-3c：主管信任在领导沉默部分维度和员工建言之间起中介作用。

二、测量量表的选择与开发

(一)员工成长

本研究采用翁清雄和席酉民（2011）开发的具有较好信度与效度的本土职业成长量表。其内容为："目前的工作促使我掌握新的与工作相关的技能"、"目前的工作促使我不断掌握新的与工作相关的知识"、"目前的工作促使我积累了更丰富的工作经验"和"目前的工作促使我的职业能力得到了不断的锻炼和提升"4个条目。结合访谈资料和本书实际的测量需要，笔者对测量量表进行适当的修改，详见表4-24。

表 4-24　员工成长测量量表

请基于个人的实际情况，对下列表述的认可程度打分	非常不同意	不同意	不确定	同意	非常同意
1. 与上级的相处，促使我掌握新的与工作相关的技能	1	2	3	4	5
2. 与上级的相处，促使我不断掌握新的与工作相关的知识	1	2	3	4	5
3. 与上级的相处，促使我积累了更丰富的工作经验	1	2	3	4	5
4. 与上级的相处，促使我的职业能力得到了不断的锻炼与提升	1	2	3	4	5

(二)主管信任

结合问卷资料，本书最终选取了 Wong 等（2002）修正后的主管信任问卷。具体测量量表详见表4-25。

表 4-25　主管信任测量量表

观点陈述	非常不同意	不同意	不确定	同意	非常同意
1. 我充分相信我的上级的能力	1	2	3	4	5
2. 我的上级不会通过欺骗员工来获得自己的利益	1	2	3	4	5
3. 我对我的上级很忠诚	1	2	3	4	5

（三）员工建言

本书选取 Liang 和 Farh（2008）开发的本土员工建言测量量表，该测量量表具有较好的信度与效度，一共 11 个题项，结合访谈资料，本书选取了 6 个问题，具体测量量表详见表 4-26。

表 4-26　员工建言测量量表

请基于个人的认知，对下列表述的认可程度打分	非常不同意	不同意	不确定	同意	非常同意
1. 当单位内的工作出现问题时，我敢于指出，不怕得罪人	1	2	3	4	5
2. 就可能会造成单位严重损失的问题，我实话实说，即使其他人持有不同的意见	1	2	3	4	5
3. 我敢于指出单位中那些过时的、有碍效率的规章制度	1	2	3	4	5
4. 我积极向单位领导反映工作场所中出现的不协调问题	1	2	3	4	5
5. 我敢于对单位中影响工作效率的不良现象发表意见，即使这可能使他人难堪	1	2	3	4	5
6. 我及时劝阻单位内其他员工影响工作绩效的不良行为	1	2	3	4	5

（四）员工悟性

借鉴学界有关追随力的研究成果，结合访谈结果，笔者编制了员工悟性测量量表。邀请三位经过相关训练的研究生和教师分别按照相同的标准进行编码，把符合要求的条目编入项目库 B_4，同时一起讨论"员工悟性"的含义和维度。

在这个步骤中，首先，笔者共同设立了员工悟性标准，即对上级言行敏感、对上级意图的把握能力、与上级建立默契 3 方面；其次，笔者将两个项目库进行对比和讨论，并根据讨论的结果合并、补充和删除，得出最后的项目库 C_4，即领导沉默效能项目库；再次，继续讨论项目库，按照人们日常的口语习惯修改和调整表述；最后，邀请 6 位企业界人士及专家帮忙阅读并修改，形成了员工悟性测量量表。12 道测量项目包括 4 个方面的内容：1～3 题测量下级是否对上级言行敏感；4～6 题测量下级对上级意图的猜测；7～9 题测量下级在不明确上级意图时，敢不敢和上级再次确认；10～12 题测量员工是否有领悟上级意图的能力（表 4-27）。

表4-27 员工悟性测量量表

请基于个人的认知，对下列表述的认可程度打分	非常不同意	不同意	不确定	同意	非常同意
1. 上级的一言一行都有深刻的含义	1	2	3	4	5
2. 上级的一言一行都需深刻领会	1	2	3	4	5
3. 对上级的言行敏感	1	2	3	4	5
4. 在不确定上级所表达的意图时，应不断地琢磨	1	2	3	4	5
5. 在不确定上级所表达的意图时，应自我反省	1	2	3	4	5
6. 在不确定上级所表达的意图时，另行寻求他人意见	1	2	3	4	5
7. 在不确定上级所表达的意图时，不应再次确认	1	2	3	4	5
8. 在不确定上级所表达的意图时，不能再次询问	1	2	3	4	5
9. 在不确定上级所表达的意图时，要自行领悟	1	2	3	4	5
10. 在上级意图没明确表达时，领悟吃力	1	2	3	4	5
11. 在上级意图没明确表达时，能准确把握	1	2	3	4	5
12. 在上级意图没明确表达时，能轻松领悟	1	2	3	4	5

三、问卷收集与分析

（一）问卷收集

本书以中山大学管理学院在职研究生为主进行问卷的发放，问卷采用网络和纸质问卷两种方式。

笔者一共发放问卷810份，回收问卷690份，问卷回收率为85.19%。剔除无效问卷后，有效问卷为664份。

（二）样本数据的分析

样本的描述性统计分析。性别方面，男性354人，占53.31%，女性310人，占46.69%。

年龄方面，25岁以下的51人，占7.68%；25～30岁的261人，占39.31%；31～35岁的192人，占28.91%；36～40岁的87人，占13.10%；41～45岁的35人，占5.27%；46～50岁的28人，占4.22%；50岁以上的10人，占1.51%。

学历方面，本科/大专占59.94%，硕士占36.90%，高中/中专占2.11%，博士占1.05%。

职务方面，普通员工占 39.91%。基层、中层领导分别占 25.60%和 27.26%，高层领导占 7.23%。

工龄方面，大多数集中在 15 年以下，占 86.15%，15 年以上工龄的较少。

就组织性质而言，民营企业、国有企业分别占 50.45%和 35.99%，政府及事业单位占 13.56%。

从组织所处行业看，各个行业均有分布。从组织所处行业竞争性看，以中、高竞争性行业为主（表 4-28）。

表 4-28　样本的描述性统计分析（$N = 664$）

控制变量	题项	频数	百分比/%	累计百分比/%
性别	男	354	53.31	53.31
	女	310	46.69	100.00
年龄	25 岁以下	51	7.68	7.68
	25～30 岁	261	39.31	46.99
	31～35 岁	192	28.91	75.90
	36～40 岁	87	13.10	89.00
	41～45 岁	35	5.27	94.27
	46～50 岁	28	4.22	98.49
	50 岁以上	10	1.51	100.00
学历	高中/中专	14	2.11	2.11
	本科/大专	398	59.94	62.05
	硕士	245	36.90	98.95
	博士	7	1.05	100.00
工龄	3 年以下	129	19.43	19.43
	3～5 年	124	18.68	38.11
	6～10 年	216	32.53	70.64
	11～15 年	103	15.51	86.15
	16～20 年	39	5.87	92.02
	20 年以上	53	7.98	100.00
职务	普通员工	265	39.91	39.91
	基层领导	170	25.60	65.51
	中层领导	181	27.26	92.77
	高层领导	48	7.23	100.00

续表

控制变量	题项	频数	百分比/%	累计百分比/%
部门规模	5 人以下	100	15.06	15.06
	5～10 人	176	26.51	41.57
	11～20 人	133	20.03	61.60
	20 人以上	255	38.40	100.00
组织规模	1～49 人	87	13.10	13.10
	50～99 人	50	7.53	20.63
	100～200 人	86	12.96	33.59
	201～500 人	91	13.70	47.29
	501～1000 人	70	10.54	57.83
	1000 人以上	280	42.17	100.00
组织性质	民营企业	335	50.45	50.45
	国有企业	239	35.99	86.44
	政府及事业单位	90	13.56	100.00
组织所处行业	金融业	113	17.02	17.02
	房地产/建筑业	66	9.94	26.96
	IT 业/通信业	98	14.76	41.72
	制造业	41	6.17	47.89
	批发/零售业	75	11.30	59.19
	交通业/运输/仓储/邮政业	24	3.61	62.80
	咨询业	27	4.07	66.87
	电力、燃气及水的生产和供应业	204	30.72	97.59
	其他行业	16	2.41	100.00
组织所处行业竞争性	高竞争性行业	355	53.47	53.47
	中竞争性行业	203	30.57	84.04
	低竞争性行业	106	15.96	100.00

（三）样本正态分布检验

数据显示（表 4-29），所有题项的偏度系数绝对值均小于 2，峰度系数绝对值均小于 5，问卷中的所有题项均通过正态分方检验。

表 4-29 样本正态分布检验（$N = 664$）

题号	最小值	最大值	平均值	标准差	正态分布的偏度		正态分布的峰度	
					系数	标准误差	系数	标准误差
CM1	1	5	3.38	1.208	−0.417	0.095	−0.756	0.189
CM2	1	5	3.17	1.296	−0.215	0.095	−1.080	0.189
CM3	1	5	3.32	1.186	−0.334	0.095	−0.791	0.189
CM4	1	5	3.54	1.157	−0.481	0.095	−0.625	0.189
CM5	1	5	3.50	1.119	−0.470	0.095	−0.543	0.189
CM6	1	5	2.97	1.125	−0.071	0.095	−0.856	0.189
CM7	1	5	3.02	1.181	−0.104	0.095	−0.906	0.189
CM8	1	5	2.94	1.206	0.035	0.095	−0.954	0.189
CM9	1	5	3.01	1.211	−0.102	0.095	−0.932	0.189
CM10	1	5	3.03	1.116	−0.027	0.095	−0.778	0.189
CM11	1	5	2.87	1.077	0.130	0.095	−0.703	0.189
CM12	1	5	2.85	1.139	0.086	0.095	−0.861	0.189
CM13	1	5	2.69	1.118	0.263	0.095	−0.738	0.189
CM14	1	5	3.03	1.133	−0.068	0.095	−0.858	0.189
CM15	1	5	3.02	1.213	0.013	0.095	−0.927	0.189
CM16	1	5	2.61	1.175	0.399	0.095	−0.699	0.189
CM17	1	5	2.76	1.232	0.200	0.095	−0.958	0.189
CM18	1	5	2.59	1.119	0.367	0.095	−0.630	0.189
CM19	1	5	2.78	1.202	0.142	0.095	−0.982	0.189
CM20	1	5	2.69	1.213	0.246	0.095	−0.903	0.189
CM21	1	5	3.09	1.095	−0.180	0.095	−0.698	0.189
CM22	1	5	3.00	1.109	−0.084	0.095	−0.840	0.189
CM23	1	5	3.00	1.099	−0.132	0.095	−0.775	0.189
CM24	1	5	2.64	1.161	0.230	0.095	−0.860	0.189
CM25	1	5	2.45	1.127	0.429	0.095	−0.676	0.189
CM26	1	5	2.49	1.128	0.368	0.095	−0.713	0.189
CM27	1	5	2.57	1.146	0.318	0.095	−0.753	0.189
XR1	1	5	3.55	1.086	−0.529	0.095	−0.323	0.189
XR2	1	5	3.58	1.200	−0.562	0.095	−0.652	0.189
XR3	1	5	3.76	0.995	−0.689	0.095	0.219	0.189
CZ1	1	5	3.73	1.042	−0.742	0.095	0.110	0.189
CZ2	1	5	3.73	1.017	−0.712	0.095	0.069	0.189

题号	最小值	最大值	平均值	标准差	正态分布的偏度		正态分布的峰度	
					系数	标准误差	系数	标准误差
CZ3	1	5	3.81	1.016	−0.373	0.095	0.449	0.189
CZ4	1	5	3.78	1.039	−0.309	0.095	0.225	0.189
WS1	1	5	3.11	1.011	−0.049	0.095	−0.458	0.189
WS2	1	5	3.09	1.042	−0.036	0.095	−0.637	0.189
WS3	1	5	3.40	1.026	−0.383	0.095	−0.455	0.189
WS4	1	5	3.35	1.111	−0.391	0.095	−0.625	0.189
WS5	1	5	3.21	1.036	−0.282	0.095	−0.490	0.189
WS6	1	5	3.31	1.081	−0.500	0.095	−0.396	0.189
WS7	1	5	2.17	1.100	0.808	0.095	−0.078	0.189
WS8	1	5	2.14	1.090	0.787	0.095	−0.091	0.189
WS9	1	5	2.59	1.092	0.200	0.095	−0.699	0.189
WS10	1	5	2.96	1.065	−0.008	0.095	−0.641	0.189
WS11	1	5	3.10	0.939	−0.224	0.095	−0.182	0.189
WS12	1	5	2.95	0.964	−0.025	0.095	−0.298	0.189
JY1	1	5	3.30	1.029	−0.327	0.095	−0.405	0.189
JY2	1	5	3.63	0.965	−0.625	0.095	0.150	0.189
JY3	1	5	3.44	0.978	−0.431	0.095	−0.068	0.189
JY4	1	5	3.39	0.998	−0.381	0.095	−0.346	0.189
JY5	1	5	3.05	1.014	−0.074	0.095	−0.559	0.189
JY6	1	5	3.16	1.024	−0.170	0.095	−0.519	0.189

注：CM1～CM3 测量防御型领导沉默；CM4～CM9 测量亲社会型领导沉默；CM10～CM14 测量考验型领导沉默；CM15～CM20 测量权谋型领导沉默；CM21～CM27 测量虚风型领导沉默；XR1～XR3 测量主管信任；CZ1～CZ4 测量员工成长；WS1～WS12 测量员工悟性；JY1～JY6 测量员工建言

（四）问卷的信度和效度分析

问卷的 Crobach's α 均在 0.8 以上，说明信度处于较高水平，数据真实可用（表 4-30）。

表 4-30　信度分析

量表名称	项数	Crobach's α	平均值	标准差
领导沉默	27	0.893	2.970	0.570
主管信任	3	0.828	3.633	0.946

续表

量表名称	项数	Crobach's α	平均值	标准差
员工成长	4	0.936	3.763	0.942
员工建言	6	0.877	3.327	0.788

员工悟性测量量表是笔者自行开发的，需要通过探索性因子分析以确认其效度。抽取样本中的332份。其中，男性182人，占54.82%，女性150人，占45.18%。年龄方面，25～30岁占39.46%，31～35岁占28.91%，36～40岁占12.95%，40岁以上占比较小。学历方面，本科/大专占57.23%，硕士占39.46%。工龄方面，3年以下占20.18%，3～5年占17.77%，6～10年占34.04%，10年以上占28.01%。普通员工占42.17%，基层领导占23.50%，中层领导占25.90%，高层领导占8.43%，具体情况见表4-31。

表 4-31　样本的描述性统计分析（ $N = 332$ ）

控制变量	题项	频数	百分比/%	累计百分比/%
性别	男	182	54.82	54.82
	女	150	45.18	100.00
年龄	25 岁以下	25	7.53	7.53
	25～30 岁	131	39.46	46.99
	31～35 岁	96	28.91	75.90
	36～40 岁	43	12.95	88.85
	41～45 岁	18	5.42	94.27
	46～50 岁	14	4.22	98.59
	50 岁以上	5	1.51	100.00
学历	高中/中专	9	2.71	2.71
	本科/大专	190	57.23	59.94
	硕士	131	39.46	99.40
	博士	2	0.60	100.00
工龄	3 年以下	67	20.18	20.18
	3～5 年	59	17.77	37.95
	6～10 年	113	34.04	71.99
	11～15 年	45	13.55	85.54
	16～20 年	24	7.23	92.77
	20 年以上	24	7.23	100.00

续表

控制变量	题项	频数	百分比/%	累计百分比/%
职务	普通员工	140	42.17	42.17
	基层领导	78	23.50	65.67
	中层领导	86	25.90	91.57
	高层领导	28	8.43	100.00
部门规模	5 人以下	46	13.86	13.86
	5~10 人	88	26.51	40.37
	11~20 人	70	21.08	61.45
	20 人以上	128	38.55	100.00
组织规模	1~49 人	45	13.55	13.55
	50~99 人	29	8.73	22.28
	100~200 人	43	12.95	35.23
	201~500 人	43	12.95	48.18
	501~1000 人	36	10.85	59.03
	1000 人以上	136	40.97	100.00
组织性质	民营企业	171	51.51	51.51
	国有企业	118	35.54	87.05
	政府及事业单位	43	12.95	100.00
组织所处行业	金融业	58	17.47	17.47
	房地产/建筑业	32	9.64	27.11
	IT 业/通信业	49	14.76	41.87
	制造业	21	6.32	48.19
	批发/零售业	38	11.45	59.64
	交通业/运输/仓储/邮政业	11	3.31	62.95
	咨询业	14	4.22	67.17
	电力、燃气及水的生产和供应业	102	30.72	97.89
	其他行业	7	2.11	100.00
组织所处行业竞争性	高竞争性行业	181	54.52	54.52
	中竞争性行业	99	29.82	84.34
	低竞争性行业	52	15.66	100.00

　　员工悟性测量量表的 KMO 值为 0.780＞0.7，Sig. 为 0.000＜0.001，表明样本可以进行因子分析。详见表 4-32。

表 4-32　员工悟性测量量表 KMO 及 Bartlett's 球形度检验

取样适当性 Kaiser-Meyer-Olkin 度量		0.780
Bartlett's 球形度检验	近似卡方	1731.103
	df	66
	Sig.	0.000

员工悟性测量量表的第一次因子分析情况详见表 4-33。WS6 的因子载荷小于 0.5。

表 4-33　员工悟性测量量表的第一次因子分析

题项	因子 1	因子 2	因子 3
WS1	0.764	0.065	0.197
WS2	0.831	0.121	0.073
WS3	0.785	0.057	0.108
WS4	0.755	0.175	−0.005
WS5	0.784	0.179	0.012
WS6	0.368	0.409	−0.047
WS7	0.065	0.802	0.154
WS8	0.105	0.839	0.199
WS9	0.206	0.777	0.201
WS10	0.094	0.615	−0.397
WS11	0.145	0.153	0.856
WS12	0.097	0.108	0.888
总方差解释率百分比	64.698%		

删去因子载荷小于 0.5 的题项，再次进行探索性因子分析，总方差解释率提高到 68.468%。员工悟性包括 3 个因子，WS1～WS5 为因子 1，WS7～W10 为因子 2，WS11～WS12 为因子 3，与笔者原先设定的量表维度划分有差异。具体情况详见表 4-34。

表 4-34　员工悟性量表的第二次因子分析

题项	因子 1	因子 2	因子 3
WS1	0.779	0.086	0.168
WS2	0.847	0.139	0.045
WS3	0.789	0.051	0.104

题项	因子 1	因子 2	因子 3
WS4	0.743	0.137	0.016
WS5	0.784	0.163	0.014
WS7	0.087	0.824	0.126
WS8	0.121	0.850	0.179
WS9	0.218	0.779	0.188
WS10	0.100	0.604	−0.399
WS11	0.143	0.149	0.865
WS12	0.099	0.114	0.891
总方差解释率百分比	68.468%		

（五）验证性因子分析

在项目精简和维度划分阶段，对因子结构的分析本质上是探索性的。但是探索性因子分析不能对最终的因子结构的总体拟合优度进行量化，所以需要重新抽取一个样本，对量表进行验证，即进行验证性因子分析。笔者利用剩余的 332 份问卷进行了验证性因子分析。

样本的基本情况是，男性 172 人，占 51.81%，女性 160 人，占 48.19%。

年龄分布情况，25～30 岁占 39.15%，31～40 岁占 42.17%，其余为 25 岁以下和 40 岁以上的样本。

教育水平分布，62.65% 为本科/大专，34.33% 为硕士。

工龄分布情况：3 年以下占 18.67%，3～5 年占 19.58%，6～10 年占 31.03%，10 年以上占 30.72%。

普通员工和基层领导分别占 37.65% 和 27.71%，中层领导占 28.61%，高层领导占 6.03%。具体情况见表 4-35。

表 4-35　样本的描述性统计分析（$N = 332$）

控制变量	题项	频数	百分比/%	累计百分比/%
性别	男	172	51.81	51.81
	女	160	48.19	100.00
年龄	25 岁以下	26	7.83	7.83
	25～30 岁	130	39.15	46.98
	31～35 岁	96	28.92	75.90

续表

控制变量	题项	频数	百分比/%	累计百分比/%
年龄	36～40 岁	44	13.25	89.15
	41～45 岁	17	5.12	94.27
	46～50 岁	14	4.22	98.49
	50 岁以上	5	1.51	100.00
学历	高中/中专	5	1.51	1.51
	本科/大专	208	62.65	64.16
	硕士	114	34.33	98.49
	博士	5	1.51	100.00
工龄	3 年以下	62	18.67	18.67
	3～5 年	65	19.58	38.25
	6～10 年	103	31.03	69.28
	11～15 年	58	17.47	86.75
	16～20 年	15	4.52	91.27
	20 年以上	29	8.73	100.00
职务	普通员工	125	37.65	37.65
	基层领导	92	27.71	65.36
	中层领导	95	28.61	93.97
	高层领导	20	6.03	100.00
部门规模	5 人以下	54	16.26	16.26
	5～10 人	88	26.51	42.77
	11～20 人	63	18.98	61.75
	20 人以上	127	38.25	100.00
组织规模	1～49 人	42	12.65	12.65
	50～99 人	21	6.33	18.98
	100～200 人	43	12.95	31.93
	201～500 人	48	14.46	46.39
	501～1000 人	34	10.24	56.63
	1000 人以上	144	43.37	100.00
组织性质	民营企业	164	49.40	49.40
	国有企业	121	36.44	85.84
	政府及事业单位	47	14.16	100.00

续表

控制变量	题项	频数	百分比/%	累计百分比/%
	金融业	55	16.57	16.57
	房地产/建筑业	34	10.24	26.81
	IT业/通信业	49	14.76	41.57
	制造业	20	6.02	47.59
组织所处行业	批发/零售业	37	11.14	58.73
	交通业/运输/仓储/邮政业	13	3.92	62.65
	咨询业	13	3.92	66.57
	电力、燃气及水的生产和供应业	102	30.72	97.29
	其他行业	9	2.71	100.00
组织所处行业竞争性	高竞争性行业	174	52.41	52.41
	中竞争性行业	104	31.33	83.74
	低竞争性行业	54	16.26	100.00

1. 领导沉默量表验证性因子分析

由于领导沉默量表经过多次检验，具有较好的信度与效度，笔者只进行验证性因子分析，结果显示，模型与数据的拟合程度较好，$\chi^2/\mathrm{df} = 2.528$ 小于标准阈值 5，达到卡方统计量的要求；RMSEA = 0.068，低于标准阈值 0.08；GFI = 0.852，NFI = 0.870，IFI = 0.917，CFI = 0.916。尽管 GFI、NFI 略小于 0.9，但仍可以接受。

观察变量信度方面，所有观测变量的标准化负荷系数均大于标准阀值 0.5，且均达到 t 值显著，即可判断各观测变量均具有较高的信度。

因子信度方面，7 个因子的组合信度（CR）均大于标准阀值 0.6。聚合效度由潜变量的平均方差抽取量来测量，所有潜变量的平均方差抽取量均大于标准阈值 0.5，所以可以判断各潜变量具有良好的聚合效度（表 4-36）。

表 4-36　领导沉默的验证性因子分析（$N = 332$）

潜变量	测量项目	标准化负荷	CR	AVE
领导沉默	CM1	0.720	0.8217	0.6076
	CM2	0.875		
	CM3	0.734		
	CM4	0.815	0.7657	0.5321
	CM5	0.824		
	CM6	0.503		

续表

潜变量	测量项目	标准化负荷	CR	AVE
领导沉默	CM7	0.718	0.7998	0.5780
	CM8	0.918		
	CM9	0.613		
	CM10	0.757	0.8873	0.6118
	CM11	0.810		
	CM12	0.803		
	CM13	0.748		
	CM14	0.791		
	CM15	0.678	0.8968	0.5934
	CM16	0.817		
	CM17	0.833		
	CM18	0.668		
	CM19	0.795		
	CM20	0.813		
	CM21	0.877	0.9252	0.8048
	CM22	0.907		
	CM23	0.907		
	CM24	0.828	0.9171	0.7347
	CM25	0.868		
	CM26	0.893		
	CM27	0.838		

模型拟合优度指标值为：$\chi^2 = 765.858$，df = 303，RMSEA = 0.068，GFI = 0.852，NFI = 0.870，IFI = 0.917，CFI = 0.916

注：CM1～CM3 测量防御型领导沉默；CM4～CM9 测量亲社会型领导沉默；CM10～CM14 测量考验型领导沉默；CM15～CM20 测量权谋型领导沉默；CM21～CM27 测量威风型领导沉默

2. 员工悟性测量量表的验证性因子分析

根据探索性因子分析的情况，笔者按照划分的 3 个因子（WS1～WS5，WS7～WS10，WS11～WS12）对模型 M_A 进行验证性因子分析。验证性因子分析结果表明，模型与数据的拟合程度不够理想（$\chi^2 = 210.616$，df = 41，$\chi^2/df = 5.137$，NFI = 0.873，GFI = 0.889，IFI = 0.895，CFI = 0.894，RMSEA = 0.112），并且发现题项 10 的因子载荷为 0.385，小于 0.5。

删除第 10 题，再进行验证性因子分析，得出模型 M_B，该模型虽然比 M_A 有所改良（$\chi^2 = 171.774$，df = 32，$\chi^2/df = 5.368$，NFI = 0.891，GFI = 0.899，CFI = 0.908，IFI = 0.909，RMSEA = 0.115），但拟合程度仍未达到理想状态。

笔者发现，在修正指标中，题项 4 和题项 5 间的参数修正指标值，题项 4 与题项 1～题项 3 的参数修正指标值，题项 5 与题项 1、题项 2 的参数修正指标值都比较大。笔者尝试删除题项 4 和题项 5，得到模型 M_C，此模型的拟合程度优良，$\chi^2 = 44.287$，df = 17，$\chi^2/df = 2.605 < 3$，NFI = 0.963，IFI = 0.977，GFI = 0.967，CFI = 0.976，RMSEA = 0.070 < 0.08。并且，各题项的因子载荷均超过 0.5。

3 个因子的组合信度（CR）均大于标准阈值 0.6，因此可判断各因子均具有较高的信度。

聚合效度由潜变量的平均方差抽取量（AVE）来测量。所有潜变量的 AVE 值基本大于标准阈值 0.50，所以可以判断各潜变量具有良好的聚合效度。

两次员工悟性量表的验证性因子分析详见表 4-37、表 4-38。

表 4-37　员工悟性量表的验证性因子分析（第一次）

项目	χ^2	df	χ^2/df	NFI	GFI	CFI	IFI	RMSEA
模型 M_A	210.616	41	5.137	0.873	0.889	0.894	0.895	0.112
模型 M_B	171.774	32	5.368	0.891	0.899	0.908	0.909	0.115
模型 M_C	44.287	17	2.605	0.963	0.967	0.976	0.977	0.070

表 4-38　员工悟性量表的验证性因子分析（第二次）

潜变量	测量题项	标准化负荷	组合信度（CR）	AVE
员工悟性	WS1	0.806	0.8481	0.6574
	WS2	0.966		
	WS3	0.624		
	WS7	0.771	0.8369	0.6318
	WS8	0.854		
	WS9	0.756		
	WS11	0.853	0.8258	0.7033
	WS12	0.824		

模型 M_C 拟合优度指标值为：$\chi^2 = 44.287$，df = 17，NFI = 0.963，IFI = 0.977，GFI = 0.967，CFI = 0.976，RMSEA = 0.067

3. 领导沉默效能的验证性因子分析

笔者对领导沉默效能进行验证性因子分析，设定模型为 M_D。该模型的 CFA 结果表明，模型拟合度优良。

模型的整体拟合度优良，$\chi^2/df = 2.908$ 小于标准阈值 5，达到卡方统计量的要求；RMSEA = 0.076，低于标准阈值 0.08；IFI = 0.917，CFI = 0.916，NFI = 0.878，GFI = 0.864，NFI 和 GFI 略小于 0.9，但仍然可以接受。

观察变量信度方面，所有观测变量的标准化负荷系数均大于标准阀值 0.5，且均达到 t 值显著，即可判断各观测变量均具有较高的信度。

因子信度方面，6 个因子的组合信度（CR）均大于标准阀值 0.6，因此可判断各因子均具有较高的信度。

聚合效度方面，所有潜变量的 AVE 值均大于标准阈值 0.50，所以可以判断各潜变量具有良好的聚合效度（表 4-39）。

表 4-39　领导效能的验证性因子分析

潜变量	测量项目	标准化负荷	CR	AVE
主管信任	XR1	0.883	0.8059	0.5838
	XR2	0.697		
	XR3	0.697		
员工成长	CZ1	0.791	0.9280	0.7640
	CZ2	0.849		
	CZ3	0.929		
	CZ4	0.920		
员工悟性	WS1	0.834	0.8476	0.6550
	WS2	0.932		
	WS3	0.633		
	WS7	0.767	0.8368	0.6317
	WS8	0.861		
	WS9	0.752		
	WS11	0.869	0.8267	0.7048
	WS12	0.809		
员工建言	JY1	0.659	0.8713	0.5310
	JY2	0.689		
	JY3	0.772		
	JY4	0.773		
	JY5	0.730		
	JY6	0.742		

模型 M_D 拟合优度指标值为：$\chi^2 = 506.052$，df = 174，RMSEA = 0.076，IFI = 0.917，CFI = 0.916，NFI = 0.878，GFI = 0.864

四、控制变量对领导沉默及效能的影响

影响领导沉默的控制变量有性别、年龄、工龄、职务、组织规模、组织性质等。像学历、部门规模、组织所处行业、和现任领导相处的时间等控制变量则不会影响领导沉默。

数据显示，领导沉默有利于员工成长，就性别而言，领导沉默对女性成长的帮助要高于男性（表 4-40）。

表 4-40　性别和员工成长的方差分析（$N = 664$）

性别	成长得分	
	均值	标准差
男	3.137	0.855
女	3.204	0.795
F 值	4.018*	
Sig.	0.045	

*表示 $p < 0.05$

年龄越大，员工建言行为越强（表 4-41）。

表 4-41　年龄和员工建言的方差分析（$N = 664$）

年龄	员工建言	
	均值	标准差
25 岁以下	3.157	0.859
25～30 岁	3.209	0.792
31～35 岁	3.336	0.760
36～40 岁	3.538	0.710
41～45 岁	3.571	0.730
46～50 岁	3.595	0.831
50 岁以上	3.633	0.932
F 值	3.869**	
Sig.	0.001	

**表示 $p < 0.01$

数据显示，工龄越长，员工建言行为越强（表 4-42）。

表 4-42　工龄和员工建言的方差分析（$N=664$）

工龄	员工建言	
	均值	标准差
3 年以下	3.142	0.814
3～5 年	3.194	0.773
6～10 年	3.325	0.752
11～15 年	3.442	0.741
16～20 年	3.607	0.829
20 年以上	3.664	0.797
F 值	5.672**	
Sig.	0.000	

**表示 $p<0.01$

数据显示，被访者的职务越高，主管信任得分越高。被访者也越认可上级对自己成长的促进作用，员工建言行为也越强（表 4-43）。

表 4-43　职务和领导沉默效能的方差分析

职务	主管信任		员工成长		员工建言	
	均值	标准差	均值	标准差	均值	标准差
普通员工	3.488	1.008	3.680	0.982	3.036	0.786
基层领导	3.645	0.912	3.659	0.971	3.385	0.749
中层领导	3.742	0.898	3.876	0.873	3.568	0.671
高层领导	3.938	0.755	4.162	0.702	3.809	0.780
F 值	4.616**		5.199**		26.709**	
Sig.	0.003		0.001		0	

**表示 $p<0.01$

数据显示，组织规模为 1～49 人、50～99 人和 1000 人以上的主管信任得分较高，但中等规模组织的主管信任得分则较低（表 4-44）。

表 4-44　组织规模和主管信任的方差分析（*N*= 664）

组织规模	主管信任	
	均值	标准差
1～49 人	3.782	0.953
50～99 人	3.687	0.912
100～200 人	3.496	0.992
201～500 人	3.575	0.905
501～1000 人	3.329	0.935
1000 人以上	3.707	0.936
F 值	2.717*	
Sig.	0.019	

*表示 $p < 0.05$

　　数据显示，民营企业、国有企业、政府及事业单位的主管信任得分依次递减，员工建言行为也依次递减（表 4-45）。

表 4-45　组织性质、主管信任和员工建言的方差分析（*N*= 664）

组织性质	主管信任		员工建言	
	均值	标准差	均值	标准差
民营企业	3.737	0.914	3.438	0.766
国有企业	3.565	0.986	3.291	0.754
政府及事业单位	3.404	0.910	3.004	0.867
F 值	5.366**		11.499**	
Sig.	0.005		0.000	

**表示 $p < 0.01$

　　为了便于观察控制变量对领导沉默效能的影响，笔者将各控制变量汇总如下，详见表 4-46。职务、组织规模、组织性质影响主管信任；性别、职务会影响员工成长；员工悟性不受控制变量的影响；年龄、工龄、职务、组织性质会影响员工建言。

表 4-46　控制变量的单因素方差分析

统计变量	主管信任	员工成长	员工悟性	员工建言
1. 性别		√		
2. 年龄				√
5. 工龄				√

续表

统计变量	主管信任	员工成长	员工悟性	员工建言
6. 职务	√	√		√
8. 组织规模	√			
9. 组织性质	√			√

五、变量间的相关性分析

数据显示，各变量之间的相关系数非 0，并且显著性水平小于 0.05，说明变量之间显著相关。

1）领导沉默与员工悟性、员工建言呈显著正相关。

2）主管信任和亲社会型领导沉默、考验型领导沉默呈显著正相关，和防御型领导沉默、权谋型领导沉默呈显著负相关。

3）员工成长和亲社会型领导沉默、考验型领导沉默呈显著正相关，和权谋型领导沉默呈显著负相关。

4）员工悟性和各维度的领导沉默呈显著正相关。

5）员工建言和亲社会型领导沉默、考验型领导沉默和威风型领导沉默呈显著正相关。

变量间的相关性分析详见表 4-47。

表 4-47　变量间的相关性分析（N = 664）

项目	领导沉默	防御型领导沉默	亲社会型领导沉默	考验型领导沉默	权谋型领导沉默	威风型领导沉默	主管信任	员工成长	员工悟性	员工建言
领导沉默	1									
防御型领导沉默	0.483**	1								
亲社会型领导沉默	0.580**	0.196**	1							
考验型领导沉默	0.749**	0.134**	0.492**	1						
权谋型领导沉默	0.789**	0.388**	0.157**	0.451**	1					
威风型领导沉默	0.789**	0.209**	0.247**	0.463**	0.589**	1				
主管信任	0.016	−0.216**	0.319**	0.150**	−0.199**	−0.006	1			
员工成长	0.047	−0.068	0.219**	0.100*	−0.084*	0.007	0.587**	1		
员工悟性	0.370**	0.193**	0.198**	0.302**	0.260**	0.308**	0.152**	0.238**	1	
员工建言	0.156**	−0.021	0.220**	0.154**	0.045	0.121*	0.247**	0.158**	0.055	1

*表示 $p < 0.05$，**表示 $p < 0.01$

六、各研究变量的回归分析

为了进一步探讨领导沉默效能，现进行回归分析，以验证领导沉默与主管信任、员工成长、员工悟性、员工建言之间的关系。

（一）领导沉默与员工悟性的回归分析

数据显示，领导沉默的标准化 β 值为 0.370，Sig. 为 0.000，小于 0.01，说明领导沉默对员工悟性有显著正向预测作用（表4-48）。

表 4-48　领导沉默与员工悟性的回归分析（$N=664$）

变量	模型 1			
	β 值	标准化 β 值	t 值	Sig.
（常数项）	1.915**	—	18.542	0.000
领导沉默	0.353**	0.370**	10.244	0.000
R^2	0.137			
修正的 R^2	0.136			
F 值	104.942**			
Sig.	0.000			

**表示 $p<0.01$

（二）领导沉默与员工建言的回归分析

数据显示，领导沉默的标准化 β 值为 0.121，Sig. 为 0.001，小于 0.01，说明领导沉默对员工建言有显著正向预测作用（表4-49）。

表 4-49　领导沉默与员工建言的回归分析（$N=664$）

变量	模型 1				模型 2			
	β 值	标准化 β 值	t 值	Sig.	β 值	标准化 β 值	t 值	Sig.
（常数项）	2.943**	—	30.088	0.000	2.510**	—	15.460	0.000
年龄	0.037	0.059	0.834	0.405	0.034	0.054	0.770	0.441
工龄	0.013	0.024	0.334	0.738	0.018	0.033	0.456	0.649
您的职务	0.215**	0.265**	6.078	0.000	0.206**	0.254**	5.852	0.000

续表

变量	模型 1				模型 2			
	β 值	标准化 β 值	t 值	Sig.	β 值	标准化 β 值	t 值	Sig.
组织性质	-0.110^{**}	-0.139^{**}	-3.654	0.000	-0.117^{**}	-0.147^{**}	-3.899	0.000
领导沉默	—	—	—	—	0.154^{**}	0.121^{**}	3.329	0.001
R^2	0.015				0.148			
修正的 R^2	0.009				0.141			
F 值	2.486^*				22.824^{**}			
Sig.	0.042				0.000			

*表示 $p<0.05$，**表示 $p<0.01$

综述所述，以下两个假设成立。

H4-1c：领导沉默显著影响员工悟性。

H4-1d：领导沉默显著影响员工建言。

（三）领导沉默各维度与主管信任的回归分析

回归数据显示，亲社会型领导沉默的标准化 β 值为 0.346，Sig.为 0.000，小于 0.01，说明亲社会型领导沉默对主管信任有显著正向预测作用（表 4-50）。

表 4-50　亲社会型领导沉默与主管信任的回归分析（$N=664$）

变量	模型 1				模型 2			
	β 值	标准化 β 值	t 值	Sig.	β 值	标准化 β 值	t 值	Sig.
（常数项）	3.540^{**}	—	22.401	0.000	2.440^{**}	—	12.200	0.000
您的职务	0.120^{**}	0.125^{**}	3.134	0.002	0.080^*	0.083^*	2.165	0.031
组织规模	0.003	0.006	0.153	0.879	-0.004	-0.007	-0.187	0.852
组织性质	-0.094^*	-0.099^*	-2.523	0.012	-0.097^{**}	-0.103^{**}	-2.749	0.006
亲社会型领导沉默	—	—	—	—	0.384^{**}	0.346^{**}	8.343	0.000
R^2	0.030				0.122			
修正的 R^2	0.025				0.117			
F 值	6.757^{**}				22.997^{**}			
Sig.	0.000				0.000			

*表示 $p<0.05$，**表示 $p<0.01$

回归数据显示，考验型领导沉默的标准化 β 值为 0.140，Sig.为 0.000，小于 0.01，说明考验型领导沉默对主管信任有显著正向预测作用（表 4-51）。

表 4-51 考验型领导沉默与主管信任的回归分析（$N = 664$）

变量	模型 1				模型 2			
	β 值	标准化 β 值	t 值	Sig	β 值	标准化 β 值	t 值	Sig.
（常数项）	3.540**	—	22.401	0.000	3.157**	—	16.798	0.000
您的职务	0.120**	0.125**	3.134	0.002	0.109**	0.113**	2.864	0.004
组织规模	0.003	0.006	0.153	0.879	0.001	0.002	0.062	0.951
组织性质	−0.094*	−0.099*	−2.523	0.012	−0.094*	−0.099*	−2.554	0.011
考验型领导沉默	—	—	—	—	0.143**	0.140**	3.679	0.000
R^2	0.030				0.049			
修正的 R^2	0.025				0.044			
F 值	6.757**				8.547**			
Sig.	0.000				0.000			

*表示 $p < 0.05$，**表示 $p < 0.01$

防御型领导沉默与主管信任的回归结果显示，防御型领导沉默的标准化 β 值为 −0.204，Sig.为 0.000，小于 0.01，说明防御型领导沉默对主管信任有显著负向预测作用（表 4-52）。

表 4-52 防御型领导沉默与主管信任的回归分析（$N = 664$）

变量	模型 1				模型 2			
	β 值	标准化 β 值	t 值	Sig.	β 值	标准化 β 值	t 值	Sig.
（常数项）	3.540**	—	22.401	0.000	4.101**	—	22.011	0.000
您的职务	0.120**	0.125**	3.134	0.002	0.117**	0.122**	3.122	0.002
组织规模	0.003	0.006	0.153	0.879	0.006	0.012	0.323	0.747
组织性质	−0.094*	−0.099*	−2.523	0.012	−0.076*	−0.080*	−2.083	0.038
防御型领导沉默	—	—	—	—	−0.183**	−0.204**	−5.410	0.000
R^2	0.030				0.071			
修正的 R^2	0.025				0.065			
F 值	6.757**				12.600**			
Sig.	0.000				0.000			

*表示 $p < 0.05$，**表示 $p < 0.01$

　　权谋型领导沉默的标准化 β 值为–0.198，Sig.为 0.000，小于 0.01，说明权谋型领导沉默对主管信任有显著负向预测作用（表 4-53）。

表 4-53　权谋型领导沉默与主管信任的回归分析（$N=664$）

变量	模型 1				模型 2			
	β 值	标准化 β 值	t 值	Sig.	β 值	标准化 β 值	t 值	Sig.
（常数项）	3.540**	—	22.401	0.000	4.000**	—	22.459	0.000
您的职务	0.120**	0.125**	3.134	0.002	0.132**	0.137**	3.493	0.001
组织规模	0.003	0.006	0.153	0.879	0.007	0.014	0.356	0.722
组织性质	−0.094*	−0.099*	−2.523	0.012	−0.077*	−0.081*	−2.093	0.037
权谋型性领导沉默	—	—	—	—	−0.193**	−0.198**	−5.238	0.000
R^2	0.030				0.069			
修正的 R^2	0.025				0.063			
F 值	6.757**				12.128			
Sig.	0.000				0.000			

*表示 $p<0.05$，**表示 $p<0.01$

　　综上，领导沉默不同维度对主管信任有不同的预测作用：其中，亲社会型领导沉默和考验型领导沉默对主管信任均有正向预测作用，防御型领导沉默和权谋型领导沉默对主管信任均有负向预测作用。

（四）领导沉默各维度与员工成长的回归分析

　　数据显示，亲社会型领导沉默的标准化 β 值为 0.306，Sig.为 0.000，小于 0.01，说明亲社会型领导沉默对员工成长有显著正向预测作用（表 4-54）。

表 4-54　亲社会型领导沉默与员工成长的回归分析（$N=664$）

变量	模型 1				模型 2			
	β 值	标准化 β 值	t 值	Sig.	β 值	标准化 β 值	t 值	Sig.
（常数项）	3.335**	—	22.773	0.000	2.183**	—	11.080	0.000
性别	0.011	0.006	0.149	0.882	0.020	0.011	0.289	0.773
您的职务	0.138**	0.143**	3.668	0.000	0.101**	0.105**	2.805	0.005
亲社会型领导沉默	—	—	—	—	0.383**	0.306**	8.285	0.000
R^2	0.020				0.113			

续表

变量	模型 1				模型 2			
	β 值	标准化 β 值	t 值	Sig.	β 值	标准化 β 值	t 值	Sig.
修正的 R^2	0.017				0.108			
F 值	6.825**				27.896**			
Sig.	0.001				0.000			

**表示 $p<0.01$

考验型领导沉默的标准化 β 值为 0.140，Sig.为 0.000，小于 0.01，说明考验型领导沉默对员工成长有显著正向预测作用（表 4-55）。

表 4-55　考验型领导沉默与员工成长的回归分析（$N=664$）

变量	模型 1				模型 2			
	β 值	标准化 β 值	t 值	Sig.	β 值	标准化 β 值	t 值	Sig.
（常数项）	3.335**	—	22.773	0.000	2.961**	—	16.692	0.000
性别	0.011	0.006	0.149	0.882	−0.001	0.000	−0.008	0.994
您的职务	0.138**	0.143**	3.668	0.000	0.127**	0.131**	3.388	0.001
考验型领导沉默	—	—	—	—	0.143**	0.140**	3.664	0.000
R^2	0.020				0.040			
修正的 R^2	0.017				0.035			
F 值	6.825**				9.110**			
Sig.	0.001				0.000			

**表示 $p<0.01$

权谋型领导沉默的标准化 β 值为−0.204，Sig.为 0.000，小于 0.01，说明权谋型领导沉默对员工成长有显著负向预测作用（表 4-56）。

表 4-56　权谋型领导沉默与员工成长的回归分析（$N=664$）

变量	模型 1				模型 2			
	β 值	标准化 β 值	t 值	Sig.	β 值	标准化 β 值	t 值	Sig.
（常数项）	3.335**	—	22.773	0.000	3.876**	—	22.185	0.000
性别	0.011	0.006	0.149	0.882	0.007	0.004	0.092	0.927
您的职务	0.138**	0.143**	3.668	0.000	0.145**	0.150**	3.925	0.000
权谋型领导沉默	—	—	—	—	−0.199**	−0.204**	−5.416	0.000

变量	模型 1				模型 2			
	β 值	标准化 β 值	t 值	Sig.	β 值	标准化 β 值	t 值	Sig.
R^2	0.020				0.062			
修正的 R^2	0.017				0.058			
F 值	6.825**				14.524**			
Sig.	0.001				0.000			

**表示 $p < 0.01$

综上，领导沉默不同维度对员工成长有不同的预测作用：其中，亲社会型领导沉默和考验型领导沉默对员工成长均有正向预测作用，权谋型领导沉默对员工成长有负向预测作用。

（五）领导沉默各维度与员工悟性的回归分析

防御型领导沉默的标准化 β 值为 0.193，Sig.为 0.000，小于 0.01，说明防御型领导沉默对员工悟性有显著正向预测作用（表 4-57）。

表 4-57　防御型领导沉默与员工悟性的回归分析（$N = 664$）

变量	模型 1			
	β 值	标准化 β 值	t 值	Sig.
（常数项）	2.587**	—	34.529	0.000
防御型领导沉默	0.110**	0.193**	5.068	0.000
R^2	0.037			
修正的 R^2	0.036			
F 值	25.680**			
Sig.	0.000			

**表示 $p < 0.01$

亲社会型领导沉默的标准化 β 值为 0.198，Sig.为 0.000，小于 0.01，说明亲社会型领导沉默对员工悟性有显著正向预测作用（表 4-58）。

表 4-58　亲社会型领导沉默与员工悟性的回归分析（ *N* = 664 ）

变量	模型 1			
	β 值	标准化 *β* 值	*t* 值	Sig.
（常数项）	2.451**	—	24.873	0.000
亲社会型领导沉默	0.157**	0.198**	5.190	0.000
R^2	0.039			
修正的 R^2	0.038			
F 值	26.939**			
Sig.	0.000			

**表示 $p < 0.01$

考验型领导沉默的标准化 *β* 值为 0.302，Sig.为 0.000，小于 0.01，说明考验型领导沉默对员工悟性有显著正向预测作用（表 4-59）。

表 4-59　考验型领导沉默与员工悟性的回归分析（ *N* = 664 ）

变量	模型 1			
	β 值	标准化 *β* 值	*t* 值	Sig.
（常数项）	2.382**	—	32.679	0.000
考验型领导沉默	0.196**	0.302**	8.156	0.000
R^2	0.091			
修正的 R^2	0.090			
F 值	66.524**			
Sig.	0.000			

**表示 $p < 0.01$

权谋型领导沉默与员工悟性的回归结果见表 4-60，权谋型领导沉默的标准化 *β* 值为 0.260，Sig.为 0.000，小于 0.01，说明权谋型领导沉默对员工悟性有显著正向预测作用。

表 4-60　权谋型领导沉默与员工悟性的回归分析（ *N* = 664 ）

变量	模型 1			
	β 值	标准化 *β* 值	*t* 值	Sig.
（常数项）	2.507**	—	37.003	0.000
权谋型领导沉默	0.161**	0.260**	6.920	0.000

续表

变量	模型 1			
	β 值	标准化 β 值	t 值	Sig.
R^2	0.067			
修正的 R^2	0.066			
F 值	47.888**			
Sig.	0.000			

**表示 $p < 0.01$

　　威风型领导沉默与员工悟性的回归结果见表 4-61，威风型领导沉默的标准化 β 值为 0.308，Sig.为 0.000，小于 0.01，说明威风型领导沉默对员工悟性有显著正向预测作用。

表 4-61　威风型领导沉默与员工悟性的回归分析（$N = 664$）

变量	模型 1			
	β 值	标准化 β 值	t 值	Sig.
（常数项）	2.359**	—	31.825	0.000
威风型领导沉默	0.214**	0.308**	8.333	0.000
R^2	0.095			
修正的 R^2	0.094			
F 值	69.444**			
Sig.	0.000			

**表示 $p < 0.01$

（六）领导沉默各维度与员工建言的回归分析

　　亲社会型领导沉默与员工建言的回归结果见表 4-62，亲社会型领导沉默的标准化 β 值为 0.185，Sig.为 0.000，小于 0.01，说明亲社会型领导沉默对员工建言有显著正向预测作用。

表 4-62　亲社会型领导沉默与员工建言的回归分析（$N = 664$）

变量	模型 1				模型 2			
	β 值	标准化 β 值	t 值	Sig.	β 值	标准化 β 值	t 值	Sig.
（常数项）	2.965**	—	30.816	0.000	2.390**	—	16.304	0.000
年龄	0.023	0.038	0.537	0.591	0.025	0.040	0.574	0.566

续表

变量	模型 1				模型 2			
	β 值	标准化 β 值	t 值	Sig.	β 值	标准化 β 值	t 值	Sig.
工龄	0.018	0.033	0.457	0.648	0.021	0.039	0.547	0.585
您的职务	0.214**	0.266**	6.109	0.000	0.191**	0.238**	5.531	0.000
组织性质	−0.108**	−0.137**	−3.612	0.000	−0.110**	−0.139**	−3.744	0.000
亲社会型领导沉默	—	—	—	—	0.193**	0.185**	5.136	0.000
R^2	0.125				0.159			
修正的 R^2	0.120				0.152			
F 值	23.536**				24.830**			
Sig.	0.000				0.000			

**表示 $p < 0.01$

考验型领导沉默与员工建言的回归结果见表 4-63，考验型领导沉默的标准化 β 值为 0.132，Sig. 为 0.000，小于 0.01，说明考验型领导沉默对员工建言有显著正向预测作用。

表 4-63　考验型领导沉默与员工建言的回归分析（$N = 664$）

变量	模型 1				模型 2			
	β 值	标准化 β 值	t 值	Sig.	β 值	标准化 β 值	t 值	Sig.
（常数项）	2.965**	—	30.816	0.000	2.654**	—	20.744	0.000
年龄	0.023	0.038	0.537	0.591	0.018	0.030	0.425	0.671
工龄	0.018	0.033	0.457	0.648	0.026	0.047	0.653	0.514
您的职务	0.214**	0.266	6.109	0.000	0.203**	0.252**	5.831	0.000
组织性质	−0.108**	−0.137	−3.612	0.000	−0.108**	−0.137**	−3.644	0.000
考验型领导沉默	—	—	—	—	0.112**	0.132**	3.651	0.000
R^2	0.125				0.142			
修正的 R^2	0.120				0.136			
F 值	23.536**				21.847**			
Sig.	0.000				0.000			

**表示 $p < 0.01$

威风型领导沉默与员工建言的回归结果见表 4-64，威风型领导沉默的标准化 β 值为 0.116，Sig. 为 0.001，小于 0.01，说明威风型领导沉默对员工建言有显著正向预测作用。

表 4-64　威风型领导沉默与员工建言的回归分析（$N=664$）

变量	模型 1				模型 2			
	β 值	标准化 β 值	t 值	Sig.	β 值	标准化 β 值	t 值	Sig.
（常数项）	2.965**	—	30.816	0.000	2.677**	—	20.368	0.000
年龄	0.023	0.038	0.537	0.591	0.024	0.040	0.564	0.573
工龄	0.018	0.033	0.457	0.648	0.019	0.034	0.468	0.640
您的职务	0.214**	0.266	6.109	0.000	0.211**	0.262**	6.073	0.000
组织性质	−0.108**	−0.137	−3.612	0.000	−0.108**	−0.137**	−3.645	0.000
威风型领导沉默	—	—	—	—	0.106**	0.116**	3.202	0.001
R^2	0.125				0.138			
修正的 R^2	0.120				0.132			
F 值	23.536**				21.144**			
Sig.	0.000				0.000			

**表示 $p<0.01$

通过上述分析发现，领导沉默的不同维度在能否预测主管信任、员工成长、员工悟性和员工建言的 4 个研究假设均成立。

H4-2a：领导沉默的不同维度对主管信任的影响作用不同。亲社会型领导沉默、考验型领导沉默对主管信任具有显著的正向影响，防御型领导沉默、权谋型领导沉默对主管信任有显著的负向影响。

H4-2b：领导沉默的不同维度对员工成长的影响作用不同。亲社会型领导沉默、考验型领导沉默对员工成长具有显著的正向影响，权谋型领导沉默对员工成长有显著的负向影响。

H4-2c：领导沉默的不同维度对员工悟性均有正向预测作用。

H4-2d：领导沉默的不同维度对员工建言的影响作用不同。亲社会型领导沉默、考验型领导沉默和威风型领导沉默对员工建言具有显著的正向影响。

（七）主管信任的中介作用分析

1. 主管信任在领导沉默与员工成长之间的中介作用分析

由表 4-65～表 4-67 的数据可见，领导沉默各维度的 Sig. 都大于 0.05，即所对应的路径系数不显著，而主管信任的 Sig. 均小于 0.01，所对应的路径系数均显著，说明主管信任在亲社会型、考验型及权谋型领导沉默和员工成长之间起完全中介作用，故假设 H3a 成立（图 4-6）。

表 4-65　主管信任与员工成长中介作用的回归分析（亲社会型领导沉默）（$N=664$）

变量	模型 3			
	β 值	标准化 β 值	t 值	Sig.
（常数项）	1.679**	—	9.182	0.000
性别	−0.115	−0.061	−1.920	0.055
您的职务	0.035	0.037	1.146	0.252
亲社会型领导沉默	0.038	0.030	0.910	0.363
主管信任	0.568**	0.571**	17.128	0.000
R^2	0.351			
修正的 R^2	0.347			
F 值	89.073**			
Sig.	0.000			

**表示 $p<0.01$

表 4-66　主管信任与员工成长中介作用的回归分析（考验型领导沉默）（$N=664$）

变量	模型 3			
	β 值	标准化 β 值	t 值	Sig.
（常数项）	1.736**	—	10.010	0.000
性别	−0.117	−0.062	−1.950	0.052
您的职务	0.037	0.039	1.200	0.230
考验型领导沉默	0.012	0.012	0.364	0.716
主管信任	0.576**	0.573**	18.046	0.000
R^2	0.350			
修正的 R^2	0.346			

续表

变量	模型 3			
	β 值	标准化 β 值	t 值	Sig.
F 值	88.805**			
Sig.	0.000			

**表示 $p < 0.01$

表 4-67　主管信任与员工成长中介作用的回归分析（权谋型领导沉默）（$N = 664$）

变量	模型 3			
	β 值	标准化 β 值	t 值	Sig.
（常数项）	1.660**	—	8.679	0.000
性别	−0.116	−0.061	−1.928	0.054
您的职务	0.036	0.037	1.164	0.245
权谋型领导沉默	0.029	0.030	0.944	0.345
主管信任	0.584**	0.586**	18.092	0.000
R^2	0.351			
修正的 R^2	0.347			
F 值	89.097**			
Sig.	0.000			

**表示 $p < 0.01$

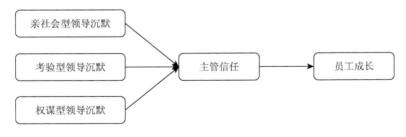

图 4-6　领导沉默、主管信任和员工成长的关系

2. 主管信任在领导沉默与员工悟性之间的中介作用分析

由表 4-68～表 4-71 的数据可知，各维度领导沉默的 Sig. 都小于 0.01，即所对应的路径系数显著，而主管信任的 Sig. 均小于 0.05，所对应的路径系数均显著，

这说明主管信任在上述几种领导沉默和员工悟性之间起部分中介的作用，故假设H3b成立（图4-7）。

表 4-68　主管信任与员工悟性中介作用的回归分析（防御型领导沉默）（$N = 664$）

变量	模型 3			
	β 值	标准化 β 值	t 值	Sig.
（常数项）	2.038**	—	16.033	0.000
防御型领导沉默	0.135**	0.237**	6.191	0.000
主管信任	0.129**	0.203**	5.296	0.000
R^2	0.077			
修正的 R^2	0.074			
F 值	27.391**			
Sig.	0.000			

**表示 $p < 0.01$

表 4-69　主管信任与员工悟性中介作用的回归分析（亲社会型领导沉默）（$N = 664$）

变量	模型 3			
	β 值	标准化 β 值	t 值	Sig.
（常数项）	2.303**	—	19.999	0.000
亲社会型领导沉默	0.132**	0.166**	4.152	0.000
主管信任	0.063*	0.099*	2.460	0.014
R^2	0.038			
修正的 R^2	0.045			
F 值	16.599**			
Sig.	0.000			

**表示 $p < 0.01$

表 4-70　主管信任与员工悟性中介作用的回归分析（考验型领导沉默）（$N = 664$）

变量	模型 3			
	β 值	标准化 β 值	t 值	Sig.
（常数项）	2.162**	—	20.668	0.000
考验型领导沉默	0.185**	0.286**	7.671	0.000
主管信任	0.069**	0.109**	2.915	0.004
R^2	0.103			

续表

变量	模型 3			
	β 值	标准化 β 值	t 值	Sig.
修正的 R^2	0.100			
F 值	37.889**			
Sig.	0.000			

**表示 $p < 0.01$

表 4-71　主管信任与员工悟性中介作用的回归分析（权谋型领导沉默）（$N = 664$）

变量	模型 3			
	β 值	标准化 β 值	t 值	Sig.
（常数项）	1.947**	—	16.343	0.000
权谋型领导沉默	0.187**	0.302**	8.064	0.000
主管信任	0.135**	0.212**	5.656	0.000
R^2	0.111			
修正的 R^2	0.108			
F 值	41.059**			
Sig.	0.000			

**表示 $p < 0.01$

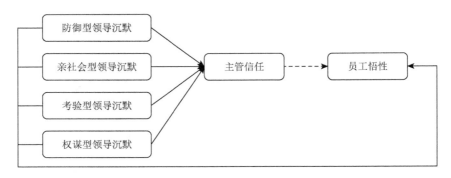

图 4-7　领导沉默、主管信任和员工悟性的关系

3. 主管信任在领导沉默与员工建言之间的中介作用分析

表 4-72、表 4-73 的数据显示，各维度领导沉默的 Sig. 都小于 0.01，即所对应的路径系数显著，主管信任的 Sig. 均小于 0.01，所对应的路径系数均显著，说明主管信任在领导沉默（在亲社会型、考验型的维度）和员工建言之间起部分中介作用，故假设 H3c 成立。

表 4-72 主管信任与员工建言中介作用的回归分析（亲社会型领导沉默）（$N=664$）

变量	模型 3			
	β 值	标准化 β 值	t 值	Sig.
（常数项）	2.078**	—	12.673	0.000
年龄	0.031	0.051	0.742	0.458
工龄	0.016	0.030	0.419	0.675
职务	0.181**	0.225**	5.268	0.000
组织性质	−0.098**	−0.124**	−3.372	0.001
亲社会型领导沉默	0.144**	0.138**	3.690	0.000
主管信任	0.127**	0.153**	4.050	0.000
R^2	0.179			
修正的 R^2	0.172			
F 值	23.910**			
Sig.	0.000			

**表示 $p<0.01$

表 4-73 主管信任与员工建言中介作用的回归分析（考验型领导沉默）（$N=664$）

变量	模型 3			
	β 值	标准化 β 值	t 值	Sig.
（常数项）	2.175**	—	13.710	0.000
年龄	0.028	0.045	0.653	0.514
工龄	0.019	0.035	0.494	0.621
职务	0.186**	0.231**	5.404	0.000
组织性质	−0.095**	−0.120**	−3.245	0.001
考验型领导沉默	0.091**	0.107**	2.968	0.003
主管信任	0.150**	0.181**	4.957	0.000
R^2	0.173			
修正的 R^2	0.166			
F 值	22.954**			
Sig.	0.000			

**表示 $p<0.01$

领导沉默、主管信任和员工建言的关系如图 4-8 所示。

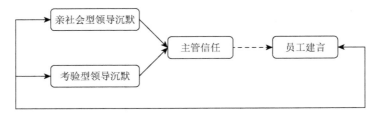

图 4-8　领导沉默、主管信任和员工建言的关系

七、领导沉默各维度与结果变量的回归结果

研究显示，领导沉默可以正向预测员工悟性和员工建言。具体到领导沉默各维度，亲社会型领导沉默、考验型领导沉默对主管信任具有显著的正向影响。防御型领导沉默、权谋型领导沉默对主管信任有显著的负向影响。

亲社会型领导沉默、考验型领导沉默对员工成长具有显著的正向影响，权谋型领导沉默对员工成长有显著的负向影响。

领导沉默各维度对员工悟性均具有显著的正向影响。

亲社会型领导沉默、考验型领导沉默和威风型领导沉默对员工建言具有显著的正向影响。

主管信任在亲社会型、考验型、权谋型领导沉默和员工成长中间起完全中介作用；除威风型领导沉默和主管信任之间不存在显著相关性外，主管信任在防御型、亲社会型、考验型、权谋型领导沉默和员工悟性之间起部分中介作用；主管信任在亲社会型、考验型领导沉默和员工建言之间起部分中介作用。

据此，本书建立领导沉默效能模型，如图 4-9 所示。

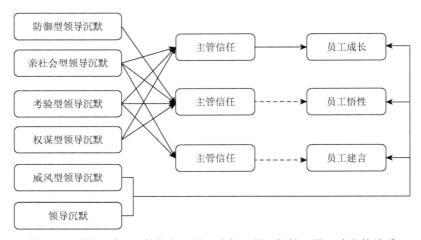

图 4-9　领导沉默和主管信任、员工成长、员工悟性、员工建言的关系

实线表示完全中介，虚线表示部分中介

第四节　主要结论和未来展望

一、主要结论

（一）访谈研究的结论

本章共访谈 44 个样本，编码数据显示，领导沉默效能分为个体层面和组织层面两大类共 11 个变量，分别为员工情绪体验、员工成长、员工悟性、工作绩效、工作积极性、主管信任、员工建言、领导决策、领导权威、上下级关系、组织氛围。

领导沉默对员工的影响具有一定层次性。领导沉默首先影响员工情绪体验，继而影响员工成长、员工悟性、工作绩效等行为变量。

面对领导沉默，不同的员工情绪体验不同，既有积极的，也有消极的。有失落/沮丧、困惑/忐忑、愤怒、无所适从；也有感恩、发奋、羞愧、揣摩、猜测等。不同的情绪体验，对员工成长、员工悟性、工作绩效、工作积极性等行为变量的影响方向也不同。呈积极情绪体验的员工，其在员工成长和员工悟性方面等会取得进步和提升；呈消极情绪体验的员工，则相反。

对领导沉默积极性的评价呈现出明显的职位层级差异。几乎所有高层领导都认为领导沉默是积极的，随着层级的降低，对领导沉默积极作用的评价也逐渐降低。

访谈数据显示，上下级关系、员工悟性、组织氛围既是领导沉默的前因变量，也是领导沉默的结果变量，在量化研究阶段只是验证了员工悟性、上下级关系是领导沉默的结果变量，没有验证这两个变量是领导沉默的前因变量，也没有验证组织氛围既作为领导沉默的前因变量，又作为结果变量是否成立。这有待于继续深入研究。

总之，领导沉默的结果变量呈现出复杂多变的特征。从很多方面讲，领导沉默效能的访谈研究结果的意义和启发远超过量化研究。

（二）问卷调查研究结论

在访谈研究的基础上，本书选取了员工成长、员工悟性、员工建言、主管信任 4 个变量进行量化研究。问卷数据显示，领导沉默可以正向预测员工悟性和员工建言。其中，亲社会型、考验型领导沉默对主管信任具有显著的正向影响，防御型、权谋型领导沉默对主管信任有显著的负向影响；亲社会型、考验型领导沉默对员工成长具有显著的正向影响，权谋型领导沉默对员工成长有显著的负向影响；领导沉默各维度对员工悟性均具有显著的正向影响；亲社会型、考验型和威风型领导沉默对员工建言具有显著的正向影响。

主管信任在亲社会型、考验型、权谋型领导沉默和员工成长变量间起完全中介作用；除威风型领导沉默和主管信任之间不存在显著相关性外，主管信任在防御型、亲社会型、考验型、权谋型领导沉默和员工悟性之间起部分中介作用；主管信任在亲社会型、考验型领导沉默和员工建言之间起部分中介作用。

在控制变量中，除领导职务对领导沉默的影响显著外，其他的控制变量对领导沉默的影响均不显著，说明领导沉默的层级差异明显。

二、研究启示

（一）理论启示

现有的研究显示，领导效能要么是积极的，如变革型、谦卑型领导等；要么是消极的，如辱虐管理等。只有家长式领导因维度不同所产生的效能也不同。像德行领导和仁慈领导的效能大多数是积极的，关于威权领导的作用学界还没有达成一致的意见，有学者认为是积极的，也有学者认为是消极的。

与上述领导风格不同的是，领导沉默的效能并不是固定不变的，更多的时候是在于时机的把握、沉默程度的把控，以及因人而异的领导艺术。不可以简单用积极或者消极予以定性。领导沉默对员工的影响、对领导本人的影响及对组织的影响是多元和复杂的。

目前学界关于领导沉默效能的研究很少，本书在一定程度上弥补了这个空白。在领导效能的研究中，提出员工悟性这一新的本土构念，并在后续的量化研究中验证了此概念。这一研究结论或者有助于拓展有关领导效能的研究视野。这对丰富本土管理学研究或许有所助益，对拓展有关悟性及悟性思维的研究均有一定的意义。

（二）管理实践的启示

领导沉默是一个多维的构念，普遍存在于组织中。不同维度的沉默所产生的影响不同。关于领导沉默效能及作用机制的研究，有助于加深对领导沉默的认识和理解。

研究领导沉默效能最重要而又直接的目的是最大限度地发挥其积极作用，减弱其消极作用。结合本书研究成果，笔者提出如下建议。

1）"度"的把握。"度"有两层意思，一是把握领导沉默使用的频率，过多地运用，会令人感到压抑，进而可能影响组织沟通的顺畅。二是要掌握好沉默的方式。领导在适当的时候采用适当的沉默，一方面可以保全员工的面子，另一方面也可以激发员工的工作积极性。

2）因材施教。对悟性较高、能力较强的员工，领导不妨适度地保持沉默，一方面有利于提升决策质量；另一方面也培训锻炼了员工。对不习惯或者不接受领导沉默的员工而言，即便面对善意的沉默也会不知所措，甚至心怀不满。在访谈中笔者发现，随着新时代员工成为职场主力，他们对领导沉默的接受度下降，因此，领导的管理方式也应该随之有所改变。

3）民无信不立。领导沉默发挥正向作用的关键是提高主管信任，主管信任不仅是领导沉默的结果之一，也在领导沉默和其他结果变量之间起中介作用。主管信任包含下级对上级的情感信任和认知信任，上级一是应多关心下属，二是应加强与下属的沟通，建立良好的上下级关系。

因此，组织中的员工在面对领导沉默时，除了保持正确的认识和积极的心态外，还应该逐渐培养管理上级的能力。尤其是当领导沉默已经影响员工自身发展和团队效率时，不妨直截了当地与上级沟通，而不要一味地等待和埋怨，以构建更为健康的上下级关系。

三、不足与改进之处

（一）样本方面

本书采用方便取样方法，样本来自珠三角地区，虽然笔者尽量保证样本的多样化，但是，样本的地域限制是不可忽视的一个问题。

（二）量表方面

本研究使用的问卷是依据访谈编码及文献资料设计的，采用的是自陈式（self-reported）主观评价法，可能存在同源误差（common method variance）；加之问卷中有些问题比较敏感，可能会存在社会称许（social desirability）的问题，被访者在问卷中的选项未必是其真实想法的反映。

四、未来研究的方向

未来的研究采用上下级配对的研究方法，或者采用实验研究方法，以与问卷调查法相互补充。增加对中介变量和调节变量的研究，修正现有的框架和模型，以便对领导沉默的作用机制进行更深入的研究。

参 考 文 献

宝贡敏，徐碧祥. 2006. 组织内部信任理论研究述评[J]. 外国经济与管理，（12）：1-9，17.

曹元坤，许晟. 2013. 部属追随力：概念界定与量表开发[J]. 当代财经，（3）：82-89.

陈建勋. 2011. 高层变革型领导行为与组织绩效间关系的理论整合与实证检验[J]. 系统工程理论与实践，31（9）：1696-1706.

陈璐，高昂，杨百寅，等. 2013. 家长式领导对高层管理团队成员创造力的作用机制研究[J]. 管理学报，10（6）：831-838.

陈璐，杨百寅，井润田，等. 2010. 家长式领导、冲突与高管团队战略决策效果的关系研究[J]. 南开管理评论，13（5）：4-11.

陈维政，李金平. 2005. 组织气候研究回顾及展望[J]. 外国经济与管理，（8）：18-25.

陈翼然，雷星晖，单志汶，等. 2017. 谦卑型领导风格对创新的压力——员工创造力曲线关系的调节作用[J]. 科技管理研究，37（1）：139-143.

董临萍，吴冰，黄维德. 2010. 中国企业魅力型领导风格，员工工作态度与群体绩效的实证研究[J]. 管理学报，7（10）：1484-1489.

杜运周，李毛毛. 2012. 魅力型领导对新企业绩效的影响：组织合法性的中介作用[J]. 科学学与科学技术管理，33（12）：87-96.

段锦云，黄彩云. 2014. 变革型领导对员工建言的影响机制再探：自我决定的视角[J]. 南开管理评论，17（4）：98-109.

段锦云，肖君宜，夏晓彤. 2017. 变革型领导、团队建言氛围和团队绩效：创新氛围的调节作用[J]. 科研管理，38（4）：76-83.

段锦云. 2012. 家长式领导对员工建言行为的影响：心理安全感的中介机制[J]. 管理评论，24（10）：109-116，142.

樊景立，郑伯壎. 2000. 华人组织的家长式领导：一项文化观点的分析[J]. 本土心理学研究，（13）：127-180.

傅晓，李忆，司有和. 2012. 家长式领导对创新的影响：一个整合模型[J]. 南开管理评论，15（2）：121-127.

高昂，曲庆，杨百寅，等. 2014. 家长式领导对团队工作绩效的影响研究——领导才能的潜在调节作用[J]. 科学学与科学技术管理，35（1）：100-108.

郭桂梅，段兴民. 2008. 不同领导行为对员工创造性差异化影响的实证研究[J]. 管理科学，（1）：49-57.

郭小艳，王振宏. 2007. 积极情绪的概念、功能与意义[J]. 心理科学进展，（5）：810-815.

黄桂，付春光，谈梦洁. 2013. 企业领导沉默行为探究[J]. 学术研究，（7）：70-78.

姜定宇，张菀真. 2010. 华人差序式领导与部属效能[J]. 本土心理学研究，（33）：109-177.

姜定宇，钟筱涵，皇甫刚. 2012. 差序式领导有效吗？[J]. 哈佛商业评论，（12）：40-43.

蒋琬，顾琴轩. 2015. 仁慈型领导如何激发员工创造力?——社会认同与社会交换整合视角[J]. 北京理工大学学报（社会科学版），17（1）：70-77.

鞠芳辉，万松钱. 2008. 家长型领导行为对民营企业绩效及员工工作态度的影响研究[J]. 东北大学学报（社会科学版），（4）：312-318，326.

鞠芳辉. 2007. 民营企业变革型、家长型领导行为对企业绩效的影响研究[D]. 浙江大学博士学位论文.

雷星晖，单志汶，苏涛永，等. 2015. 谦卑型领导行为对员工创造力的影响研究[J]. 管理科学，28（2）：115-125.

李超平，孟慧，时勘.2007.变革型领导，家长式领导，PM理论与领导有效性关系的比较研究[J].心理科学，（6）：
　　1477-1481.

李磊，尚玉钒，席酉民，等.2012.变革型领导与下属工作绩效及组织承诺：心理资本的中介作用[J].管理学报，
　　9（5）：685-691.

李锐，凌文辁，柳士顺.2009.上司不当督导对下属建言行为的影响及其作用机制[J].心理学报，41（12）：
　　1189-1202.

李锐，田晓明.2014.主管威权领导与下属前瞻行为：一个被中介的调节模型构建与检验[J].心理学报，46（11）：
　　1719-1733.

李鑫.2006.家长式领导、主管信任、主管忠诚的关系研究[D].浙江大学硕士学位论文.

李燕萍，史瑶，毛雁滨.2018.授权型领导对员工建言行为的影响　心理所有权的中介作用[J].科技进步与对策，
　　35（3）：140-145.

李育辉，王桢，黄灿炜，等.2016.辱虐管理对员工心理痛苦和工作绩效的影响：一个被调节的中介模型[J].管理
　　评论，28（2）：127-137.

梁建.2014.道德领导与员工建言：一个调节-中介模型的构建与检验[J].心理学报，46（2）：252-264.

廖冰，赵方苏，闫威.2017.谦卑型领导行为、组织公民行为与团队效能关系研究[J].科技进步与对策，34（18）：
　　139-145.

林美珍，罗忠恒.2017.授权型领导负面效应的形成机制：基于"过犹不及"理论[J].首都经济贸易大学学报，
　　19（5）：104-112.

林晓敏，林琳，王永丽，等.2014.授权型领导与团队绩效：交互记忆系统的中介作用[J].管理评论，26（1）：78-87.

刘晖，穆立东，汪洋.2012.中小企业交易型领导行为对组织创新的影响——基于组织学习的中介效应[J].经济与
　　管理研究，（12）：117-123.

刘惠琴，张德.2007.高校学科团队中魅力型领导对团队创新绩效影响的实证研究[J].科研管理，（4）：185-191.

刘建军.2003.领导学原理——科学与艺术（第三版）[M].上海：复旦大学出版社.

刘景江，邹慧敏.2013.变革型领导和心理授权对员工创造力的影响[J].科研管理，34（3）：68-74.

刘军，吴隆增，林雨.2009.应对辱虐管理下属逢迎与政治技能的作用机制研究[J].南开管理评论，12（2）：52-58.

刘小禹，孙健敏，周禹.2011.变革/交易型领导对团队创新绩效的权变影响机制——团队情绪氛围的调节作用，管
　　理学报，（6）：857-864.

罗瑾琏，花常花，钟竞.2015.谦卑型领导对员工工作绩效和工作满意度的影响研究[J].软科学，29（10）：78-82.

马吟秋，席猛，许勤，等.2017.基于社会认知理论的辱虐管理对下属反生产行为作用机制研究[J].管理学报，
　　14（8）：1153-1161.

毛畅果.2016.员工为何沉默：领导权力距离倾向与员工调控焦点的跨层次交互作用[J].心理科学，39（6）：
　　1426-1433.

逄晓霞，邹国庆，宋方煜.2012.家长式领导风格与高管团队行为整合的关系[J].中国流通经济，26（5）：110-114.

邱功英，龙立荣.2014.威权领导与下属建言的关系：一个跨层分析[J].科研管理，35（10）：86-93.

施桂荣，浦光博，陶向京，等.2002.领导的诚实性行为对员工工作积极性的影响过程——中国企业组织内的研究[J].
　　管理世界，（1）：113-117.

石冠峰，雷良军.2016.差序性领导对员工离职倾向的影响作用——一个被中介调节模型的构建[J].领导科学，（2）：
　　47-50.

史青.2010.领导行为对员工工作态度影响机制的理论与实证研究——基于员工心理动机的视角[D].西南交通大
　　学博士学位论文.

隋杨，王辉，岳旖旎，等.2012.变革型领导对员工绩效和满意度的影响：心理资本的中介作用及程序公平的调节

作用[J]. 心理学报，44（9）：1217-1230.

孙圣兰，吕洁.2016. 授权型领导对员工创造力的影响：基于整合视角的分析[J]. 研究与发展管理，28（4）：117-125.

孙旭，严鸣，储小平.2014. 基于情绪中介机制的辱虐管理与偏差行为[J]. 管理科学，27（5）：69-79.

唐春勇，王平，肖洒，等.2015. 道德型领导对新员工职业成长的影响机制研究[J]. 西南交通大学学报（社会科学版），
　　16（5）：104-114.

唐贵瑶，李鹏程，李骥.2012. 国外授权型领导研究前沿探析与未来展望[J]. 外国经济与管理，34（9）：73-80.

陶厚永，章娟，李玲.2016 差序式领导对员工利社会行为的影响[J]. 中国工业经济，（3）：114-129.

王凤彬，陈建勋.2011. 动态环境下变革型领导行为对探索式技术创新和组织绩效的影响[J]. 南开管理评论，14（1）：
　　4-16.

王华强，袁莉.2016. 魅力型领导、创造自我效能感与员工创造力[J]. 华东经济管理，30（12）：143-147.

王磊，杜贝贝.2017. 中国情境下差序式领导与创造力研究——团队建言氛围的跨层次作用[J]. 东北财经大学学报，
　　（3）：25-33.

王磊.2013. 差序式领导有效性的理论与实证研究：一个本土化视角[D]. 东北财经大学博士学位论文.

王磊.2015. 中国家族企业成长中差序式领导对员工及团队创造力的影响：一个跨层次跟踪研究[J]. 心理科学进展，
　　23（10）：1688-1700.

王甜，苏涛，陈春花.2017. 家长式领导的有效性：来自 Meta 分析的证据[J]. 中国人力资源开发，（3）：69-80.

王艳子，白玲，罗瑾琏.2016. 谦卑型领导对研发人员创造力的影响机理研究[J]. 外国经济与管理，38（10）：76-88，
　　101.

王永丽，邓静怡，任荣伟.2009. 授权型领导、团队沟通对团队绩效的影响[J]. 管理世界，（4）：119-127.

韦慧民，龙立荣.2009. 主管认知信任和情感信任对员工行为及绩效的影响[J]. 心理学报，41（1）：86-94.

魏峰，袁欣，邸杨.2009. 交易型领导、团队授权氛围和心理授权影响下属创新绩效的跨层次研究[J]. 管理世界，
　　（4）：135-142.

魏蕾，时勘.2010. 家长式领导与员工工作投入：心理授权的中介作用[J]. 心理与行为研究，8（2）：88-93.

翁清雄，席酉民.2011. 企业员工职业成长研究：量表编制和效度检验[J]. 管理评论，23（10）：132-143.

吴隆增，曹昆鹏，陈苑仪，等. 2011. 变革型领导行为对员工建言行为的影响研究[J]. 管理学报，8（1）：61-66，
　　80.

吴隆增，刘军，刘刚.2009. 辱虐管理与员工表现传统性与信任的作用[J]. 心理学报，41（6）：510-518.

吴敏，黄旭，徐玖平，等.2007. 交易型领导、变革型领导与家长式领导行为的比较研究[J]. 科研管理，（3）：168-176.

吴敏.2005. 企业领导行为作用机制研究[D]. 四川大学博士学位论文.

吴维库，刘军，黄前进.2008. 下属情商作为调节变量的中国企业高层魅力型领导行为研究[J]. 系统工程理论与实践，
　　（7）：68-77.

吴维库，王未，刘军，等.2012. 辱虐管理、心理安全感知与员工建言[J]. 管理学报，9（1）：57-63.

吴志明，武欣.2006. 高科技团队变革型领导、组织公民行为和团队绩效关系的实证研究[J]. 科研管理，（6）：74-79.

吴宗佑，徐玮伶，郑伯壎.2002. 怒不可遏或忍气吞声华人企业中主管威权领导行为与部属愤怒情绪反应的关系[J].
　　本土心理学研究，（18）：13-50.

吴宗祐.2008. 主管威权领导与部属的工作满意度与组织承诺：信任的中介历程与情绪智力的调节效果[J]. 本土心
　　理学研究，（30）：3-63.

西蒙 H A.2004. 管理行为[M]. 詹正茂译. 北京：机械工业出版社.

席燕平.2016. 辱虐管理对员工离职意愿的影响研究——情绪耗竭与员工对主管信任的多重中介作用[J]. 技术经济
　　与管理研究，（12）：51-55.

谢俊，汪林.2014. 授权型领导、主管信任与知识型员工任务行为——基于问卷调查的实证研究[J]. 南方经济，（1）：

77-88.

许勤,席猛,赵曙明.2015.基于工作投入与核心自我评价视角的辱虐管与员工主动行为研究[J].管理学报,12(3):347-354.

薛会娟.2013.授权型领导如何促进团队创造力?——以交互记忆系统为中介[J].科技管理研究,33(24):144-147.

薛贤,宋合义,谭乐.2015.授权型领导如何促进员工建言行为——一个被中介的调节效应模型[J].华东经济管理,29(11):23-29.

杨国枢,黄光国,杨中芳.2008.华人本土心理学(下册)(第一版)[M].重庆:重庆大学出版社.

杨慧军,杨建君.2015.交易型领导、竞争强度、技术创新选择与企业绩效的关系研究[J].管理科学,28(4):1-10.

杨五洲,任迎伟,王毓婧.2014.威权领导对员工工作投入的影响:员工情绪智力的调节作用[J].当代经济科学,36(4):69-76,126-127.

叶余建,何锭,聂雪林.2007.中小型企业主的魅力型领导行为方式对下属影响机制的研究[J].人类工效学,(3):41-43,57.

于桂兰,杨术,孙瑜.2016.威权领导、员工沉默行为与员工绩效关系研究[J].山东大学学报(哲学社会科学版),(5):77-84.

于海波,郑晓明,李永瑞.2009.家长式领导对组织学习的作用——基于家长式领导三元理论的观点[J].管理学报,(5):664-670.

于维娜,樊耘,张婕,等.2015.宽恕视角下辱虐管理对工作绩效的影响——下属传统性和上下级关系的作用[J].南开管理评论,18(6):16-25.

袁凌,李静,李健.2016.差序式领导对员工创新行为的影响——领导创新期望的调节作用[J].科技进步与对策,33(10):110-115.

曾垂凯.2011.家长式领导与部属职涯高原:领导-成员关系的中介作用[J].管理世界,(5):109-119,126.

张鹏程,刘文兴,廖建桥.2011.魅力型领导对员工创造力的影响机制:仅有心理安全足够吗?[J].管理世界,(10):94-107.

张瑞娟,尹鹏飞,王延泽.2014.性别视角下授权型领导、领导-部属交换及其二者关系[J].中国人力资源开发,(7):25-29.

张四龙,李明生,颜爱民.2014.组织道德气氛、主管信任和组织公民行为的关系[J].管理学报,11(1):61-68.

张新安,何惠,顾锋.2009.家长式领导行为对团队绩效的影响:团队冲突管理方式的中介作用[J].管理世界,(3):121-133.

张亚军,张金隆,张军伟,等.2017.谦卑型领导与员工抑制性建言关系研究[J].管理评论,29(5):110-119.

郑伯壎,林家五.1999.差序格局与华人组织行为——台湾大型民营企业的初步研究[J].中央研究院民族学研究所集刊,(86):29-72.

郑伯壎,谢佩鸳,周丽芳.2002.校长领导作风、上下关系品质及教师角色外行为:转型式与家长式领导的效果[J].本土心理学研究,(17):105-161.

郑伯壎,周丽芳,樊景立.2000.家长式领导:三元模式的建构与测量[J].本土心理学研究,(14):3-64.

郑伯壎,周丽芳,黄敏萍,等.2003.家长式领导的三元模式:中国大陆企业组织的证据[J].本土心理学研究,(19):209-250.

郑伯壎.1995.差序格局与华人组织行为[J].中国社会心理学研究,(2):1-52.

郑伯壎.1999.企业组织中上下属的信任关系[J].社会学研究,(2):24-39.

仲理峰,王震,李梅,等.2013.变革型领导、心理资本对员工工作绩效的影响研究[J].管理学报,10(4):536-544.

周婉茹,周丽芳,郑伯壎,等.2010.专权与尚严之辨再探威权领导的内涵与恩威并济的效果[J].本土心理学研究,

（34）：223-284.

周文杰，宋继文，李浩澜. 2015. 中国情境下追随力的内涵、结构与测量[J]. 管理学报，12（3）：355-363.

Ahearne M，Mathieu J，Rapp A. 2005. To empower or not to empower your sales force? An empirical examination of influence of leaderhip empowerment behavior on customer satisfaction and performance[J]. Journal of Applied Psychology，90（5）：945-955.

Alcorn D S. 1992. Dynamic followership: empowerment at work[J]. Management Quarterly，33（1）：9-13.

Aragón-Correa J A，Garcia-Morales V J，Cordón-Pozo E. 2007. Leadership and organizational learning's role on innovation and performance: lessons from Spain[J]. Industrial Marketing Manegement，36（3）：349-359.

Arnold J A，Arad S，Rhoades J A，et al. 2000. The empowering leadership questionnaire: the construction and validation of a new scale[J]. Journal of Organizational Behavior，21（3）：249-269.

Aryee S，Chen Z X，Sun L Y，et al. 2007. Antecedents and outcomes of abusive supervision: test of a trickle-down model[J]. Journal of Applied Psychology，92（1）：191-201.

Aycan Z，Kanungo R N，Mendonca M，et al. 2000. Impact of culture on human resource management practices: a 10-country comparison[J]. Applied Psychology: an International Review，49（1）：192-221.

Ayers K. 2007. Why worker engagement is not enough[J]. Manufacturers Monthly，36：16-18.

Babcock-Roberson M E，Strickland O J. 2010. The relationship betweencharismatic leadership，work engagement，and organizationalcitizenship behaviors[J]. The Journal of Psychology，144（3）：313-326.

Bamberger P A，Bacharach S B. 2006. Abusive supervision and subordinate problem drinking: taking resistance，stress，and subordinate personality into account[J]. Human Relations，59（6）：723-752.

Bass B M. 1985. Leadership and Peformance Beyond Expectations[M]. New York: Free Press.

Bass B M. 1990. Stogdill's Handbook of Leadership: Theory，Research，and Managerial Application [M]. New York: Free Press.

Bernardin H J，Beatty R W. 1984. Performance Appraisal: Assessing Human Behavior at Work [M]. Boston: PWS-KENT Pub. Co.

Birdi K，Clegg C，Patterson M，et al. 2008. The impact of human resource and operational management practices on company productivity: a longitudinal study[J]. Personnel Psychology，61（3）：467-501.

Blau P M. 1964. Exchange and Power in Social Life[M]. New York: John Wiley Press .

Borman W C，Motowidlo S J. 1997. Task performance and contextual performance: the meaning for personnel selection research[J]. Human performance，10（2）：99-109.

Braun S，Peus C，Weisweiler S，et al. 2013. Transformational leadership，job satisfaction，and team performance: a multilevel mediation model of trust[J]. Leadership Quarterly，24（1）：270-283.

Bycio P，Hackett R D，Allen J S. 1995. Further assessments of bass's（1985）conceptualization of transactional and transfomational leadership[J]. Journal of Applied Psychology，80（4）：468-478.

Carmeli A，Schaubroeck J，Tishler A. 2011. How CEO empowering leadership shapes top management team processes: implications for firm performance[J]. The Leadership Quarterly，22（2）：399-411.

Carter M Z，Mossholder K W，Field H S，et al. 2014. Transformational leadership，interactional justice，and organizational citizenship behavior: the effects of racial and gender dissimilarity between supervisors and subordinates[J]. Group and Organization Management，39（6）：691-719.

Chen N Y，Dean T. 2007. Guanxi and leader member relationships between American managers and Chinese employees: openminded dialogue as mediator[J]. Asia Pacific Journal of Management，24（2）：171-189.

Chen X P，Eberly M B，Chiang T J，et al. 2014. Affective trust in Chinese leaders: linking paternalistic leadership to employee performance[J]. Journal of Management，40（3）：796-819.

Cheng B S, Boer D, Chou L F, et al. 2014. Paternalistic leadership in FourEast Asian societies [J]. Journal of Cross-Cultural Psychology, 45 (1): 82-90.

Cheng B S, Chou L F, Wu T Y, et al. 2004. Paternalistic leadership and subordinate responses: establishing a leadership model in Chinese organizations[J]. Asian Journal of Social Psychology, 7 (1): 89-117.

Chi N W, Huang J C. 2014. Mechanisms linking transformational leadership and team performance: the mediating roles of team goal orientation and group affective tone[J]. Group and Organization Management, 39 (3): 300-325.

Chou H J. 2012. Effects of paternalistic leadership on job satisfaction-regulatory focus as the mediator [J]. International Journal of Organizational Innovation, 4 (4): 62-85.

Colbert A E, Barrick M R, Bradley B H. 2014. Personality and leadership composition in top management teams: implications for organizational effectiveness[J]. Personnel Psychology, 67 (2): 351-387.

Collins J. 2001. Good to Great: Why Some Companies Make The Leap...and Other don't[M]. New York: Harper Business.

Compbell J P, Dunnette M D, Lawler E E, et al. 1970. Managerial Behavior, Proformance, and Effectiveness[M]. New York: McGraw-Hill.

Cooper C, Gadam L. 2009. Open Source Leadership[M]. London: Pagrave Macminllan.

Cropanzano R, Bowen D E, Gilliland S W. 2007. The management of organizational justice[J]. Academy of Management Perspectives, 21 (4): 34-48.

Dasborough M T. 2006. Cognitive asymmetry in employee emotional reactions to leadership behaviors[J]. Leadership Quarterly, 17 (2): 163-178.

de Cremer D, van Knippenberg D. 2002. How do leaders promote cooperation? The effects of charisma and procedural fairness[J]. Journal of Applied Psychology, 87 (5): 858-866.

Derue D S, Nahrgang J D, Wellman N, et al. 2011. Trait and behavioral theories of leadership: a meta-analytic test of their relative validity[J]. Personnel Psychology, 64 (1): 7-52.

Detert J R, Burris E R. 2007. Leadership behavior and employee voice: is the door really open [J]. Academy of Management Journal, 50 (4): 869-884.

Dionne S D, Yammarino F J, Atwater L E, et al. 2004. Transformational leadership and team performance[J]. Journal of Organizational Change Management, 17 (2): 177-193.

Dutton J E, Roberts L M, Bednar J. 2010. Pathways for positive identity construction atwork: four types of positive identity and the building of social resources[J]. Academy of Management Review, 35 (2): 285-293.

Dvir T, Eden D, Avolio B J, et al. 2002. Impact of transformational leadership on follower development and performance: a field experiment[J]. Academy of Management Journal, 45 (4): 735-744.

Edmondson A. 1999. Psychological safety and learning behavior in work teams[J]. Administrative Science Quarterly, 44 (2): 350-383.

Ehrhart M G, Klein K J. 2001. Predicting followers' preferences for charismatic leadership: the influence of follower valus and personality[J]. The Leadership Quarterty, 12 (2): 153-179.

Eisenbeiss S A, van Knippenberg D, Boemer S. 2008. Transformational leadership and team innovation: integrating team climate principles[J]. Journal of Applied Psychology, 93 (6): 1438-1446.

Erez A, Misangyi V F, Johnson D E, et al. 2008. Stirring the hearts of followers: charismatic leadership as the transferal of affect[J]. Journal of Applied Psychology, 93 (3): 602-616.

Farh J L, Cheng B S, Chou L F, et al. 2006. Authority and Benevolence: Employees'Responses to Paternalistic Leadership in China. Chinese Domestic Pomestic Private Firms: Multidisciplinary Perspectives on Management and

Performance[M]. New York: Sharpe.

Fiedler F E, Chemers M M, Mahar L. 1976. Improving Leadership Effectiveness: The Leader Match Concept[M]. New York: Wiley.

Flynn F J, Staw B M. 2004. Lend me your wallets: the effect of charismatic leadership onexternal support for an organization[J]. Strategic Management Journal, 25 (4): 309-330.

Fong K H, Snape E. 2015. Empowering leadership, psychological empowerment and employee outcomes: testing a multi-level mediating model[J]. British Journal of Management, 26 (1): 126-138.

Gao A, Yang B Y, Chiang T J. 2012. Paternalistic leadership and subordinates' effectives: a meta-analysis review[R]. Paper presented at the meeting of the International Association for Chinese Management Research, Hong Kong, China.

Garcia-Morales V J, Matias-Reche F, Hurtado-Torres N. 2008. Influence of transformational leadership on organizational innovation and performance depending on the level of organizational learning in the pharmaceutical sector[J]. Journal of Organizational Change Management, 21 (2): 188-212.

Gardner W L, Avolio B J, Luthans F, et al. 2005. Can you see the real me? A self-based model of authentic leader and follower development[J]. The Leadership Quarterly, 16 (3): 343-372.

Graen G B, Chun H, Dharwadkar R, et al. 1997. Predicting speed of managerial advancement over 23 years using a parametric duration analysis: A test of early leader-member exchange, early job performance, early career success, and university prestige[R]. Best Papers Proceedings: Making Global Partnerships Work Association of Japanese Business Studies. Washington D. C.

Gubman E. 2004. From engagement to passion for work: the search for the missing person[J]. Human Resource Planning, (27): 42-60.

Gumusluoglu L, Ilsev A. 2009. Transformational leadership, creativity, and organizational innovation [J]. Journal of Business Research, 62 (4): 461-473.

Hall R J, Workman J W, Marchioro C A. 1998. Sex, task, and behavioral flexibility effects on leadership perceptions[J]. Organizational Behavior and Human Decision Processes, 74 (1): 1-32.

Harris K J, Kacmar K M, Zivnuska S. 2007. An investigation of abusive supervision as a predictor of performance and the meaning of work as a moderator of the relationship[J]. The Leadership Quarterly, 18 (3): 252-263.

Hmieleski K M, Ensley M D. 2007. The effects of entrepreneur abusive supervision[J]. Academy of Management Proceedings, (1): 1-6.

Hoobler J M, Hu J. 2013. A model of injustice, abusive supervision, and negative affect[J]. The Leadership Quarterly, 24 (1): 256-269.

House R J, Howell J M. 1992. Personality and charismatic leadership[J]. The Leadership Quartly, 3 (2): 81-108.

Howell J M, Avolio B J. 1993. Transformational leadersliip, transactional leadership, focus of control, and support for innovation: key predictors of consohdated-Business-unit performance[J]. Journal of Applied Psychology, 78 (6): 891-902.

Jacobsen C, House R J. 2001. Dynamics of charismatic leadership: a process theory, simulation model, and tests[J]. The Leadership Quarterly, 12 (1): 75-112.

Johnson J W. 2000. A heuristic method for estimating the relative weight of predictor variables in multiple regression[J]. Multivariate Behavioral Research, 35 (1): 1-19.

Judge T A, Piccolo R F. 2004. Transformationaland transactionalleadership: a meta-analytic test of their relative validity[J]. Journal of Applied Psychology, 89 (5): 755-768.

Jung D l, Chow C, Wu A. 2003. The role of transformational leadership in enhancing organizational innovation:

hypotheses and some preliminary findings[J]. The Leadership Quarterly, 14 (4-5): 525-554.

Kirkman B L, Rosen B. 1999. Beyond self-management: antecedents and consequences of team empowerment[J]. Academy of Management Journal, 42 (1): 58-74.

Konczak L J, Stelly D J, Trusty M L. 2000. Defining and measuring empowering leader behaviors: development of an upward feedback instrument[J]. Educational and Psychological Measurement, 60 (2): 301-313.

Konovsky M A, Pugh S D. 1994. Citizenship behavior and social exchange[J]. Academy of Management Journal, 37 (3): 656-669.

Kovjanic S, Schuh S C, Jonas K. 2013. Transformational leadership and performance: an experimental investigation of the mediating effects of basic needs satisfaction and work engagement[J]. Journal of Occupational and Organizational Psychology, 86 (4): 543-555.

Larsson G, Carlstedt L, Andersson J, et al. 2003. A comprehensive system for leader evaluation and development[J]. Leadership and Organization Development Journal, 24 (1): 16-25.

Law K S, Wong C S, Wang D X, et al. 2000. Effect of supervisor-subordinate guanxi on supervisory decisions in China: an empirical investigation[J]. International Journal of Human Resource Management, 11 (4): 751-765.

Leach D J, Wall T D, Jackson P R. 2003. The effect of empowerment on job konwledge: a empirical test involving operators of complex techbology[J]. Journal of Occupational and Crganizatioanal Psychology, 76 (1): 27-52.

Liang J, Farh C I C, Farh J L. 2012. Psychological antecedents of promotive and prohibitive voice: a two-wave examination[J]. Academy of Management Journal, 55 (1): 71-92.

Liang J, Farh J L. 2008. Promotive and prohibitive voice behavior in organizations: a two-wave longitudinal examination[R]. Biannual Meeting of International Association for Chinese Management Research (IACMR) Guangzhou, China.

Liu W, Zhu R, Yang Y. 2010. I warn you because I like you: voice behavior employee identifications, and transformational leadership[J]. The Leadership Quarterly, 21 (1): 189-202.

Liu Y W, Phillips J S. 2011. Examining the antecedents of knowledge sharing in facilitating team innovativeness from a multilevel perspective[J]. International Journal of Information Management, 31 (1): 44-52.

Lord R G, Brown D J. 2001. Leadership, value, and subordinate self-concepts[J]. The Leadership Quarterly, 12 (2): 133-152.

Lowe K B, Kroeck K G, Sivasubramaniam N. 1996. Effectiveness correlates of transformational and transactional leadership: a meta-analytic review of the MLQ literature[J] The Leadership Quarterly, 7 (3): 385-425.

Mayer J D, Salovey P. 1990. Emotional Intelligence. Imagination[J]. Cognition and Personlity, 9 (3): 185-211.

Mayer J D, Salovey P. 1997. What Is Emotional Intelligence? [C]//Salovey P, Sluyter D. Emotional Development and Emotional Intelligence: Educational Implications. New York: Basic.

Mcallister D J. 1995. Affect and cognition-based trust as foundations for interpersonal cooperation in organizations[J]. Academy of Management Journal, 38 (1): 24-59.

Mccauley D P, Kuhnert K W. 1992. A theoretical review and empirical investigation of employee trust in management[J]. Public Administration Quarterly, 16 (2): 265-284.

Michaelis D B, Stegmaier R, Sonntag K. 2009. Affective commitment to change and innovation implementation behavior: the role of charismatic leadership and employees' trust in top management[J]. Journal of Change Management, 9 (4): 399-417.

Morris J A, Brotheridge C M, Urbanski J C. 2005. Bringing humility to leadership: antecedents and consequences of leader humility[J]. Human Relations, 58 (10): 1323-1350.

Morrison E W, Wheeler-Smith S, Kamdar D. 2011. Speaking up in groups: a cross-level study of group voice climate and voice[J]. The Journal of Applied Psychology, 96 (1): 183-191.

Nielsen R, Marrone J A, Slay H S. 2010. A new look at humility: exploring the humility concept and its role in socialized charismatic leadership[J]. Journal of Leadership and Organizational Studies, 17 (1): 33-34.

Owens B P, Hekman D R. 2012. Modeling how to grow: an inductive examination of humble leader behaviors, contingencies, and outcomes[J]. Academy of Management Journal, 55 (4): 787-818.

Pearce C L, Sims H P. 2002. Vertical versus shared leadership as predictors of the effectiveness of change management teams: an examination of aversive, directive, transactional, transformational, and empowering leader behaviors[J]. Group Dynamics: Theory, Research, and Practice, 6 (2): 172-197.

Peterson S J, Walumbwa F O, Avolio B J, et al. 2012. Retraction notice to: the relationship between authentic leadership and follower job performance: the mediating role of follower positivity in extreme contexts[J]. The Leadership Quarterly, 25 (6): 1183-1184.

Pieterse A N, van Knippenberg D, Schippers M, et al. 2010. Transformational and transactional leadership and innovative behavior: the moderating role of psychological empowerment[J]. Journal of Organizational Behavior, 31 (4): 609-623.

Podsakoff P M, Todor W D. 1985. Relationships between leader reward and punishment behavior and group processes and productivity[J]. Journal of Management, 11 (1): 55-73.

Raub S, Robert C. 2010. Differential effects of empowering leadership on in-role and extra-role employee behaviors: exploring the role of psychological empowerment and power values[J]. Human Relations, 63 (11): 1743-1770.

Rousseau D M, Sitkin S B, Burt R S, et al. 1998. Not so different after all: a cross-discipline view of trust[J]. Academy of Management Review, 23 (3): 393-404.

Schaubroeck J, Lam S S K, Cha S E. 2007. Embracing transformational leadership: team values and the impact of leader behavior on team performance[J]. Journal of Applied Psychology, 92 (4): 1020-1030.

Scott S G, Bruce R A. 1994. Determinants of innovative behavior: a path modelofindividual innovation in the workplace[J]. Academy of Management Journal, 37 (3): 580-607.

Seltzer J, Bass B M. 1990. Transformational leadership: beyond Initiation and Consideration [J]. Journal of Management, 16 (4): 693-703.

Sosik J J, Avolio B J, Kahai S S. 1997. Effects of leadership style and anonymity on group potency and effectiveness in a group decision support system environment[J]. Journal of Applied Psychology, 82 (1): 89-103.

Srivastava A, Bartol K M, Locke E A. 2006. Empowering leadership in management teams: effects on knowledge sharing, efficacy, and performance[J]. Academy of Management Journal, 49 (6): 1239-1251.

Tepper B J. 2000. Consequences of abusive supervision[J]. Academy of Management Journal, 43 (2): 178-190.

Tepper B J. 2007. Abusive supervision in work organizations: review, synthesis, and research agenda[J]. Journal of Management, 33 (3): 261-289.

Tepper B J, Duffy M K, Hoobler J, et al. 2004. Moderators of relationships between coworkers`organizational citizenship behavior and fellow employees` attitudes[J]. Journal of Applied Psychology, 89 (3): 455-465.

Tepper B J, Henle C A, Lambert L S, et al. 2008. Abusive supervision and subordinates' organization deviance[J]. Journal of Applied Psychology, 93 (4): 721-732.

Tierney P, Farmer S M, Graen G B. 1999. examination of leadership and employee creativity: the relevance of traits and relationships[J]. Personnel Psychology, 52 (3): 591-620.

Tse H H M, Huang X, Lam W. 2013. Why does transformational leadership matter for employee turnover? A multi-foci social exchange perspective[J]. The Leadership Quarterly, 24 (5): 763-776.

Uhl-Bien M, Tierney P S, Graen G B, et al. 1990. Company paternalism and the hidden investment process: identification of the "right type" for line managers in leading Japanese organizations [J]. Group and Organization Management, 15 (4): 414-430.

van Dijke M, de Cremer D, Mayer D M, et al. 2012. When does procedural fairness promote organizational citizenship behavior? Integrating empowering leadership types in relational justice models[J]. Organizational Behavior and Human Decision Processes, 117 (2): 235-248.

Vecchio R P, Justin J E, Pearce C L. 2010. Empowering leadership: an examination of mediating mechanisms within a hierarchical structure[J]. The Leadership Quarterly, 21 (3): 530-542.

Vera D, Rodriguez-Lopez A. 2004. Strategic virtues: humility as a source of competitive advantage[J]. Organizational Dynamics, 33 (4): 393-408.

Wang P, Rode J C, Shi K, et al. 2013. A workgroup climate perspective on the relationships among transformational leadership, workgroup diversity, and employee creativity[J]. Group and Organization Management, 38(3): 334-360.

Watson D, Clark L A, Tellegen A. 1988. Development and validation of brief measures of positive and negative affect-the panas scales[J]. Journal of Personality and Social Psychology, 54 (6): 1063-1070.

Weiss H M, Cropanzano R. 1996. Affective events theory: a theoretical discussion of the structure, causes and consequences of affective experiences at work[J]. Research in Organizational Behavior, 18 (3): 1-74.

Weng Q, McElroy J C. 2017. Organizational career growth, affective occupational commitment and turnover intentions[J]. Journal of Vocational Behavior, 98: 188.

Wong Y T, Wong C S, Ngo H Y. 2002. Loyalty to supervisor and trust in supervisor of workers in Chinese joint ventures: a test of two competing models[J]. International Journal of Human Resource Management, 13 (6): 883-900.

Wu M, Huang X, Li C, et al. 2012. Perceived interactional justice and trust-in- supervisor as mediators for paternalistic leadership[J]. Management and Organization Review, 8 (1): 97-121.

Xu E, Huang X, Lam C K, et al. 2012. Abusive supervision and work behaviors: the mediating role of LMX[J]. Journal of Organizational Behavior, 33 (4): 531-543.

Xue Y J, Bradley J, Liang H G. 2011. Team climate empowering leadership, and knowledge sharing[J]. Journal of Knowledge Management, 15 (2): 299-312.

Yammarino F J, Spangler W D, Bass B M. 1993. Transformational leadership and performance: a longitudinal investigation[J]. The Leadership Quarterly, 4 (1): 81-102.

Zhang X, Bartol K M. 2010. Linking empowering leadership and employee creativity: the influence of psychological empowerment, intrinsic motivation, and creative process engagement [J]. Academy of Management Journal, 53(1): 107-128.

第五章　研究结论与研究展望

第一节　研 究 结 论

一、领导沉默概念及维度划分

（一）领导沉默的概念定义

　　本书运用访谈法和问卷调查法，证实领导沉默是一个独立的构念，可以定义为"领导在与下级的正式接触中，故意没有向下级明确表达自己的意图，或表达时有所保留的行为现象"。定义中的"意图"是指领导已经有了比较成熟的想法和建议，不包括没有见解的、没有意识的沉默行为；同时定义中所说的"意图"是指可以表达的观点或想法，不包括不能告知员工的机密信息、隐私或者其他信息；并且，本书研究领导对其下级的沉默行为，排除了领导本人对其上级的沉默行为；定义中的"不明确表达"，既包括对信息的保留，也包括对信息的"提炼"和"过滤"，故领导沉默不仅包括语言上的沉默，也包括信息的过滤、"模糊表达"、"掩饰性表达"等多种不表达或不明确表达其真实观点的方式。

（二）领导沉默的维度

　　领导沉默共有 5 个维度，分别为亲社会型领导沉默、考验型领导沉默、防御型领导沉默、威风型领导沉默和权谋型领导沉默。领导沉默的三级编码见表 5-1。

表 5-1　领导沉默的三级编码

三级编码	二级编码	一级编码	频次
亲社会型领导沉默	发挥下属主观能动性	促使下属自我反省	19
		给下属锻炼的机会	20
		听取意见	24
	维护组织的合作团结	给下属充分的适应时间	9
		维护和谐氛围，提高组织效率	10

续表

三级编码	二级编码	一级编码	频次
考验型领导沉默	考验下属的能力和态度	测试下属的忠诚	16
		下属工作的主动性和热情	14
		下属把握领导意图的能力	13
防御型领导沉默	避免于己不利的影响	担心轻率发言带来负面影响	15
		等待合适时机，不轻易承诺	11
		避免与他人产生冲突	15
威风型领导沉默	领导意图把握能力	下属应当自行领悟	17
		下属应该具备这方面的能力	13
	惩戒下属	下属必须知错就改	8
		沉默是最好的批评	15
权谋型领导沉默	操控信息，避免承担责任	拉开距离	11
		控制信息	8
		不让下属摸透自己	5

亲社会型沉默主要是指领导为了培养锻炼下属和组织工作的有效推进而保留相关信息与观点的行为。动机是利他、利组织。

考验型领导沉默是指领导为考察和测试员工的能力和态度而保留自己的观点和建议的行为。出于利己的动机，但是没有损人的考虑。

防御型领导沉默主要是由于领导担心表明观点可能会给自己带来不好的影响而不发表意见的一种主动的有意识的自我保护行为。出于利己的动机，不管是否损人。

威风型领导沉默是领导基于居高临下的心态和权力距离感而产生的沉默行为，领导认为下属必须具有揣摩其心思、把握其意图的能力。利己动机较强。

权谋型领导沉默是指领导为了严控信息，树立个人权力与威严而采用的一种沉默行为。动机是利己损人。

本书以权威意识、利己程度的强弱及双谋意识的隐蔽程度作为领导沉默维度划分的逻辑和标准。

亲社会型领导沉默的权威意识较弱；利己程度最弱；不否认领导具有权谋意识，但总体上权谋意识较为隐蔽，难以辨识，或者权谋意识较弱。

考验型领导沉默的权威意识稍强；权谋意识稍强，也较易辨识；利己程度较高。

防御型领导沉默的权威意识较强；权谋意识较强，易于辨识；利己程度很高。

　　威风型领导沉默的权威意识很强，权谋意识较强，很容易辨识；利己程度非常高，也非常明显。

　　权谋型领导沉默的权威意识最强；权谋意识最强，很可能比较隐蔽，需要很长时间才能辨识；利己程度最高，也有可能短期内难以辨识。具体见表5-2。

表5-2　领导沉默的维度和内容

维度	亲社会型领导沉默	考验型领导沉默	防御型领导沉默	威风型领导沉默	权谋型领导沉默
定义	为了培养锻炼下属和组织工作的有效推进而保留相关信息与观点的行为	基于不确定心理而采取的较为隐蔽的考察和测试员工的能力和态度而保留自己的观点和建议的行为	领导担心表明观点可能会给自己带来不好的影响而不发表意见的一种主动的有意识的自我保护行为	基于居高临下的心态和权力距离感而产生的沉默行为，领导认为下属必须具有揣摩其心思、把握其意图的能力	为了严控信息，树立个人权力与威严而采用的一种沉默行为
动机	利他、利组织	利己，没有损人的考虑	利己，不去考虑是否损人	利己动机较强	利己损人
目的	建立权威	稳固权威	保护权威	展示权威	保卫权威
权谋表现	权谋意识隐蔽或无	权谋意识稍强	权谋意识较强	权谋意识表面化	权谋意识强，可能隐蔽得很好

二、领导沉默的事件/话题

　　作为领导是必须要发表讲话，甚至要发布指示的。因此，领导在一些事情上是不能沉默的，然而在一些不是非讲不可的事情上又要保持沉默。领导主要在以下三大类问题上出现沉默行为：①组织问题；②员工问题；③领导自身利益相关问题。具体情况见表5-3。

表5-3　领导沉默的事件/话题

分类	问题	访谈片段
组织问题	灰色信息（包括不太合理却不得不做的事情）	有一些时候安排下属工作，但是不会告诉他原因。有经验的下属会知道什么该问什么不该问（女，高层，民营企业，44）
	决策过程	如果是决策或推行措施，就会先放出风声有这么一件事，然后不解释不深入去说，观察员工的反应，听取他们的意见（男，中层，外资企业，51）
	决策内容	虽然领导可能心里面已经认定A方案，但是还是需要听取大家的意见，可能会因此而改变自己的看法（男，中层，国有企业，12）

续表

分类	问题	访谈片段
组织问题	组织政策的变动	事情的时机还没有成熟时，我也不会说。因为可能存在很多变量，一时一时影响不好（女，中层，外资企业，6）
	任务的执行过程	在安排一些任务的时候，我自己有了一定的想法，但我想看看下属有什么办法。所以就不说出来，让他们自己看着办。这个的话，主要还是作为一种能力的考验（男，中层，国有企业，52）
	组织制度的推行	我认为沉默是必需的，是能够理解的。很多时候，无论是推行政策还是实施制度，都需要一个缓冲的过程，让员工去接受去适应。我不会说有个制度，你们立刻去执行。很多时候有些事情时机未到，我可能会等一等，缓一缓，在不方便说的时候就不说（男，中层，国有企业，4）
员工问题	员工工作表现	下属有些问题，而且屡教不改，我会倾向点到为止（女，高层，国有企业，30）绩效评价结果出来，员工个个绩效都很好，他们真的有那么好吗？其实是领导怕得罪人故意打高分（男，中层，国有企业，4）
	对员工的承诺	有些时候，下级员工可能会问及一些事情，如职位的变动、奖励或者其他的一些事情，如果我没有能够很明确地作出承诺，或者这件事情还没到最后决定的时候，即使他们问，我也很可能会沉默（女，中层，外资企业，6）
	对员工的评价	有些时候员工过来讲对他人的意见，我明明知道她说的是对的，但是，我也不发表看法，因为一旦我表明了态度，极有可能就传得人尽皆知，这对谁都不好（女，高层，国有企业，24）如果一个部门领导，没有很大的权力，员工很差，不能随便解雇，又必须要依靠他，这个时候可能就会照顾更多的这个（面子）东西（男，中层，民营企业，41）
	下属的表现	对这个空出的职位，我们领导没有说任何的话，其实我内心是希望这个副经理自己主动地来找我，主动跟公司沟通，自己来表示我要承担正职经理的工作（男，高层，民营企业，48）
领导自身利益相关问题	自身形象问题	我们这个时候不说，那样可以有比较大的回旋地步，到时候上级有什么改动我们都可以应对，不至于说出口了到时候不是这样，领导（我们）就没威信（男，中层，国有企业，25）我之前某个老板会出于维护自己的权威而表示出沉默，他这样让我感觉不是很好，做得成功了他会觉得是自己的能力，如果做得不好，就会让我背黑锅（男，高层，民营企业，27）
	工作模糊地带	总经理的话，任何事情都是归他管，所以他没有什么顾忌，随便发表意见。但如果是副总经理，则有比较多的顾虑，不想踩到别人的界线上去（女，基层，国有企业，28）

　　领导之所以对组织中的一些问题避而不谈或者过滤信息，一方面有利于保持自己的威信、权威；另一方面有利于降低组织中的沟通成本，便于组织工作的顺利推进。

　　领导不轻易对员工的问题发表看法和意见，其动机是复杂的，影响也是多样的。有利他的动机，如保护员工的积极性，保护组织利益；当然也有利己的动机，如避免于己不利的影响或者于己不利的冲突等。

三、领导沉默的影响因素

（一）领导沉默的影响因素的访谈研究结论

在领导沉默概念研究的基础上，运用访谈研究法，发现领导沉默既受社会文化因素的影响，也受领导个人因素的影响，还受组织因素、下属因素的影响。领导沉默的影响因素编码见表5-4。

表 5-4　领导沉默的影响因素（访谈研究的结果）

类别	三级编码	二级编码	一级编码	频次
领导个人因素	领导性格	谨慎	言多必失	6
			慎言慎行	4
		猜疑心	缺乏信任	5
			自我防卫	3
	领导职位层级	基层、中层、高层	层级不同，扮演角色不同，承担责任不同	10
	领导个人权力距离导向	强调权力差距	拉开距离	7
			维护自身权威	4
		下属无能论	保持信息不对称	8
	领导个人经历	过往经验	工作时间	5
			情境判断	3
		不断学习	成熟度	6
			自身修行	5
组织因素	组织氛围	组织内部气氛	沉默气氛	4
			中庸气氛	3
			竞争气氛	3
		组织追求	和谐追求	4
			公平追求	3
	上下级关系	情感连结	知根知底	4
			了解程度	3
		对领导的顺从	忠诚	4
			信任	4
		生活融入	私下来往	6

续表

类别	三级编码	二级编码	一级编码	频次
下属因素	下属的能力	工作能力	无需指导，可以自行承担工作	8
		悟性	揣摩上意	5
			自我反省	3
			领悟能力	8
	下属的态度	积极性	努力工作	3
			发挥能动性	3
		主动性	抓住机会采取行动	3
	下属的个性特征	承受能力	忍耐力	4
			素质	3
		性格	敏感	3
			有心计	4
社会文化因素	高语境文化	非语言编码	此时无声胜有声	3
			语境大于内容	3
		含蓄沟通，暗码信息	暗示	6
	中庸思维	多方思考	考虑周全	8
			不过不失	7
		和谐追求	维护和谐氛围	8
		整合想法	听取意见	12
	人情面子	加强关系	维护下属面子	8
		顾及关系	顾及领导面子	4
			顾及他人面子	3
	权威取向	权威敏感	弄清各种权力关系	3
		权威崇拜	权威无错	4
			全能权威	3
		权威顺从	听从权威	5
	区域文化	内陆地区	内陆务虚，重视等级关系	5
		沿海地区	沿海务实，公平透明	5

（二）领导沉默的影响因素问卷调查研究结论

由于领导沉默的影响因素牵涉的变量比较多，笔者选取了在访谈中提及率比较高的和在管理实践中领导比较关心的因素，即中庸思维、上下级关系及领导个人权力距离导向 3 个因素进行问卷调查。结果证实，防御型领导沉默受中庸思维显著正向影响；亲社会型领导沉默受上下级关系及中庸思维显著正向影响；考验型领导沉默受领导个人权力距离导向及上下级关系显著正向影响；权谋型领导沉默受领导个人权力距离导向显著正向影响；威风型领导沉默受领导个人权力距离导向显著正向影响。具体如图 5-1 所示。

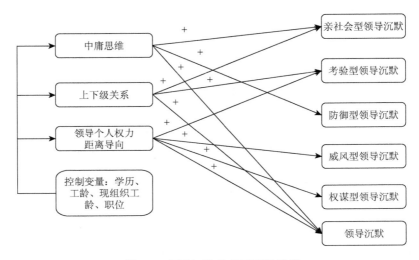

图 5-1　领导沉默的前因测量结果

四、领导沉默效能及作用机制

（一）领导沉默结果及作用机制的访谈研究结论

通过访谈研究，本书建构了领导沉默结果及其作用机制模型。领导沉默结果变量可以从员工、领导和组织 3 个方面进行区分。本书发现信任在领导沉默和结果变量之间起中介作用（表 5-5）。

表 5-5　领导沉默的结果编码

类别	三级编码	二级编码	一级编码	频次
对领导的影响	领导权威	增加权威	拉开距离	3
			立威	4
		降低权威	不认可	4
	领导决策	理性评判各方建议	反思方案	4
			保持理智	3

续表

类别	三级编码	二级编码	一级编码	频次
对组织的影响	上下级关系	有利于上下级关系	维持和谐	6
			缓解矛盾	6
		不利于上下级关系	产生隔阂	8
	组织氛围	工作氛围	制度健全	3
		人际氛围	人际和谐	3
对员工的影响	员工情绪体验	消极情绪	失落/沮丧	7
			困惑/忐忑	7
			不知所措	4
			埋怨/猜忌上级	10
			消极怠工	3
		积极情绪	感恩	3
			猜测/琢磨	9
			反省	7
			羞愧	5
	主管信任	情感信任	不够默契	3
			不够坦诚	5
		认知信任	工作能力不够	4
			工作不负责任	3
	员工成长	职业能力发展	提高独立解决问题能力	13
			激发创造性	14
			促进员工思考	10
	员工建言	促进性建言	听取建议	6
		抑制性建言	获取负面信息	5
	员工悟性	领导意图的敏感性	对上级言行敏感	10
		领导意图领会能力	对上级意图的把握能力	6
			与上级建立默契	8
	工作绩效	不利于工作完成	消耗时间	6
			影响效果	5
		有利于工作完成	集中精力	5
	工作积极性	保护积极性	过滤不良信息	10
			委婉批评和表扬	4

　　总体而言，访谈研究结论显示，领导沉默既有积极作用也有消极作用。领导沉默不同的维度所起到的作用也不同。

（二）领导沉默效能及作用机制的量化研究结论

　　在量化研究中，本书侧重于选取了员工成长、主管信任、员工悟性和员工建言这4个变量。数据显示，领导沉默可以正向预测员工悟性和员工建言。具体到领导沉默各维度，亲社会型、考验型领导沉默对主管信任具有显著的正向影响；防御型、权谋型领导沉默对主管信任有显著的负向影响；亲社会型、考验型领导沉默对员工成长具有显著的正向影响，权谋型领导沉默对员工成长有显著的负向影响；领导沉默各维度对员工悟性均具有显著的正向影响；亲社会型、考验型、威风型领导沉默对员工建言具有显著的正向影响。

　　主管信任在领导沉默和其他3个结果变量间起中介作用。主管信任在亲社会型、考验型、权谋型领导沉默和员工成长之间起完全中介作用。除威风型领导沉默和主管信任之间不存在显著相关性外，主管信任在防御型、亲社会型、考验型、权谋型领导沉默和员工悟性之间起部分中介作用；主管信任在亲社会型、考验型领导沉默和员工建言之间起部分中介作用。问卷数据显示，测量量表具有较好的信度和效度。具体如图5-2所示。

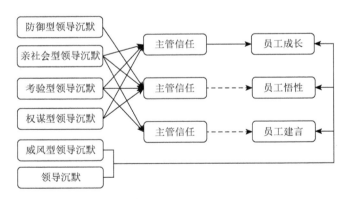

图5-2　领导沉默的结果和作用机制测量结果

实线表示完全中介，虚线表示部分中介

五、总结

　　总之，领导沉默主要受领导个人因素、组织因素、下属因素和社会文化因素的影响。并且在量化研究中，领导个人权力距离导向、上下级关系和中庸思维这3个因素对领导沉默的显著性影响都得到了验证。

在领导沉默的结果变量方面，本书发现领导沉默对员工、领导、组织3个方面的影响，在量化研究中，本书侧重于选取员工方面的变量，数据结果显示领导沉默对员工成长、主管信任、员工悟性和员工建言这4个方面都产生了显著影响。

领导沉默的前因、结果与作用机制（访谈研究）如图5-3所示，领导沉默的前因、结果及作用机制（问卷研究）情况大致如图5-4所示。

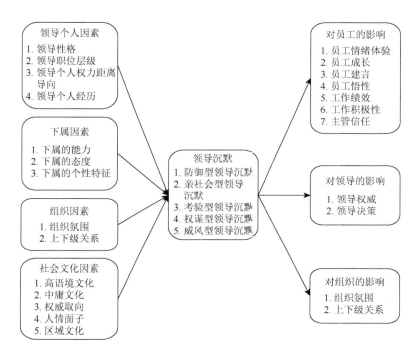

图5-3　领导沉默的前因、结果与作用机制（访谈研究）

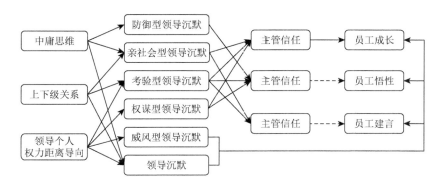

图5-4　领导沉默的前因、结果及作用机制（问卷研究）

控制变量：年龄、学历、工龄、现组织工龄、职位、部门规模、组织规模、组织性质
实线表示完全中介，虚线表示部分中介

在访谈研究中笔者发现，上下级关系、员工悟性、组织氛围既是领导沉默的前因变量，也是领导沉默的结果变量。笔者在量化研究阶段只是选取上下级关系与员工悟性作为领导沉默的结果变量进行研究。这 3 个变量与领导沉默互为因果的现象是后续努力研究的方向。

第二节　研究贡献

一、理论贡献

（一）领导沉默研究概念的提出

越来越多的学者在跨样本研究中发现，基于西方文化背景下的理论在很多时候不能很好地解释中国的问题或者现象，因此，在运用西方理论研究中国问题时增加了一些中国文化的维度和元素。尽管这种修补非常有意义，但是，我们在将中国文化的概念定义加诸西方理论进行研究的同时，可能会迷失掉这些中国文化概念本身的含义。诚如翟学伟（2004）所言，"采取这种附加方式进行中国问题研究时，已经迷失掉这些中国文化概念本身固有的意旨"。因此，必须重新审视我们的研究，重新思考基于本土的理论概念和研究变量。

本书扎根于中国文化，通过访谈研究提出领导沉默这一新的独立的构念，并对领导沉默前因、结果和作用机制进行了较为系统的探索与验证研究，一方面有利于加深对组织沉默的了解与认识，丰富该领域的研究；另一方面对深入探讨中国式的领导风格理论有所助益。领导沉默既不同于员工沉默，也不同于伦理缄默及其他领导理论，是一个新的本土研究构念（表 5-6）。

表 5-6　领导沉默与其他研究概念的区别

领导沉默	沉默表现	其他研究概念	表现	概念对比
领导沉默	领导与下级的正式接触中，故意不向下级明确表达自己的意图，或表达时有所保留的行为或现象	伦理缄默	行为遵循伦理规范但语言上却不从伦理角度交谈的现象称为伦理缄默（Bird, 1996）	1. 领导沉默的话题和事件不包括组织中的伦理问题；2. 领导沉默并不是回避交谈，而是对信息的保留、提炼和过滤。两者组织研究概念及内容上均不同
领导沉默	同上	员工沉默	员工本可以基于自己的经验和知识提出想法、建议和观点，从而改善组织的某些方面，但却选择保留观点或者提炼和过滤自己的观点（Dyne et al., 2003；郑晓涛等，2008）	1. 员工沉默研究的是上行沟通，领导沉默研究的是下行沟通。2. 员工沉默的客体是领导，领导沉默的客体是员工。3. 分类逻辑不同。员工沉默分类标准是利己，领导沉默分类标准是利己、权威意识、权谋意识

续表

领导沉默	沉默表现	其他研究概念	表现	概念对比
亲社会型领导沉默	为了培养锻炼下属和组织的工作进程的有效推进而保留相关信息和观点的行为	授权型领导	信任下级　培养锻炼下级，给下级发挥的空间和权力（Srivastava et al.，2006）	两者的研究概念不同。亲社会型领导沉默是通过搁置自己的观点或者意见，鼓励员工提出意见和建议，并不是明确地授权
权谋型领导沉默	为了严控信息，树立个人权力与威严而采用的一种沉默行为	组织政治行为	政治技能意同权谋、计谋，领导在组织中引政治行为来进行管理（Mayes and Allen，1997）	1.权谋沉默只是针对下属；组织政治行为包含下属、同事甚至领导等；2.权谋沉默只采取沉默这一手段，组织政治行为包括一系列行为
		威权领导	领导强调其绝对的权威，不容许下属挑战其权威，并要求下属对自己绝对地服从和依赖（郑伯壎等，2000）	1.威权领导是严密控制下属，权谋沉默是以沉默便于自己进退有据；2.权谋沉默承认员工的工作能力；威权领导则将员工视为无能者
威风型领导沉默	基于居高临下的心态和权力距离感而产生的，领导认为下属必须具有揣摩其心思、把握其意图的能力	职场排斥行为	员工感知到的在工作场所被忽略或拒绝的程度，排斥主体主要包括同事及上司（Ferris et al.，2008）	1.威风型领导沉默是从领导角度进行的研究；2.威风型领导沉默是领导主动对下属的排斥，不存在无意的排斥动机
		辱虐管理	下属知觉到的上级持续表现出来的敌意行为，包括言语和非言语行为（Tepper，2000）	1.辱虐管理是从下属角度进行研究的；威风型领导沉默是从领导角度定义的；2.辱虐包含的范围较多较广，威风型领导沉默只是用沉默表示批评

总之，领导沉默概念的提出可以在一定程度上弥补组织沉默和员工沉默方面研究的缺失，有利于拓展有关领导理论的研究视野，也为本土的管理学研究略尽绵薄之力。

（二）领导沉默研究中的其他贡献

笔者在研究领导沉默效能时，发现了"员工悟性"这一独立构念。虽然在员工追随力的研究成果中，国内研究者将员工的认知悟性、意图领会作为其中的一个维度进行了测量，但是，员工的悟性不是建立在是否追随领导基础上的。在我国的文化背景下，不管是否追随领导，下属都需要具有悟性。基于此，本书把员工悟性作为一个独立的概念进行研究。

二、实践贡献

对领导沉默的概念、维度、影响因素及结果变量的进一步验证，有助于加深对领导沉默优缺点的认识，从而有利于组织兴利避害，改进上下级之间的关系，提高员工参与的积极性和热情，激发员工努力工作；同时也有利于组织中的领导恰当运用和把握领导沉默。

不同维度的领导沉默对下属的影响不同，下属的感受也不同。偏向积极层面的领导沉默容易让下属感受到领导的良苦用心，偏向消极层面的领导沉默容易让下属感受到领导的不坦诚、虚伪和奸诈。

当然，通常情况下，领导是否沉默，采取什么类型的沉默一方面往往取决于上下级关系。对能力强和与领导关系好的下属，领导更多地表现出亲社会型和考验型领导沉默。反之，领导则表现出更多的威风型、防御型、权谋型领导沉默。另一方面，领导沉默效能也取决于下属。在很多情况下，不同的下属对领导沉默的感受不同，反应也不同。面对领导沉默，有些下属会倍感失落/沮丧、愤怒、困惑/忐忑和无所适从，从而影响其工作热情和工作效率；有些下属会心怀感恩、羞愧，从而反省、发奋，锻炼成长，有利于上下级之间建立良好的关系，提高工作效率。

这就要求领导把握沉默运用的"度"，一方面要注意不同维度的沉默的效用不同，另一方面，也要因材施教，针对不同素质和能力的员工采取不同的管理方式，将领导沉默作为一种领导艺术来运用。

组织中的领导沉默既有积极的一面，也有消极的一面，我们需要认清不同领导沉默维度及其影响，尽力减少其消极层面的影响，发展其积极层面的影响。

第三节　未来的研究方向

虽然在领导沉默的定义、维度、前因、结果及作用机制等研究变量上都进行了大量的访谈研究和问卷调查研究，也取得了一定的研究结果，但仍存在进一步改进的空间。

一是在样本方面。本书样本主要集中在珠三角地区的国有、民营和外资企业，考虑到不同地域环境对企业可能存在的影响，今后可以增加其他地域的样本，使样本更加多元化和丰富化。

二是在量表测量方面。本书所用的问卷是根据访谈资料并结合文献资料而设计的，采用的是自陈式主观评价的测量方法，结果可能存在同源误差；加之问卷中部分问题较为敏感，受测者可能会受社会称许的影响，在问卷中的选项未必反映其真实想法。之后的研究可以采用上下级配对的问卷调查方式进行研究，或者采取实验的方法与之相互佐证，或者是采取构型研究的方法等。同时，领导沉默的影响因素和结果变量的量化研究方面也尚待进一步的完善。

三是在领导作用机制的研究方面。虽然本书构建了较为完整的领导沉默的前因、结果及作用机制模型，但是，还需要进一步深化领导沉默作用机制的研究。不同员工对领导沉默的反应不同，其中的调节机制值得研究。

四是在领导沉默的跨文化研究方面。我们相信，中国文化背景下，领导沉默是普遍存在的一种行为。其他文化背景下是否同样存在领导沉默行为，是否同样表现出这些维度，不同文化背景的领导沉默究竟存在怎样的差异，这些问题也等待后续的深入研究。

参 考 文 献

翟学伟. 2004. 人情、面子与权力的再生产——情理社会中的社会交换方式[J]. 社会学研究（5）：48-57.

郑伯壎，周丽芳，樊景立. 2000. 家长式领导量表：三元模式的建构与测量[J]. 本土心理学研究，14：3-64.

郑晓涛，柯江林，石金涛，等. 2008. 中国背景下员工沉默的测量以及信任对其的影响[J]. 心理学报，（2）：219-227.

Bird F. 1996. The Muted Conscience: Moral Silence and the Practice of Ethics in Business[M]. Westport: Quorum Books.

Dyne L V，Ang S，Botero I C. 2003. Employee silence and employee voice as multidimensional constructs[J]. Journal of Management Studies，40（6）：1359-1392.

Ferris D L，Brown D J，Berry J W，et al. 2008. The development and validation of the workplace ostracism scale[J]. Journal of Applied Psychology，93（6）：1348-1366.

Mayes B T，Allen R W. 1997. Toward a definition of organization politics[J]. Academy of Management Review，2（4）672-678.

Srivastava A，Bartol K M，Locke E A. 2006. Empowering leadership in management teams：effects on knowledge sharing，efficacy，and performance[J]. Academy of Management Journal，49（6）：1239-1251.

Tepper B J. 2000. Consequences of abusive supervision[J]. Academy of Management Journal，43（2）：178-190.

附录 A   领导沉默问卷

尊敬的先生/女士：

您好！感谢您在百忙之中的支持和帮助！

这是一份研究领导沉默的学术问卷，请您根据自己的经验和实际感受作答，您的问答对我们的研究至关重要。请认真作答。本问卷不记名，答案无对错，不对外公开，调查结果仅用于学术研究，请您放心地表达自己的真实想法。

真诚感谢您的支持与帮助！

中山大学管理学院

第一部分：个人信息

说明：本部分是关于您的一些基本信息，请您根据实际情况在相应选项处做上标记。

1. 性别：①男②女

2. 年龄：①25 岁以下②25～30 岁③31～35 岁④36～40 岁⑤41～45 岁⑥46～50 岁⑦50 岁以上

3. 学历：①初中及以下②高中/中专③本科/大专④硕士⑤博士

4. 您所处的部门：①职能支持②市场营销③产品研发④生产运营⑤其他

5. 您的职务：①基层领导②中层领导③高层副职④高层正职

6. 组织规模：①1～49 人②50～99 人③100～200 人④201～500 人⑤501～1000 人⑥1000 人以上

7. 组织性质：①民营企业②国有企业③外资企业④政府及事业单位

8. 所处行业：①金融业②房地产/建筑业③IT 业/通信业④制造业⑤批发/零售业⑥交通业/运输/仓储/邮政业⑦咨询业⑧电力、燃气及水的生产和供应业⑨其他行业

9. 组织所处阶段：①初创阶段②成长阶段③成熟阶段④衰退/再生阶段

10. 组织所在地区：①沿海地区②内陆地区

11. 组织内部竞争性：①高竞争性②中竞争性③低竞争性

12. 组织所处行业竞争性：①高竞争性②中竞争性③低竞争性

13. 您经常沉默吗？1 2 3 4 5（分别表示从不直至总是的 5 种可能）

14. 您一般对什么问题保持沉默？①员工工作表现②对员工的承诺③工作模糊地带④决策内容⑤决策过程⑥任务的执行过程⑦人际关系⑧灰色信息（包括不太合理却不得不做的事情）⑨组织政策的变动⑩组织制度的推行⑪自身形象问题⑫其他

第二部分：领导沉默现象

如果在与下级的正式沟通中，您存在着故意不向下级明确地表达自己的意图，或有所保留的情况，请基于您的实际情况和经验回答以下问题，并在相应的数字处做上标记。1 代表非常不同意，5 代表非常同意，数字越大表示赞同程度越高。

指导语：在与下级的正式接触中，您不表达或不明确表达您真实意图的原因是：	非常不同意	不同意	不确定	同意	非常同意
1. 不轻易表态，以免掉入"承诺的陷阱"	1	2	3	4	5
2. 不明确表态，以避免不必要的责任	1	2	3	4	5
3. 回避一些话题，以免于己不利的冲突	1	2	3	4	5
4. 为了维护组织的和谐，而刻意回避一些话题	1	2	3	4	5
5. 为了维持良好的合作关系，避免谈及一些事情	1	2	3	4	5
6. 为了维持良好的工作氛围，而不表明观点	1	2	3	4	5
7. 为了倾听下属的意见，而不表达自己的观点	1	2	3	4	5
8. 为了培养锻炼下属，而不表达自己的意见	1	2	3	4	5
9. 为了体现对下属的信任，而不对下属指手画脚	1	2	3	4	5
10. 不明确地说出自己的观点，以考验下属的主动性	1	2	3	4	5
11. 不表达自己的观点，以检验下属的工作热情	1	2	3	4	5
12. 不表达观点，以检验下属是否理解自己的意图	1	2	3	4	5
13. 不表达观点，以考验下属的忠诚度	1	2	3	4	5
14. 不表达观点，以检验下属的能力	1	2	3	4	5
15. 不轻易表达自己的看法，有利于建立威信	1	2	3	4	5
16. 不表态，有利于与下属拉开距离	1	2	3	4	5
17. 不表达自己的观点，不让下属摸透自己	1	2	3	4	5
18. 为了让下属有自知之明，而不表态	1	2	3	4	5
19. 不轻易表态，可以起到威慑下属的作用	1	2	3	4	5
20. 给下属说太多会使自身失去神秘感	1	2	3	4	5
21. 下属应该能领悟自己的意思，即便没有明说	1	2	3	4	5
22. 下属应该能揣摩自己的意图，不必费尽口舌		2	3	4	5

续表

指导语：在与下级的正式接触中，您不表达或不明确表达您真实意图的原因是：	非常不同意	不同意	不确定	同意	非常同意
23. 下属应该能体会自己的用心，即使没有明示	1	2	3	4	5
24. 不表态能起到批评下属的作用	1	2	3	4	5
25. 不表态能起到惩罚下属的作用	1	2	3	4	5
26. 不表态能促使下属认识到错误	1	2	3	4	5
27. 不表态能让下属反躬自省	1	2	3	4	5

附录 B 领导沉默影响因素问卷

尊敬的先生/女士：

您好！感谢您在百忙之中参与和协助我们完成此次问卷调查。

这是一份用于研究组织领导沉默问题的学术性问卷，旨在发现管理中领导沉默的影响因素。请您根据自己的经验和实际感受对下列问题进行选择，由于问卷对本次研究成功与否有决定性作用，也可能对领导风格和行为的研究产生一定影响，衷心希望能得到您的配合与支持。

本问卷采用不记名方式，所有问卷将作为整体资料进行分析，答案无对错，不对外公开，调查结果仅用于学术研究，请您放心地表达自己的真实想法。

真诚感谢您的支持与帮助！

中山大学管理学院

第一部分：个人信息

说明：本部分是关于您的一些基本信息，请您根据实际情况在相应选项处做上标记。

1. 性别：①男②女
2. 年龄：①25 岁以下②25～30 岁③31～35 岁④36～40 岁⑤41～45 岁⑥46～50 岁⑦50 岁以上
3. 学历：①初中及以下②高中/中专③本科/大专④硕士⑤博士
4. 工龄：①3 年以下②3～5 年③6～10 年④11～15 年⑤16～20 年⑥20 年以上
5. 现组织工龄：①3 年以下②3～5 年③6～10 年④11～15 年⑤16～20 年⑥20 年以上
6. 您所处的部门：①职能支持②市场营销③产品研发④生产运营⑤其他
7. 您的职务：①基层领导②中层领导③高层领导
8. 从事管理岗位时间：①3 年以下②3～5 年③6～10 年④11～15 年⑤16～20 年⑥20 年以上
9. 团队规模/部门规模：①5 人以下②5～10 人③11～20 人④20 人以上
10. 组织规模：①1～49 人②50～99 人③100～200 人④201～500 人⑤501～1000 人⑥1000 人以上

11. 组织性质：①民营企业②国有企业③外资企业④政府及事业单位

12. 所处行业：①金融业②房地产/建筑业③IT 业/通信业④制造业⑤批发/零售业⑥交通业/运输/仓储/邮政业⑦咨询业⑧电力、燃气及水的生产和供应业⑨其他行业

13. 组织所处阶段：①初创阶段②成长阶段③成熟阶段④衰退/再生阶段

14. 组织所在地区：①沿海地区②内陆地区

第二部分：领导沉默现象

领导沉默，是指领导者在与下级的正式接触中，故意没有向下级明确表达自己的意图，或表达的时候有所保留。

一、领导沉默行为

如果在与下级的正式沟通中，您存在着故意不向下级明确地表达自己的意图，或有所保留的情况，请基于您的实际情况和经验回答以下问题，并在相应的数字处做上标记。1 代表非常不同意，5 代表非常同意，数字越大表示赞同程度越高。

指导语：在与下级的正式接触中，我会故意不向下级明确表达自己的意图，或有所保留，是因为：	非常不同意	不同意	不确定	同意	非常同意
1. 不轻易表态，以免掉入"承诺的陷阱"	1	2	3	4	5
2. 不明确表态，以避免不必要的责任	1	2	3	4	5
3. 回避一些话题，以免于己不利的冲突	1	2	3	4	5
4. 为了维护组织的和谐，而刻意回避一些话题	1	2	3	4	5
5. 为了维持良好的合作关系，避免谈及一些事情	1	2	3	4	5
6. 为了维持良好的工作氛围，而不表明观点	1	2	3	4	5
7. 为了倾听下属的意见，而不表达自己的观点	1	2	3	4	5
8. 为了培养锻炼下属，而不表达自己的意见	1	2	3	4	5
9. 为了体现对下属的信任，而不对下属指手画脚	1	2	3	4	5
10. 不明确地说出自己的观点，以考验下属的主动性	1	2	3	4	5
11. 不表达自己的观点，以检验下属的工作热情	1	2	3	4	5
12. 不表达观点，以检验下属是否理解自己的意图	1	2	3	4	5
13. 不表达观点，以考验下属的忠诚度	1	2	3	4	5
14. 不表达观点，以检验下属的能力	1	2	3	4	5

续表

指导语：在与下级的正式接触中，我会故意不向下级明确表达自己的意图，或有所保留，是因为：	非常不同意	不同意	不确定	同意	非常同意
15. 不轻易表达自己的看法，有利于建立威信	1	2	3	4	5
16. 不表态，有利于与下属拉开距离	1	2	3	4	5
17. 不表达自己的观点，不让下属摸透自己	1	2	3	4	5
18. 为了让下属有自知之明，而不表态	1	2	3	4	5
19. 不轻易表态，可以起到威慑下属的作用	1	2	3	4	5
20. 给下属说太多会使自身失去神秘感	1	2	3	4	5
21. 下属应该能领悟自己的意思，即便没有明说	1	2	3	4	5
22. 下属应该能揣摩自己的意图，不必费尽口舌	1	2	3	4	5
23. 下属应该能体会自己的用心，即使没有明示	1	2	3	4	5
24. 不表态能起到批评下属的作用	1	2	3	4	5
25. 不表态能起到惩罚下属的作用	1	2	3	4	5
26. 不表态能促使下属认识到错误	1	2	3	4	5
27. 不表态能让下属反躬自省	1	2	3	4	5

二、领导沉默影响因素

以下是对领导沉默相关影响因素的具体描述，请您基于您的实际情况和经验回答以下问题，并在相应的数字处做上标记。1 代表非常不同意，5 代表非常同意，数字越大表示赞同程度越高。

（一）领导个人因素

请基于自身的经历，对下列表述的认可程度打分	非常不同意	不同意	不确定	同意	非常同意
1. 公司内的主要决策应由领导决定，不需要与下属商议	1	2	3	4	5
2. 与下属打交道时，领导需要经常运用他的职权	1	2	3	4	5
3. 领导应尽量少征询下属的意见	1	2	3	4	5
4. 领导应与下属保持距离，在工作之外少与下属接触	1	2	3	4	5
5. 下属不应该对领导所作的决定表示异议	1	2	3	4	5
6. 领导不应将重要的任务委托给下属	1	2	3	4	5
7. 对领导的教诲，下属应静静聆听	1	2	3	4	5

（二）上下级关系

请基于您对下属的认知，对下列表述的认可程度打分	非常 不同意	不同意	不确定	同意	非常 同意
1. 在工作过程中，我与下属彼此相互信任	1	2	3	4	5
2. 存在分歧时，下属会支持我的观点	1	2	3	4	5
3. 我与下属互相了解对方的工作方式	1	2	3	4	5
4. 与下属交流时，我觉得非常轻松愉悦	1	2	3	4	5
5. 我会运用职权，帮助下属解决工作上的重大难题	1	2	3	4	5
6. 我会牺牲自己的利益，帮助下属摆脱工作上的困境	1	2	3	4	5
7. 我和下属在工作上的关系相当良好	1	2	3	4	5
8. 工作之外，我与下属经常接触	1	2	3	4	5

（三）社会文化因素

请基于个人观点，对下列表述的认可程度打分	非常 不同意	不同意	不确定	同意	非常 同意
1. 在意见表达时，我会听取所有人的意见	1	2	3	4	5
2. 做决定时，我会考虑各种可能的状况	1	2	3	4	5
3. 我会试着将他人的意见融入自己的想法中	1	2	3	4	5
4. 我会试着在自己与他人的意见中，找到一个平衡点	1	2	3	4	5
5. 我通常会以委婉的方式表达具有冲突的意见	1	2	3	4	5
6. 做决定时，我通常会为了顾及整体的和谐，而调整自己的表达方式	1	2	3	4	5

附录 C　领导沉默效能问卷

尊敬的先生/女士：

您好！感谢您在百忙之中参与和协助我们完成此次问卷调查。

这是一份用于研究组织领导沉默问题的学术性问卷，旨在研究管理中领导沉默会产生怎样的影响。请您根据自己的经验和实际感受对下列问题进行选择，由于问卷对本次研究成功与否有决定性作用，也可能对领导风格和行为的研究产生一定的影响，衷心希望能得到您的配合与支持。

本问卷采用不记名方式，所有问卷将作为整体资料进行分析，答案无对错，不对外公开，调查结果仅用于学术研究，请您放心地表达自己的真实想法。

真诚感谢您的支持与帮助！

中山大学管理学院领导沉默课题组

第一部分：个人信息

说明：本部分是关于您的一些基本信息，请您根据实际情况在相应选项处做上标记。

1. 性别：①男②女

2. 年龄：①25 岁以下②25～30 岁③31～35 岁④36～40 岁⑤41～45 岁⑥46～50 岁⑦50 岁以上

3. 学历：①初中及以下②高中/中专③本科/大专④硕士⑤博士

4. 您所处的部门：①职能支持②市场营销③产品研发④生产运营⑤其他

5. 工龄：①3 年以下②3～5 年③6～10 年④11～15 年⑤16～20 年⑥20 年以上

6. 您的职务：①普通员工②基层领导③中层领导④高层领导

说明：本研究所说的基层领导是指位于企业管理层级的最底层，直接面向一线员工，如班组长；中层领导位于组织高层领导与基层领导之间，他们主要负责贯彻执行高层领导制定的决策，监督协调基层管理者的工作，如部门主管等；高层领导是指位于企业层级组织的最高层的领导，他们通常处于企业战略的制定层面，具有企业（集团）决策权，通常是指总裁、副总裁等

7. 部门规模：①5 人以下②5～10 人③10～20 人④20 人以上

8. 组织规模：①1～49 人②50～99 人③100～200 人④201～500 人⑤501～1000 人⑥1000 人以上

9. 组织性质：①民营企业②国有企业③外资企业④政府及事业单位

10. 所处行业：①金融业②房地产/建筑业③IT业/通信业④制造业⑤批发/零售业⑥交通业/运输/仓储/邮政业⑦咨询业⑧电力、燃气及水的生产和供应业⑨其他行业

11. 组织所处行业属于：①高竞争性行业②中竞争性行业③低竞争性行业

12. 您和您现任上级相处的时间：__年__个月（如2年5个月）

第二部分：领导沉默现象

领导沉默，是指领导者在与下级的正式接触中，故意没有向下级明确表达自己的意图，或表达的时候有所保留。

1. 领导沉默行为

如果在与下级的正式沟通中，您存在着故意不向下级明确地表达自己的意图，或有所保留的情况，请基于您的实际情况和经验回答以下问题，并在相应的数字处做上标记。1代表非常不同意，5代表非常同意，数字越大表示赞同程度越高。

项目	非常不同意	不同意	不确定	同意	非常同意
1. 不轻易表态，以免掉入"承诺的陷阱"	1	2	3	4	5
2. 不明确表态，以避免不必要的责任	1	2	3	4	5
3. 回避一些话题，以免于己不利的冲突	1	2	3	4	5
4. 为了维护组织的和谐，而刻意回避一些话题	1	2	3	4	5
5. 为了维持良好的合作关系，避免谈及一些事情	1	2	3	4	5
6. 为了维持良好的工作氛围，而不表明观点	1	2	3	4	5
7. 为了倾听下属的意见，而不表达自己的观点	1	2	3	4	5
8. 为了培养锻炼下属，而不表达自己的意见	1	2	3	4	5
9. 为了体现对下属的信任，而不对下属指手画脚	1	2	3	4	5
10. 不明确地说出自己的观点，以考验下属的主动性	1	2	3	4	5
11. 不表达自己的观点，以检验下属的工作热情	1	2	3	4	5
12. 不表达观点，以检验下属是否理解自己的意图	1	2	3	4	5
13. 不表达观点，以考验下属的忠诚度	1	2	3	4	5
14. 不表达观点，以检验下属的能力	1	2	3	4	5
15. 不轻易表达自己的看法，有利于建立威信	1	2	3	4	5

续表

项目	非常 不同意	不同意	不确定	同意	非常 同意
16. 不表态，有利于与下属拉开距离	1	2	3	4	5
17. 不表达自己的观点，不让下属摸透自己	1	2	3	4	5
18. 为了让下属有自知之明，而不表态	1	2	3	4	5
19. 不轻易表态，可以起到威慑下属的作用	1	2	3	4	5
20. 给下属说太多会使自身失去神秘感	1	2	3	4	5
21. 下属应该能领悟自己的意思，即便没有明说	1	2	3	4	5
22. 下属应该能揣摩自己的意图，不必费尽口舌	1	2	3	4	5
23. 下属应该能体会自己的用心，即使没有明示	1	2	3	4	5
24. 不表态能起到批评下属的作用	1	2	3	4	5
25. 不表态能起到惩罚下属的作用	1	2	3	4	5
26. 不表态能促使下属认识到错误	1	2	3	4	5
27. 不表态能让下属反躬自省	1	2	3	4	5

2. 领导沉默的效能

说明：本部分题目主要是了解您对您直接上级的信任程度。请您根据实际情况在相应的数字处做上标记。1代表非常不同意，5代表非常同意，数字越大表示赞同程度越高。

观点陈述	非常 不同意	不同意	不清楚	同意	非常 同意
1. 我充分相信我的上级的能力	1	2	3	4	5
2. 我的上级不会通过欺骗员工来获得自己的利益	1	2	3	4	5
3. 我对我的上级很忠诚	1	2	3	4	5

说明：本部分题目主要是了解您的直接上级对您成长情况的影响。请您根据实际情况在相应的数字处做上标记。1代表非常不同意，5代表非常同意，数字越大表示赞同程度越高。

请基于个人的实际情况，对下列表述的认可程度打分	非常 不同意	不同意	不确定	同意	非常 同意
1. 与上级的相处，促使我掌握新的与工作相关的技能	1	2	3	4	5
2. 与上级的相处，促使我不断掌握新的与工作相关的知识	1	2	3	4	5
3. 与上级的相处，促使我积累了更丰富的工作经验	1	2	3	4	5
4. 与上级的相处，促使我的职业能力得到了不断的锻炼与提升	1	2	3	4	5

说明：本部分题目主要测量的是员工悟性（对上级意图的敏感性和领悟能力）。请您根据实际情况在相应的数字处做上标记，题目里的上级均是指直接上级。1代表非常不同意，5代表非常同意，数字越大表示赞同程度越高。

请基于个人的认知，对下列表述的认可程度打分	非常不同意	不同意	不确定	同意	非常同意
1. 上级的一言一行都有深刻的含义	1	2	3	4	5
2. 上级的一言一行都需深刻领会	1	2	3	4	5
3. 对上级的言行敏感	1	2	3	4	5
4. 在不确定上级所表达的意图时，不应再次确认	1	2	3	4	5
5. 在不确定上级所表达的意图时，不能再次询问	1	2	3	4	5
6. 在不确定上级所表达的意图时，要自行领悟	1	2	3	4	5
7. 在上级意图没明确表达时，能准确把握	1	2	3	4	5
8. 在上级意图没明确表达时，能轻松领悟	1	2	3	4	5

说明：本部分题目主要是了解您的建言行为。请您根据实际情况在相应的数字处做上标记。1代表非常不同意，5代表非常同意，数字越大表示赞同程度越高。

请基于个人的认知，对下列表述的认可程度打分	非常不同意	不同意	不确定	同意	非常同意
1. 当单位内的工作出现问题时，我敢于指出，不怕得罪人	1	2	3	4	5
2. 就可能会造成单位严重损失的问题，我实话实说，即使其他人持有不同的意见	1	2	3	4	5
3. 我敢于指出单位中那些过时的、有碍效率的规章制度	1	2	3	4	5
4. 我积极向单位领导反映工作场所中出现的不协调问题	1	2	3	4	5
5. 我敢于对单位中影响工作效率的不良现象发表意见，即使这可能使他人难堪	1	2	3	4	5
6. 我及时劝阻单位内其他员工影响工作绩效的不良行为	1	2	3	4	5

再次感谢您的大力支持，如果您对我们的研究感兴趣，可以留下您的邮箱，届时我们会向您发送我们的研究成果（非必填项）。

您的邮箱：＿＿＿＿＿＿＿＿＿＿＿＿＿＿＿

后　记

对领导沉默的研究兴趣始于 2008 年,此时我作为博士服务团的成员在地方挂职。鉴于此问题是一个新提出的研究概念;因此,本研究主要采取访谈法。由于领导沉默涉及的沉默动机、沉默所针对的人与事等诸问题均比较敏感,参与讨论的管理者只有选取相互之间较为信任的学生或者关系很好的朋友,才可能保证访谈信息的真实可靠。这个过程持续了一年多,2010 年初本研究形成了较为完整的访谈提纲,并开始了正式的访谈,前后共有一百多个样本,在进行了编码分析之后,形成了领导沉默的大体研究框架。2011 年领导沉默质性研究完成,2013 年发表了第一篇有关领导沉默探索性的研究论文,同年该研究获得国家社会科学基金的立项。

在获得国家社会科学基金资助的四年时间里,我就领导沉默问题进行进一步的访谈,并在此基础上设计了问卷,进行量化研究。同时研究了领导沉默的前因变量、结果变量及其作用机制,确定了领导沉默的研究框架。

从对领导沉默问题产生研究兴趣到本书成型,整整历经了十年的春夏秋冬。期间多位研究生与此研究项目结缘。第一位参与该项目访谈、编码、查阅文献资料的研究生是谈梦洁,整个读研期间付出了很多辛苦与努力,我们固定每周见面讨论,她甚至在等待面试的间隙都带着论文认真研读,扮演了"拓荒牛"的角色。虽然她现在早已经是一家金融公司的人力资源总监,但是,仍然时常拨冗参加课题研讨。后来相继有陈静丽、王潇莉、何妍菲、潘敏婷、彭杰、崔凤婷、袁榕、严玥、许真仪、叶泽樱等同学为此项目添砖加瓦。尤其是许真仪同学在项目的结题阶段,任劳任怨,查找资料,对比数据,补充信息等,付出了很多的精力。另外,本书的写作也得到了付春光教授的大力支持,他撰写了第四章三万字的理论回顾部分。

本书的初稿形成于 2016 年 5 月至 2017 年 9 月,最后阶段是 2017 年岁尾和 2018 年初。广州的冬天虽然温暖,但是时有寒流不期而至,也不乏肃杀凄凉之感。尤其是我早上外出时常常是天还没有完全放亮;在深夜返回时,寒假的校道行人稀少,常常是寂静的夜里只有我的脚步声回荡在空旷的校园里。本书的第三次深度修改是 2018 年的 3～6 月,常常在等车时,在往来东校与南校的校车上校对书稿。

回顾整个研究历程,要感谢的人太多,从项目撰写立项到项目成功结项;从寻找访谈样本到问卷发放,得到很多同事的无私的、令人感动的支持与帮助。领导沉默问卷需要公司的高管和中层管理者填写，并且所需的样本数量巨大，从预测试、修正后的问卷到正式问卷的发放，总共需要七八千个样本之多。加之问卷涉及的内容比较敏感，所以，运用常规的问卷发放方式不可能获得高质量的数据，问卷所需的样本不仅要理解本土的学术研究，而且需要拥有开放包容的心态和良好的信任关系。因此，问卷数据的获取是个非常艰难的过程，很多同事发动他们做高管的学生填写，也有做领导的同事不仅亲自上阵填写，而且针对问卷提出非常有价值的意见和建议。

期间有李新春老师的点播指导；有李善民副校长、孙海法教授、梁琦教授、谭劲松书记、李孔岳教授等鼎力支持。问卷的发放也得到高级经理人发展课程中心、工商管理硕士中心、高级管理人员工商管理硕士中心领导和同事的大力支持，如肖燕菲主任、王远怀主任、许倩莹老师、周军霞老师、张芳老师、罗萍老师、靳祥鹏书记等。还有很多同事为本研究提供了诸多方便与支持，在此一并致谢。可以说，没有上述同事的帮助就没有本书的诞生，没有管理学院这个平台就没有本书的诞生。

书籍的写作一如雕刻品，是一门遗憾的艺术，虽然非常尽力，但仍有一些尚待完善之处。敬请各位前辈后学不吝赐教为盼。

作者于康乐园善思堂

2018 年 12 月